Wagner Hilário

RAAM, Mr. Milan

No limite do corpo, da alma e da razão

1ª Edição
São Paulo - 2015

poligrafiaeditora

RAAM, Mr. Milan
No limite do corpo, da alma e da razão

ISBN: 978-85-67962-02-3

Autor: Wagner Hilário
Coordenação Editorial: Marlucy Lukianocenko
Projeto gráfico, Arte e Capa: Danilo Koch
Fotografia: Luiz Machado
Revisão: César Magalhães Borges

Dados Internacionais de Catalogação na Publicação (CIP)
(Câmara Brasileira do Livro, SP, Brasil)

Hilário, Wagner
RAAM, Mr. Milan : no limite do corpo, da alma e da razão / Wagner Hilário. -- Cotia, SP : Poligrafia, 2015.

ISBN 978-85-67962-02-3

1. Ciclismo 2. Corridas de bicicletas
3. Fotografia 4. Jornalismo literário
5. Livro-reportagem 6. Race Across America
I. Título.

15-03999 CDD-796.6

Índices para catálogo sistemático:

1. Race Across America : Corridas de bibicletas : Esportes 796.6

Poligrafia Editora e Comunicação Ltda-Me
E-mail: poligrafia@poligrafiaeditora.com.br / poligrafiaeditora@uol.com.br
Rua Maceió, 43 – Cotia, SP
CEP: 06716-120 – Fone: (11) 4243-1431 - (11) 99159-2673

... a vida do homem consiste em um complexo de fatores antagônicos inexoráveis:
o dia e a noite, o nascimento e a morte, a felicidade e o sofrimento, o bem e o mal.
Não nos resta nem a certeza de que um dia um desses fatores vai prevalecer sobre o outro,
que o bem vai se transformar em mal, ou que a alegria há de derrotar a dor.
A vida é uma batalha. Sempre foi e sempre será.
Se não fosse assim, ela chegaria ao fim.

Carl G. Jung

Agradecimentos

Agradeço, em primeiro lugar, a Marcio Milan, por entender a necessidade de transformar uma experiência tão rica como a RAAM em livro; por, dessa maneira, levar a pessoas, que jamais participaram dessa prova, uma versão literário-jornalística que, eu espero, seja capaz de aproximá-los, ao máximo, da realidade da RAAM. Agradeço-o, ainda mais, pela coragem de revelar-se aos leitores em condições físicas e emocionais tão extremas e adversas, inevitáveis a quem participa de uma jornada dessa magnitude. Agradeço-o pela confiança em mim, acima de tudo.

Agradeço, também, a todos os integrantes da equipe Vencendo Desafios, sem exceção, mas, de forma especial, aos integrantes do carro da imprensa: Lígia Bejar, Adilson Oliveira, Ricardo Cortez e Luiz Machado. Agradeço ainda mais a Machado, figura essencial para a realização desta obra, não apenas por causa de seu trabalho de fotógrafo, extremamente difícil e caprichosamente realizado, mas por ser a pessoa com quem mais convivi e com quem mais aprendi sobre mim mesmo nessa jornada.

Sou grato a Marlucy Lukianocenko, que foi bem mais que uma editora; acreditou na obra antes mesmo de termos sequer uma linha escrita e acompanhou todo o processo, enchendo-me de confiança para superar os obstáculos inevitáveis numa jornada tão íntima e angustiante como é a do escritor. Agradecimentos, também, a Danilo Koch, outro que transcende suas atribuições formais neste livro, indo muito além de ser o responsável pelo projeto gráfico e atuando, desde o nascedouro da obra, como conselheiro para assuntos diversos e essenciais para a realização deste trabalho.

Não poderia me esquecer, de forma alguma, de agradecer a César Magalhães Borges, que assina "as orelhas" e a revisão, o ajuste fino, deste texto, e que me conhece desde antes de eu saber dizer uma palavra; é meu primo e me viu ensaiar os primeiros poemas e contos, corrigiu-me, orientou-me, ensinou-me e, como um paciente professor, ajudou-me a chegar até este RAAM, Mr. Milan. Espero que continue a me orientar ainda por muito mais tempo.

Agradeço aos meus pais, Maria Luiza Padula Borges e Wagner Hilário Borges, não apenas pela mais óbvia das razões, a de serem responsáveis pela minha vida, mas por tudo, e não é pouco, que me legaram. Para esta obra, especificamente, posso dizer que minha mãe, como psicóloga, legou-me o gosto pela busca da compreensão da natureza humana, atributo que não pode faltar, acredito, na formação de um contador de histórias. Ao meu pai, por me incutir, desde a infância, a paixão pela literatura, pelas grandes viagens, pela competição e pela aventura; quase tudo o que eu precisava para vencer o desafio de escrever este livro.

A ambos, agradeço pelo irmão que me deram antes mesmo da minha chegada ao mundo. Mais do que me fazer companhia, Felipe Padula Borges sempre foi e sempre será, para mim, referência artística e intelectual. E por falar em referência, sou eternamente grato e dedico este livro *in memoriam* de Wilson Hilário Borges, inesquecível mentor e o maior responsável pela minha escolha profissional. Ele me fez acreditar que podia e devia ser jornalista e escritor.

Por fim, meu agradecimento — com certeza, o mais relevante — vai para Priscilla Garcia, minha esposa, que, desde sempre, compreendeu a importância deste livro para mim e abriu mão, inúmeras vezes, da minha companhia e ajuda na difícil e mais importante missão de minha vida: cuidar dos nossos três filhos, Gabriel, Cecília e Helena. Foram muitos fins de semana, feriados e todo um período de férias dedicados a este projeto, graças a compreensão de Priscilla, que, seguramente, das escolhas (que fiz) em minha vida, ou das escolhas de Deus para minha vida, foi, ao lado dos meus filhos, a mais feliz.

Nota do Autor

RAAM, Mr. Milan é um livro-reportagem que conta a história de amor de um homem, Márcio Milan, por uma prova de ciclismo, a Race Across America (RAAM), um verdadeiro desafio à capacidade humana de suportar adversidades climáticas, geográficas, físicas, emocionais e de relacionamento. Estamos falando de quase 5.000 quilômetros de pedal divididos entre quatro ciclistas assessorados por uma equipe de apoio formada por voluntários.

São muitos dias de convívio com pessoas que, na essência, mal se conhecem. Tudo isso sob condições de pressão e temperatura, literalmente, extraordinárias. Na RAAM, vamos de 52° C no deserto californiano a temperaturas quase negativas nas montanhas do Colorado; chegamos a trechos abaixo do nível do mar para, dois dias depois, estarmos a 3.500 metros de altitude.

Marcio Milan é um executivo bem-sucedido do varejo brasileiro que, em 2014, participou da RAAM pela 10ª vez. Ele é nosso cicerone por essa onírica e suada jornada de privações e descobertas. Também é nosso protagonista, porque, se a prova é rica por si mesma, é ainda mais pelas pedaladas e pela história pessoal de Marcio.

Não preciso de muito tempo para descobrir que sua relação passional com a RAAM é fruto da maneira como o evento se reflete em sua alma, movida à superação, ao desbravamento dos próprios limites. Não por acaso, o nome de sua equipe é Vencendo Desafios.

— A gente acha que conhece a RAAM porque já participou dela um monte de vez, mas, a cada nova experiência, descobre que não conhece.

Pude sentir na pele as palavras de Marcio. Não só ele, mas outros veteranos de RAAM ao longo da jornada me falavam a mesma coisa, cada um ao seu modo. Aliás, com eles e com os demais participantes — estreantes como eu nesta aventura — também aprendi, como poucas vezes na vida, em um intervalo de tempo tão curto.

— Na RAAM, a gente vive dez anos em sete dias — gosta de dizer Marcio.

Escrever RAAM, Mr. Milan foi um desafio tremendo, não só pelas dificuldades que elenquei até aqui, mas por causa da realidade humana tão complexa e intrincada que caracterizou a participação da equipe, que me serviu de matéria-prima jornalística e a qual eu precisava compreender, num breve período de tempo e na medida do possível, para fazer o melhor trabalho.

Toda essa complexidade e a forma intensa com que vivenciei a prova me levaram, naturalmente, a incluir nesta narrativa, também, os bastidores do fazer jornalístico. Por isso, além de contar a história da Vencendo Desafios e de Marcio Milan em sua décima participação na RAAM, eu narro o que vivi e senti nesta cobertura, fazendo do *making-of* uma subtrama da obra.

Definitivamente, essa prova me mostrou que a realidade é um conceito mais abstrato do que sonha nossa vã filosofia. *Nunca saberemos quão fiel é o nosso conhecimento em relação à realidade "absoluta". O que precisamos ter, e creio que temos, é uma notável consistência em termos das construções da realidade que os cérebros de cada um de nós efetuam e partilham*[1]. As palavras de António Damásio — possivelmente, o mais eminente neurocientista do mundo na atualidade — justificam, sob a luz da ciência moderna, o meu maior desafio na elaboração desta obra, mas também revelam a honra e o privilégio único que tenho por ser o escritor dela, por poder exercer, por meio de uma história tão rica, meu compromisso com o jornalismo, com a liberdade de expressão e de interpretação.

Cito Damásio porque não foram raros os momentos, durante a elaboração deste livro, que fui tomado pela angústia de querer escrever a "realidade absoluta" da RAAM. Também não foram raros os momentos em que me frustrei ao constatar que tal "realidade" é impossível, porque sou um só. Sou um ponto de vista e, por mais que colha o depoimento de todos os envolvidos, ainda é sob meu crivo que esses depoimentos se traduzem em palavras nesta obra jornalística. Sou, com muito orgulho, o filtro que transforma Marcio, sua paixão, seu pedal, sua equipe e a RAAM em verbo.

Em síntese, RAAM, Mr. Milan é a realidade que escutei, ditada pelos fatos que testemunhei e escrita com a riqueza e a pobreza de recursos de que disponho e com as minhas perfeições e imperfeições mnemônicas. Tal reconhecimento da minha parte pode soar óbvio para uns e como blasfêmia para outros — que creem na imparcialidade e na objetividade a toda prova —, mas isso pouco me importa. O importante mesmo é selar, de antemão, meu compromisso com a realidade que meu "cérebro construiu" a partir da verdade dos fatos que vi e vivi.

---

[1] Trecho da obra "O Erro de Descartes — Emoção, Razão e o Cérebro Humano", do neurocientista português radicado nos Estados Unidos da América (EUA), António Damásio.

Uma aventura montada em selim

**Edvaldo Pereira Lima*

Uma prova de resistência. Famosa. No exterior. De dimensão continental. Alcance mundial. Uma equipe brasileira. Um protagonista. Surpreendente, complexo, determinado. 65 anos de idade.

Aliados e adversários. Metas e objetivos. O planejamento. A liderança. O imponderável. As atribulações do caminho. Os inevitáveis conflitos de egos. As frustrações. O sonho de glórias. O esforço para além do comum. As possibilidades desenhadas da jornada. O horizonte desejado da vitória. O fantasma ameaçador da derrota. O questionamento da conquista. Os bastidores. Os fatos. A reflexão. A descoberta. As linhas paralelas de convergência. Esporte e vida.

Em junho de 2014, o bem-sucedido executivo Marcio Milan parte para os Estados Unidos liderando a equipe Vencendo Desafios para participar, pela décima vez, da Race Across America, uma prova de ciclismo de 4.859 quilômetros de extensão. Começa em Oceanside, Califórnia. Atravessa desertos, montanhas, planícies, calor e frio, chuva e sol. Noite e bosques enluarados, campos de milho no Meio Oeste e o Corredor de Tornados, subúrbios prosaicos e territórios históricos, lembranças do Velho Oeste e da pujança industrial da grande nação do Norte. Termina em Annapolis, do outro lado do país, na Costa Leste, quase às portas da capital, Washington.

Um mundo de aventuras entre os dois extremos, o abandono da zona de conforto e o mergulho de quatro ciclistas e sua equipe de voluntários de apoio para dentro do coração do imprevisível. Por mais conhecido que seja o mapa, cada jornada é única, desafiadora. Por mais arquitetado que seja o plano, os fatores e as forças sem controle disparam a adrenalina, excitam as veias, fervem o sangue das emoções e fazem os personagens dessa história real se lançarem, como vespas atraídas pela luz, ao olho do furacão sedutor, cuja única recompensa, verdadeiramente possível e plausível para todos, é o espelho de suas próprias verdades estampadas nas faces que se autorrevelam.

O escritor embarca junto. Abre, com seu olhar de personagem-testemunha, os cenários dessa história que vai descortinando, à nossa frente, o drama e o suspense das ações, fazendo crescer nossa ansiedade e nos convidando a vivenciar, juntos, o desencadear dinâmico dessa narrativa que nos faz participar da aventura, sob a perspectiva dos que enfrentam a costura desdobrada do destino, ele próprio envolvido pelo redemoinho que, por vezes, ameaça naufragar propósitos, sonhos e orgulho.

A proposta diferenciada de Wagner Hilário ocupa um precioso nicho, raro nesta civilização superexposta e, aparentemente, altamente comunicativa, dos nossos dias. A prova esportiva, que constitui o contexto de fundo de sua história, recebe as lentes privilegiadas dos meios de comunicação de massa, hoje acrescidos da sua exuberância visual nos canais digitais, como o Facebook, o Instagram e demais membros da, assim chamada, mídia social. Contudo, essa proliferação exaustiva dos registros visuais, inclusive em livros eminentemente fotográficos, transmite-nos apenas a mensagem instantânea da aparência. Em que pese seu valor estético e simbólico, ficamos órfãos de uma compreensão integrada, em que não só nosso cérebro visual é atendido, mas também somos abençoados pela possibilidade da imersão na rede de fatores que nos permitem compreender a relação entre causas e consequências.

A boa narrativa do jornalismo literário e da literatura da realidade, no livro-reportagem, dá-nos essa possibilidade privilegiada. A foto que tanto desperta nosso sentido, mas que sozinha nos deixa na superfície distante da compreensão profunda, faz parceria com o texto escrito de qualidade. E esse nos leva junto com o autor para dentro da dimensão subterrânea dos acontecimentos, trazendo à tona fatos coligados que fazem sentido, motivações que acionam a alma e o coração dos personagens colocados em foco pelo escritor. Então temos a possibilidade de compreender, situando a foto num quadro panorâmico de um sentido amplo. Vivemos por um momento, simbolicamente, as agruras e alegrias dos personagens, conforme o autor tenha conseguido reproduzi-las a partir dos seus próprios meios de captação — de largo alcance, às vezes; cercados pelas limitações inerentes à nossa imperfeição humana, outras tantas —, sua inteligência e sua sensibilidade.

Então nos aproximamos do outro. Do personagem. Daqueles sobre quem o escritor nos conta, tecendo o fio narrativo de suas histórias. Podemos ter uma chance de compreendê-los, de sentir suas vontades e desilusões, sua força e eventual fraqueza.

Vemos, sentimos e tocamos, assim, o território do mundo do outro. Pode-se abrir assim o milagre paradoxal da empatia. Ao nos identificarmos, seduzidos, com a história do outro, podemos abrir portais para reconhecermos, igualmente, o que também nos torna humanos na grande aventura de viver.

---

*Educador e responsável pelo curso pioneiro, no Brasil, de pós-graduação em jornalismo literário (JL), Edvaldo Pereira Lima também é autor de inúmeros livros nessa linha, tanto didáticos, quanto lítero-jornalísticos.

BICYCLES
ON
SIDEWALK
NO
SKATEBOARDING
ALLOWED
C.M.C. SEC.
10.58.020
RACE ACROSS AMERICA

Capítulo

1

RAAM, Mr. Milan

Em nenhum outro lugar vi os olhos de Marcio Milan faiscarem de infância como na orla da praia do centro de Oceanside, na Califórnia. Em escritórios improvisados[2] nos vestiários de um ginásio esportivo, a pouquíssimos metros da areia da praia — e de um monumental píer pelo qual se pode ir mar adentro e ver lindas imagens da costa e dos surfistas —, fica o quartel general provisório dos organizadores da RAAM (*Race Across America*)[3]. Em frente ao ginásio, há uma barraquinha com lembranças da prova à venda. Os preços não são muito convidativos. Por um boné, de boa qualidade, é verdade, paga-se US$ 20.

Marcio Milan, eu, Palito e Luiz Machado chegamos à organização meia hora antes de ter início a largada do solo, como chamam os ciclistas que farão sozinhos a prova, sem revezar o fardo das 3.020 milhas (4.859 quilômetros) com mais ninguém. Palito, apelido de Eduardo Chan — mais do que sugestivo por causa de seu físico —, é o *bike*-mecânico da equipe. Luiz Machado é o fotógrafo dessa expedição.

Estamos no dia 10 de junho e são 11h30 da manhã. A largada das equipes de revezamento (dupla, quarteto e octeto) só acontecerá no dia 14 de junho de 2014. Mais do que assistir à largada do solo, fomos retirar os kits da prova; são adesivos de identificação dos carros, livros de rota (*route books*) e fichas para serem preenchidas, com dados dos quatro ciclistas e da equipe, e entregues um dia antes da largada.

No vestiário-escritório, Marcio é recebido por uma voluntária da organização, a esposa de um dos diretores da RAAM, que, ao vê-lo, solta sonoro e simpático "Mr. Milan", carregado no sotaque americano. Embora a demonstração de carinho deixe claro o prestígio e o respeito que os organizadores dedicam a Marcio, a simpatia da moça também reforça o que encontramos até então, nos quatro dias em que estamos nos Estados Unidos da América (EUA) — dois e meio cruzando o país, de carro, para chegar ao ponto de partida da prova.

Nossa chegada ao território americano aconteceu no dia 6 de junho, em Washington, D.C.[4], a poucos quilômetros da linha de chegada da RAAM, que fica em Annapolis. Em Washington, as vans e o *motorhome* foram alugados e retirados para que, no dia 7, iniciássemos a primeira travessia, da capital americana para Oceanside, sul da Califórnia, jornada que não seria nada fácil de realizar pelas dificuldades físicas e emocionais que impõe. O que a princípio imaginei ser um leve aquecimento para a RAAM, em alguns momentos se configurou verdadeiro pesadelo.

A razão de sair com os carros do ponto de chegada da prova (Washington-Annapolis) e levá-los, por conta, até o ponto de partida (Oceanside) é, além de servir de preparação ao estafe para o grande evento, conferir a melhor condição de prova possível, em termos de infraestrutura, à equipe, tornando a RAAM menos difícil e mais prática para a Vencendo Desafios. Trabalha-se duro na preparação, dobram-se os quilômetros a serem percorridos, mas se cria as melhores condições possíveis para a realização da prova, com toda a infraestrutura necessária, exigida e pensada por Mr. Milan. Esse zelo, que nos levará a cruzar os EUA duas vezes em 20 dias, em grande medida, justifica a fama da Vencendo Desafios, considerada, pelas outras equipes, uma das mais organizadas da RAAM.

O fato é que, durante o nossa primeira travessia dos EUA — além de muito estresse, desentendimento, descobertas, paisagens idílicas e oníricas —, encontramos muitos americanos nas *general stores*[5] de postos de gasolinas, nos restaurantes e outros locais de comércio, e não foram poucas as pessoas que demonstraram muita simpatia, contrariando minha ideia pré-concebida de que os americanos eram ensimesmados.

Por isso, a voluntária da RAAM, em Oceanside, só reforça essa constatação. Novo para mim é o imenso apreço dos organizadores da prova pela figura de Mr. Milan. Não apenas a voluntária, mas muitos atletas e pessoas dos estafes[6] de outras equipes, quando o veem, fazem questão de cumprimentá-lo. Com sorriso de satisfação, Marcio retribui.

Não é que ele seja uma celebridade na RAAM; o ambiente ali não dá muita margem para a ideia de celebridade. Em esportes radicais — e pelo menos na RAAM

---

[2] O escritório oficial da organização da RAAM fica na cidade Boulder, no norte do Colorado.

[3] A RAAM nasceu em 1982, quando quatro ciclistas resolveram sair de Santa Monica Pier, em Los Angeles, e pedalar até o Empire State Building, em Nova York. Durante seus dez primeiros anos, a prova era disputada apenas individualmente, mas, a partir de 1992, a competição por equipe foi inserida.

[4] Distrito de Columbia, onde está localizada a capital do país e que tem status de Estado. O distrito fica à beira do Rio Potomac e fica entre os Estados de Maryland e Virginia.

[5] Lojas de conveniência em postos de combustíveis nos Estados Unidos que, diferentemente das nossas, são maiores e oferecem sortimento de produtos muito mais amplo.

[6] Na RAAM, os estafes de equipe são chamados *crew*, cuja tradução literal é "tripulação".

RACE ACROSS
RACE ACROSS AMERICA
RAAM
OCEANSIDE, CA TO ANNAPOLIS,
START

Dia 10 de junho de 2014. Na orla da praia de Oceanside, cidade ao sul da Califórnia, os ciclistas da categoria solo se preparam para largar. Esses atletas cruzarão, sozinhos, os Estados Unidos (EUA). Tanto a largada do solo, quanto a por equipes, que se dará no dia 14, são um grande evento na cidade e atraem, também, pessoas dos arredores, inclusive de San Diego, uma das maiores cidades californianas

Trajeto da RAAM 2014, que abrange 4.859 quilômetros, indo de Oceanside, na Califórnia, passando pelo Arizona, Utah, Colorado, Kansas, Missouri, Illinois, Indiana, Ohio, West Virginia, Maryland, Pennsylvania e Maryland, novamente, onde a corrida termina, com a chegada dos ciclistas à cidade de Annapolis

o ciclismo é um esporte radical —, o reconhecimento dos pares ocorre menos pela grife e pela pose do que pela capacidade de se entregar à atividade. Na verdade, o simples fato de se propor a pedalar a RAAM já faz do sujeito alguém digno de reconhecimento. Aqueles que fazem isso 10 vezes, então... Os que conseguem concluí-la são, naturalmente, ainda mais reconhecidos e os que a concluem oito vezes e ainda ganham a prova, com sua equipe e em sua categoria, em duas oportunidades, são muito mais. Marcio conseguiu isso. Em 2014, ele participa da RAAM pela décima vez. Não é pouco. Antes de sua nona participação, em 2013, Marcio foi para o Hall da Fama da RAAM, feito inédito para um brasileiro.

Mesmo sem nunca tê-la disputado na categoria solo, a cereja do bolo do evento, Marcio conseguiu todo esse reconhecimento. Definitivamente, montar uma equipe de quatro ciclistas, mais o estafe, que no caso do quarteto costuma ter de 10 a 12 voluntários, não é nada fácil. Fazer isso dez vezes, considerando já 2014, quando o carro da imprensa para a produção deste livro acrescenta mais quatro pessoas ao time, é um pouco mais complicado. Porém, a capacidade de realizar, durante tantos anos, essa obra de gestão e engenharia humana nada fácil não parece ser o que mais motiva Marcio, embora o orgulhe muito. O que o motiva é, simplesmente, a RAAM e a ideia deste livro é mostrar o porquê.

...

O clima na orla da praia é bom, impressiona e contagia. Há uma maresia de desafio. O mestre de cerimônia, ao apresentar os ciclistas e chamá-los para a largada, faz-me lembrar daqueles caras, com vozeirões, que apresentam as grandes lutas de boxe ou de MMA[7] em Las Vegas. Há também o famoso *one, two, three* até o *ten, go!!!* e a partida dos ciclistas ao som das sinetas da torcida e dos gritos de incentivo. A largada fica mais interessante porque não é feita com todos os ciclistas da categoria juntos. Larga-se um por vez e a diferença de tempo por causa da ordem de saída é corrigida no final.

Marcio está no meio do povo, entra na pista, cumprimenta um aqui, outro acolá. É um sujeito de caminhar leve e ágil, nem os cabelos grisalhos e as rugas no rosto, inevitáveis para um sexagenário, prejudicam o ar jovial que transmite naquele ambiente. Traz um sorriso discreto no rosto. Na verdade, é um sujeito discreto, pouco dado a demonstrações efusivas de emoções. Mesmo assim, sua felicidade é inegável e incontrolável.

Certa vez, antes sequer d'este livro ter sido imaginado, ele me disse:

— Sempre procuro fazer o meu melhor, o resultado deixo pra Deus. Eu não participei da RAAM nove vezes porque tinha o objetivo de entrar no Hall da Fama, simplesmente aconteceu.

Na ocasião, falamos sobre sua vida, e a RAAM ocupava papel de enorme relevância. Aquilo chamou minha atenção, achei estranho tanto envolvimento assim com uma prova e perguntei:

— Mas o que essa prova tem de tão especial?

— Só você 'tando lá pra saber.

Aqui estamos à beira da pista de largada em Oceanside. Marcio acompanha os ciclistas serem chamados. De repente, avista quem estava procurando desde que chegou ali: Ricardo Arap, companheiro de equipe nas duas RAAM anteriores e que, neste ano, é o único brasileiro a participar do solo.

Arap exala apreensão, embora não seja a primeira, nem a segunda vez que tenta completar a RAAM sozinho. Da primeira, não conseguiu. Marcio vai até ele e lhe dá um abraço. Cientes do desafio que Arap terá pela frente, quase todos os brasileiros que estão ali, mesmo os que não o conhecem, vão até ele para desejar sorte. Eu

---

[7] Mixed Marcial Arts (Mescla de Artes Marciais)

Ciclistas locais, que têm no esporte um lazer corriqueiramente praticado, acompanham a largada do dia 10 de junho. Ao fundo, vê-se a passarela que dará no enorme píer da praia central de Oceanside, onde o fluxo de turistas e de pelicanos, em busca de comida, é intenso

mesmo não o conhecia, embora ele estivesse no mesmo hotel que a gente. Também me aproximo para desejar boa sorte e parabenizá-lo pela coragem.

— Cara, obrigado mesmo! Obrigado pela força! Obrigado mesmo! — Ele me responde, com uma gratidão que seguramente eu não mereço, mas que se justifica pelo estado de ânimo em que se encontra.

Cambará, apelido de Adilson Ferrari, peça fundamental do estafe da equipe de Marcio e que, em 2014, também chega à sua décima RAAM, conhece Arap de outros carnavais. Cambará não está conosco na linha de largada, mas mais tarde, quando o encontro, ele me revela, com sua fala arrastada e bem-humorada, que ao ver Arap no estacionamento do hotel indo para a largada, naquele mesmo dia pela manhã, foi cumprimentá-lo e desejar boa sorte.

— Dei um abraço nele e, de repente, ele começou a chorar. Ele 'tava muito emocionado, mesmo. Essa prova 'tá mexendo com ele — Cambará me diria.

De volta à orla e à largada do solo, muitos atletas já foram chamados e os que ainda não foram estão num recuo à beira da pista. Há ciclistas de todos os cantos do mundo. Vi atleta de países da Ásia, Oceania, Europa, América do Sul e do Norte. Arap é um dos últimos a serem apresentados pelo Bruce Buffer[8] das bikes. Ele se encaminha para a linha de largada na companhia do filho, que usa o uniforme da equipe do pai, um capacete de ciclista e deve ter por volta de 12 anos de idade. O menino irá acompanhá-lo por alguns metros, depois Arap seguirá só. Isso é possível porque a largada na orla da praia é simbólica. O tempo oficial começa a ser medido onze milhas (17,7 km) à frente. Mas a graça, a emoção está ali e, quando o mestre de cerimônias grita *go!*, as sinetas tilintam com mais força e os gritos predominantes, agora, são em português. Eles partem.

---

[8] Apresentador das lutas de MMA do Ultimate Fighting Championship (UFC)

Acompanhado pelo filho, Ricardo Arap, o único representante brasileiro, em 2014, na prova de solo da RAAM, larga para tentar completá-la pela primeira vez, em sua terceira tentativa nesta categoria. Somadas as participações em dupla e em quarteto, Arap terminou a prova seis vezes. No caso da dupla, em 1998, bateu o recorde da RAAM, à época

Capítulo

2

Storm in Kentucky

— Olha, eu vou falar um negócio pra vocês, 'tô achando tudo muito estranho... Eu não entendo, sinceramente, eu não entendo o jeito de vocês. Não entendo como é possível realizar alguma coisa assim, do jeito de vocês. Vocês me desculpem, mas sou incapaz de entender.

Marcio não grita, mas está exaltado; gesticula, fulmina um a um com olhar que mescla decepção, incômodo e desconfiança. Ele parece arrependido de ter chamado algumas pessoas e de ter aceitado a indicação de outras para a RAAM e dá a entender que alguns ali também desconfiam da sua capacidade de liderar.

É dia 7 de junho, perto das 21h. Paramos para jantar em um Denny's[9], na cidade de Waddy (Kentucky), a poucos quilômetros de Winchester. Na estrada desde as 8h30 da manhã, quando saímos de Washington, ainda não andamos nem um quinto do caminho que temos de percorrer até chegar a Oceanside. A essa altura do campeonato e com base no ritmo imprimido até aquele momento, o plano de chegar antes das 13h do dia 9 de junho a Oceanside é irrealizável. Essa é, sem dúvida, se não a principal, uma das principais razões para a irritação de Marcio, que ali, à mesa do Denny's, parece não ter fim. Nem a expectativa de dali em diante pegarmos mais trechos planos e grandes retas, através das *highways*[10], desanuvia o semblante dele.

Tivemos um primeiro dia em território norte-americano — pousamos no Aeroporto Internacional Washington Dulles na manhã do dia 6 de junho — bastante atribulado e o início da viagem para o Oeste não foi muito melhor.

Neste momento, ocupamos cinco mesas, dispostas em linha, bem no centro do Denny's. Em algum momento que me passa despercebido, durante as inúmeras conversas que se desenrolam paralelas entre os dez membros da equipe que fazem parte dessa etapa do desafio — os demais chegarão a Oceanside, diretamente —, alguém diz algo que desperta o descontentamento de Marcio.

Desde a nossa chegada aos EUA, a insatisfação de Marcio com a conduta de boa parte dos membros da equipe é evidente. Dos dez do grupo que fazem esse primeiro deslocamento, além do próprio Marcio, de mim, Machado, Palito e Cambará, também estão Laurindo Mello, o chefe da equipe; Wagner dos Santos, membro do estafe; Francisco das Chagas, Chiquinho, cozinheiro da equipe; Eduardo Altilio, vulgo Dadinho, também do estafe; e Adilson Oliveira, estafe.

Num primeiro momento, não entendo por que Marcio está incomodado. Talvez não estejamos tão engajados como ele gostaria que estivéssemos: rimos demais de amenidades e nos preocupamos mais com o 4G dos nossos celulares para garantir contato com nossas famílias no Brasil do que com a celeridade dos processos para assegurar que chegaremos a Oceanside às 13h do dia 9 de junho. Desconfio que seja isso, mas não tenho certeza. Não consigo enxergar, com clareza, relação entre esses fatos. De qualquer maneira, sinto-me responsável pelo desconforto que ele tem demonstrado desde os trabalhos no depósito em Washington.

Assim, embora a princípio eu esteja disposto a ser uma "mosca na parede" durante toda a viagem, para não interferir muito no ambiente, minha natureza questionadora não deixa. Curioso por entender o que direta e factualmente o incomoda tanto, a ponto de levá-lo a externar, de forma enfática, sua indignação com a equipe no jantar do dia 7, no Kentucky, eu me intrometo...

— Eu também não entendo o que você não entende, Marcio. Não entendo o que houve para você estar tão bravo assim...

Marcio me lança um olhar de poucos amigos e em seguida vai direto ao ponto:

— Quer saber o que não entendo, Wagner? Não entendo as conversas que tenho escutado, de que dirigir à noite é muito difícil, de que é agora que as coisas vão ficar complicadas. Não entendo por que me perguntam oitenta vezes se vamos parar pra jantar se eu disse, antes, que vamos parar pra jantar. Não entendo por que me enchem o saco quando pego o caminho que sempre peguei [para Oceanside], dizendo que está errado, que perdemos tempo. Não entendo quando falam que o GPS que usamos não serve. Faço isso há dez anos, porra!

...

Realmente, há à mesa do jantar a conversa entre os membros da equipe sobre o receio que todos temos de guiar à noite. O próprio Cambará fala sobre essas dificuldades, até de forma bem-humorada. No que diz respeito às perguntas reiteradas sobre almoços e jantares em restaurantes, não acredito que ocorram por desconfiança da palavra de Marcio. Há, sim, uma contingência. Estamos com o tempo apertado

---

[9] Rede de restaurante muito popular nos EUA.

[10] Rodovias Interestaduais norte-americanas geralmente de pistas largas e com várias faixas de trânsito para o mesmo sentido.

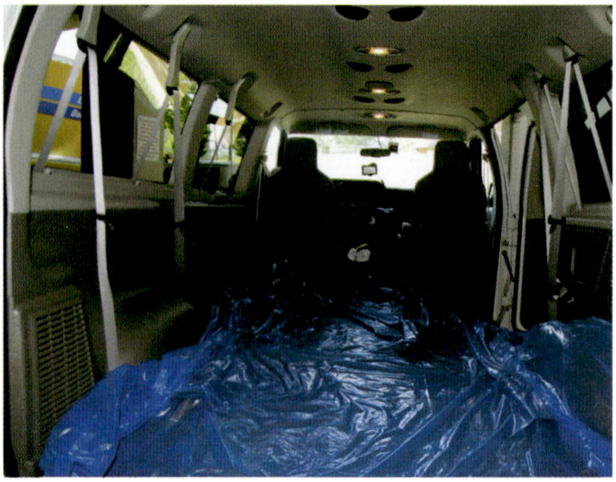

Desembarcamos em Washington, D.C., em 6 de junho de 2014 e, depois de pegarmos as vans e o *motorhome*, fomos ao depósito que Marcio mantém na cidade, com boa parte dos equipamentos que serão usados durante a prova. Para não ter de levar e trazer do Brasil, todos os anos, os utensílios, Marcio os mantém em depósito na capital americana, que fica bem perto da linha de chegada da prova, ou seja, assim que a prova acaba, os equipamentos são armazenados ali, para o ano seguinte. Essa dinâmica, porém, obriga-o a chegar antes com sua equipe aos EUA para cruzar o país até Oceanside, na ocasião da RAAM. Nas imagens, a equipe trabalha, no depósito, em Washington, na pré-montagem das vans, que serão definitivamente montadas em Oceanside

Mr. Milan
RAAM IS A LIFESTYLE
Hall of Fame
Race Across America 2013
RAAM IS A LIFESTYLE
Brasil
Brasil

para cumprir o objetivo e as perguntas são feitas porque existe o pressentimento de que a qualquer hora será preciso parar com as refeições em restaurantes, já que o atendimento de dez pedidos, muitos diferentes, fazem as refeições levarem muito mais tempo do que deveriam levar para serem servidas.

Calculo que, nesse primeiro dia de travessia, de Washington a Oceanside, nós perdemos, em paradas para refeições e abastecimento de veículos, pelo menos, sete horas. É possível reduzir esse tempo pela metade, até porque, se mantivermos esse ritmo de paradas para os próximos dias, considerando que esperamos fazer o trajeto em 52 horas corridas, perderemos dezessete horas e meia. Convertidos em quilômetros, tendo em conta o ritmo que imprimimos, até aqui, na viagem, as quase nove horas excedentes, das paradas que fazemos, equivalerão a uma perda de mais de 800 quilômetros. Ou seja, na toada em que viemos até Waddy, jamais chegaremos às 13h, do dia 9 de junho, a Oceanside.

Por tudo isso, a maioria de nós já imagina que, uma hora ou outra, teremos de parar em *generals stores* ou *fast-foods*, pegar a comida e fazer as refeições no carro, para não perder mais tempo. Talvez Marcio queira que nós tomemos a iniciativa de propor isso, por não querer impor seu ponto de vista e, assim, parecer autoritário. Mas, ao mesmo tempo, tem uma grande responsabilidade com os demais ciclistas: precisa cuidar para que tudo chegue a Oceanside na mais perfeita ordem e o quanto antes. Haverá muito trabalho a fazer nos veículos, depois de chegarmos à costa do Pacífico. Todos os carros passarão por uma avaliação técnica e mecânica feita pela organização da prova e, se alguma coisa não estiver dentro das especificações, o carro será proibido de participar da RAAM; um prejuízo considerável à equipe e aos ciclistas.

— Em 2012 — Marcio me diria —, não conseguimos deixar o *motorhome* pronto a tempo da avaliação dos organizadores porque, durante a travessia de Washington a Oceanside, ele quebrou e chegou à Califórnia na véspera da largada. Eu expliquei aos organizadores o que tinha acontecido e eles me deram um tempo extra pra arrumar o veículo; poderíamos apresentá-lo para a avaliação de manhã cedinho, no dia seguinte, o dia da largada. Passamos a noite em claro, levamos o carro para a avaliação de manhãzinha e largamos por volta do meio-dia.

Sobre o caminho para Oceanside, a divergência da escolha de Marcio se deu, mais uma vez, por causa da pressa. Durante o dia 6, não foram poucas as duras distribuídas por Marcio aos membros da equipe e, por trás de todas elas, eu via uma relação com a pressa e o tempo de que dispúnhamos.

— A RAAM é uma prova de prazos, logística e planejamento. Ela não começa quando largamos, começa na preparação. A preparação, a viagem do Brasil para os EUA, de Washington a Oceanside, tudo isso já é RAAM. Minha preocupação com o prazo não é sem propósito. Se a gente falha num dos prazos, temos de rever planos e isso pode nos prejudicar pra prova — justificaria Marcio a mim em uma conversa posterior.

A ideia inicial dele, antes mesmo de chegarmos a Washington, era sair no dia 6 em direção a Oceanside e dormir em algum hotel no meio do caminho. Mas, pelo menos na minha opinião, os imprevistos e os contratempos, mais do que as falhas e a lerdeza da equipe, fizeram-no mudar de planos e deixar a saída para o dia seguinte.

Fora isso, foi feito tudo o que estava planejado. Claro que houve falhas, muitas evitáveis. A montagem parcial das vans e do *motorhome*[11] com os equipamentos e itens que Marcio mantém armazenados num depósito em Washington, por exemplo, não se deu sem traumas. Na ocasião, ele cobrou mais ação do líder da equipe, Laurindo, e discutiu com Cambará, a quem havia incumbido, desde janeiro, de treinar Laurindo e prepará-lo para a função de líder. A discussão com Cambará foi sobre qual seria o melhor processo para fazer o trabalho de pré-montagem das vans, o que envolvia a retirada dos bancos e a colocação de três camas em cada uma delas, para que os ciclistas e seus estafes tivessem mais conforto nos períodos de descanso durante a RAAM. Pelas palavras de Cambará, no depósito em Washington, Marcio não devia se preocupar com essas questões, devia delegá-las e só cobrar resultado.

— Aí fica tudo nas costas dele e ele fica uma pilha de nervos — Cambará me disse.

Porém, cabia a Marcio avaliar e zelar para que o estafe fizesse o trabalho corretamente. Se a equipe não estivesse trabalhando como deveria, ele tinha de encontrar a maneira de fazê-la acertar, mesmo que, oficialmente, isso não fosse sua obrigação.

— Nós fizemos inúmeras reuniões — argumentaria Marcio —, combinamos qual seria a função e as principais atribuições de cada integrante do estafe. Não é meu trabalho, mesmo, ficar rememorando a cada um qual é a sua função dentro da equipe, dentro do depósito e dentro do processo de montagem das vans. Mas se o cara não 'tá correspondendo, eu não posso ficar calado, olhando tudo quieto. Por isso é que me irritei no depósito.

Desde o princípio da minha participação nesse projeto, Marcio me pareceu bastante preocupado em preparar, da melhor maneira possível, a equipe para a RAAM. Além das reuniões e dos simulados de prova, ele entregou a todos os membros da equipe uma cartilha com as regras básicas de conduta dos voluntários da Vencendo Desafios, atribuições dos diferentes perfis de estafe, agenda de atividades para todos os dias da viagem, check-list de roupas, remédios etc.

— Alguém leu a cartilha? — perguntava Marcio no depósito enquanto distribuía as broncas. — Cadê a cartilha? Alguém 'tá com a cartilha aí?

---

[11] Caminhão-trailer muito usado nos EUA como casa ou para longas viagens e acampamentos. Além de camas, o veículo dispõe de banheiros e fogão para cozinhar.

Eu não estava com a cartilha na mão, estava na van, dentro da minha bolsa. Também não vi ninguém da equipe com a cartilha. O próprio Machado, de pronto e em voz baixa para só ser escutado por mim, faz o mea-culpa dizendo que não tinha lido nada. Não vou dizer que a li com profundidade, mas a folheei no mesmo dia em que a recebi e também algumas vezes depois, no próprio avião. Mas entre a teoria e a prática há uma distância considerável e, mesmo com todo o preparo e material informativo, tenho a sensação de que é impossível ao estreante antever metade do que encontrará nessa jornada, ainda mais nos primeiros dias. E Laurindo, por exemplo, embora seja o chefe da equipe, é um estreante.

...

De qualquer maneira e apesar de todos os desentendimentos do dia 6 de junho, principalmente por causa do prazo, a primeira perna da viagem capitaneada por Marcio no dia 7 ocorreu em 351 km de uma estrada vicinal, a US-50 E que, na minha cabeça de novato, era muito mais lenta que as interestaduais que tínhamos à disposição como alternativa. Esse era o caminho que Marcio fazia há nove anos, baseando-se em indicação do GPS. O trecho era de uma beleza espetacular e revelava um casamento entre homem e natureza a oeste de Maryland, norte de Virginia e West Virginia que deixou Machado de queixo caído e frustradíssimo por não poder fotografar, já que estava guiando. Mas, mesmo que não estivesse, não conseguiria porque precisávamos acompanhar os demais. Machado não queria fazer as fotos com a van em movimento porque a qualidade delas ficaria prejudicada. O fato é que as casas de madeira, com pinturas discretas, em meio a imensos gramados e árvores frondosas, sob um sol que nada deixa a desejar ao nosso aqui dos trópicos, não resolviam o problema da nossa pressa, embora o visual me agradasse bastante.

Nesse contexto, por mais bela que fosse a paisagem, parecia-me estranha a escolha de uma vicinal em vez de uma *highway.* O mapa do meu celular, na primeira hora e meia da viagem, apontara a *highway* 81, pela qual passamos perto do km 110 da US-50 E. Achei que fôssemos pegá-la, mas seguimos pela vicinal por mais uns 241 km. Ou seja, desse belíssimo trecho, de uma estrada de mão dupla e cheia de curvas fotogênicas que não fotografamos, por volta de 240 km poderiam ser percorridas em estradas mais rápidas, ao menos no meu entendimento e também no entendimento de alguns dos outros novatos da equipe que, assim como eu, acompanhavam nossa evolução por mapas de tablets e de *smartphones*.

Nesse primeiro trecho da aventura, eu seguia com Machado na van 3, que na prova será usada por nós mesmos; será a van da imprensa. Laurindo, Cambará e Wagner dos Santos iam no *motorhome*. Marcio, Palito e Chiquinho, na van 2, que na prova servirá à dupla de ciclistas composta por Marcio e Luiz Augusto Milano, o Guto. Dadinho e Adilson seguiam na van 1, que servirá aos ciclistas Joaquim Martins, o Kim, e Fabio Leone. Dos que fazem essa primeira travessia, há seis estreantes: Dadinho, eu, Machado, Adilson, Laurindo e Wagner dos Santos.

Confesso que o fato de irmos pelo caminho mais extenso não me incomodou tanto quanto o sumiço da van 2, dirigida por Marcio, e do *motorhome* — eles seguiam à nossa frente e, atrás de nós, estavam Adilson e Altilio. Machado não gostava de andar colado e tinha um ritmo naturalmente mais lento que o de Marcio. Ao dar distância, a chance de ficarmos para trás era grande, e foi o que aconteceu. Eu achava que Machado podia acelerar mais e dizia isso, porém ele justificava que estava no limite da velocidade permitida. Contra esse argumento não me restavam muitos outros, ainda mais porque, no dia anterior, Marcio havia observado a Adilson que os ocupantes do carro que lidera o comboio têm sempre de estar atentos aos demais, para evitar que fiquem para trás. Ele disse isso porque Adilson e Dadinho, ainda em Washington, no dia 6, dispararam com a van 1 na frente dos demais do comboio, e o motorhome, que havia ficado atrás de todos, acabou se perdendo. Para reencontrá-lo, perdemos um tempo precioso.

Por isso, eu estava muito irritado, receoso de nos perdermos do comboio e atrapalharmos o já comprometido alcance da meta de chegar a Oceanside até as 13h do dia 9 de junho. Meu GPS não estava com a mesma programação do de Marcio e, quando chegamos ao centro urbano de Winchester — acredito que haja umas 80 Winchesters nos EUA, esta ficava ao norte da Virginia —, justamente onde havia a saída para a *highway* 81 e para onde o GPS me jogava, pedi para Machado entrar numa rua residencial da cidade para eu poder conversar com Adilson e Dadinho e decidir por onde iríamos.

Naquele momento, nós ainda não tínhamos recebido o celular da equipe e não conseguíamos estabelecer comunicação com nenhuma das outras vans. Meu celular particular só tinha internet, não tinha os demais serviços. Desci do carro pê da vida para conversar com o pessoal da van 1. Achava que Marcio não precisava ter se distanciado tanto. Dadinho me disse que era para passarmos reto na saída para a *highway*. Pelo seu celular pessoal, ele conseguira fazer contato com Laurindo, que lhe deu essa orientação.

Seguimos em frente e, na primeira oportunidade que tivemos, falamos a Marcio sobre a *highway* 81. O primeiro a falar foi Laurindo, que aproveitou a parada para o almoço, um pouco antes da cidade de Bridgeport (West Virginia), e ponderou a Marcio que o caminho dele era mais demorado que outros, como apontavam os mapas dos nossos celulares. Mais à frente, eu e Dadinho reforçamos a Marcio essa ideia. Eu cheguei a agregar expressões como "perdemos umas duas horas".

Reconheço que, talvez, eu tenha feito isso para descontar a pressão que sentia por causa do prazo. A verdade é que, por mais que o mapa informasse que o outro ca-

minho nos permitiria superar a mesma distância em duas horas a menos, não havia como afirmar com absoluta certeza — havia inúmeras variáveis impossíveis de contemplar só pelos mapas dos celulares. Além disso, "duas horas" era uma arredondada tendenciosa, confesso. Quando muito, perdemos uma hora e meia naquele trajeto.

Em resumo, é claro que Marcio não gostou do que ouviu e, à mesa do jantar no Kentucky, despejou toda a sua insatisfação.

...

— Eu pergunto quantas horas vocês precisam dormir — continua Marcio durante o jantar — e me respondem "pelo menos sete horas". É brincadeira! É impossível dormir sete horas aqui e vocês sabiam desde o começo. Agora chega a noite e estão aí, todos inseguros. Nunca fiquei tão preocupado. A insegurança de vocês me traz insegurança também. Isso nunca me aconteceu...

Quando fala do tempo de sono necessário a cada um, Marcio se refere ao jantar da noite anterior, em um Outback nos arredores de Washington, quando, já bastante irritado, ele lançou a pergunta das horas de sono de que precisávamos. Foi Dadinho quem respondeu "pelo menos sete horas". Na ocasião, Machado colocou que realmente estava inseguro com o deslocamento até Oceanside, porque só iríamos eu e ele em uma das vans. Não era algo simples de realizar. Enquanto um dormisse,

Durante a primeira travessia, a equipe se reúne no acostamento de uma *highway*, nos arredores da cidade de Lexington (KY), para decidir se passará pela área urbana do município, seguindo para oeste, pelo Tennessee, ou se contornará a cidade, cruzará o oeste do Kentucky e seguirá viagem pelo Missouri. Optamos pelo segundo caminho

outro dirigiria. Cruzaríamos os EUA em pouco mais de dois dias, revezando-nos ao volante e dormindo quando fosse possível e estritamente necessário, já que era importante para o passageiro estar atento ao caminho, além de ajudar o motorista a se manter acordado. Machado chegou a dizer que acreditava ser esse primeiro trecho mais difícil do que a prova em si, pelo menos para ele; isso por causa do tempo que passaria ao volante, maior nessa etapa do que durante a prova. Ter de dirigir nessas condições incomodava Machado. Antes mesmo de sair de São Paulo, ele se queixava para mim a respeito.

Ainda no jantar do dia 6 de junho, Marcio, que considerava os comentários de Machado e Dadinho inaceitáveis àquela altura do campeonato, deu um ultimato a todos os presentes.

— Quem quiser ir embora porque não aguenta, avisa agora e pode voltar pr'o Brasil. 'Tô jogando limpo com vocês e quero que joguem limpo comigo. Se acharem que não vão conseguir, podem voltar.

A maioria ficou em silêncio, mas alguns manifestaram disposição em prosseguir, em fazer "com prazer" esse sacrifício. Já Machado, um sujeito espirituoso, de boa conversa, baixa estatura e uma fisionomia que lembra vagamente os índios da América espanhola, ficou murcho dali em diante.

Jantar de 7 de junho, em Waddy (KY), onde Mr. Milan expôs sua insatisfação com a maior parte da equipe, que, aos seus olhos, demonstrava muita insegurança ante a realização do primeiro desafio: cruzar os EUA de Washington a Oceanside, de carro, em dois dias e meio. Nesse momento da primeira viagem, o sorriso no rosto dos membros da equipe é "amarelo"

No início da viagem, no dia seguinte, ainda na vicinal e em meio à linda paisagem, ele me confidenciou que, depois da intimação de Marcio, havia cogitado sinceramente largar tudo e voltar para casa, para sua esposa e filhos, que precisavam dele vivinho e bem disposto. Mas desistiu da ideia porque queria fazer algo diferente do que era seu histórico e sua natureza impulsiva. Dessa vez ele queria encarar aquele trabalho para mostrar a si mesmo ser capaz de se submeter a contrariedades, desconfortos, a um ambiente de disciplina militar e, até mesmo, a alguns "caprichos", sem se irritar, e jogar tudo para o alto antes do fim, como já fizera muitas vezes.

As palavras duras de Marcio no jantar em Kentucky me deixam particularmente mais apreensivo por causa dessa sensibilidade de Machado e por já ter cogitado deixar o trabalho e voltar para o Brasil. Quero e preciso que o fotógrafo vá até o fim e que sinta satisfação na realização do trabalho. Por isso, eu me assusto quando Machado, no Denny's, chama a palavra para si, mesmo depois da minha mal fadada intervenção, e se dirige diretamente a Marcio:

— Marcio, você está exaltado, a gente 'tá aqui pra ajudar. A história do caminho não era pra atrapalhar, era pra ajudar...

Machado tenta falar, mas é interrompido por Marcio.

— Quem disse que eu 'tô exaltado? Agora você quer falar por mim?! E se eu estiver, e daí? Tenho de sentir o que e do jeito que você quer?

Foi a vez, então, de Dadinho tentar, mas qualquer palavra parece descartável e inaudível a Marcio naquele momento. Ele não quer, nem precisa ouvir ninguém. Em relação a Dadinho, a irritação de Marcio, mesmo naquele incipiente momento da aventura, talvez seja um pouco maior. Isso porque, logo que pousamos em Washington, Marcio elegeu Dadinho para ajudá-lo na tradução da conversa com o funcionário da locadora de vans. Laurindo, que seria o responsável natural por essa tarefa, ficara preso na alfândega do aeroporto. Para não perder tempo, Marcio, que tem um inglês apenas razoável, optou por ir à locadora de veículos com Dadinho, que havia morado no Texas por alguns anos e dominava o inglês.

Na locadora, Dadinho conversou com o atendente sobre a locação que Marcio já havia encaminhado do Brasil. O preço, segundo Marcio, já estava fechado. Mas, na hora, ao que tudo indica, o atendente incluiu serviços extras, como seguros específicos, que, ao fim, dobraram o valor, inicialmente combinado, da locação. O contrato foi fechado com os serviços estendidos, sem que Dadinho e Marcio tivessem percebido e, segundo Dadinho, sem que nada sobre custos extras lhe tivesse sido informado pelo funcionário da locadora. O problema só foi descoberto quando Marcio recebeu, pelo celular, uma mensagem do banco dizendo que o limite do seu cartão de crédito havia sido excedido por causa da locação dos veículos. Quando Dadinho soube, ficou indignado e disse que o atendente havia agido de má-fé, mas já era tarde.

...

— É o seguinte — Marcio retoma a palavra em meio aos nossos olhares apreensivos, em Kentucky —, não vou falar mais com ninguém sobre as questões da prova. Não resolvo mais nada. Qualquer coisa, resolvam com o chefe da equipe — diz olhando para Laurindo.

Não dá para levar ao pé da letra o que ele acaba dizer. Marcio ainda tem concentrada em si a maior parte das necessidades da equipe e é impossível não ter de tratar de questões da prova com ele em algum momento. Não há ninguém ali que conheça mais a RAAM do que ele. É evidente que há certo exagero na declaração, um desabafo e um pedido de maior envolvimento e disposição de todos.

Quando estávamos em São Paulo, Marcio me disse que, em dado momento, sairia das questões burocráticas e administrativas para só se concentrar no pedal. Na cabeça dele, talvez já tivesse passado dessa hora e era preciso um choque para que pudesse romper com essas questões. Eu só não esperava que esse choque fosse tão intenso e tenso...

— Mas e o livro? Vou ter de entrevistar você sobre a RAAM. Se você não falar, como fica?

Digo isso em tom de brincadeira, alguns segundos depois do desabafo dele. Quero descontrair. Imagino que o silêncio geral tenha desarmado um pouco Marcio. Mas ele me fulmina com olhar duro e dispara sem dó:

— O livro não é o mais importante.

Capítulo

3

Profissão de Fé

Noite de 5 de junho. Estimo que o nosso avião tenha decolado de São Paulo rumo a Washington há pouco mais de uma hora. Deve ser umas 23h30. Estou sentando com Márcio nas poltronas centrais do avião na classe econômica. Felizmente, o voo não lotou e, coincidência ou não, sobraram dois lugares justamente na fileira em que estamos. Ocupamos as poltronas que dão para os corredores, cada um numa ponta, e usamos as outras duas, centrais, para colocar nossas bagagens de mão.

Marcio leva uma parafernália de remédios, vitaminas e itens de cuidados pessoais. Além de ter de se medicar diariamente para controle da pressão, ele usa lente de contatos. Do kit médico que traz consigo, chama-me a atenção uma cartela plástica com inúmeros nichos, cada um deles marcado a canetão com uma letra. Marcio conta que, além dos remédios obrigatórios, durante os dias normais, ele não abusa da suplementação alimentar, tomando apenas um multivitamínico que não se encontra em farmácias comuns, só em casas especializadas. Fico imaginando o que são dias comuns, já que Marcio trabalha praticamente de segunda a segunda e pedala, quase todos os dias, cerca de 50 km.

— Levanto às 4h ou 4h30 da manhã, faço minha meditação, me arrumo e vou pedalar na ciclovia.

Ele se refere à ciclovia da Marginal do Rio Pinheiros, na cidade de São Paulo, onde passa a maior parte de seu tempo, no trabalho, embora sua casa fique na Serra da Cantareira, em Mairiporã, região metropolitana de São Paulo.

Além dos comprimidos, Marcio traz, no avião, agenda, cadernos, livros e revistas. Os materiais de leitura se referem, em sua maioria, a frases de cunho espiritual, que estimulam suas reflexões. Ele me mostra uma revista chamada "No Cenáculo" e um livro aberto numa página com o título "Para rezar todos os dias de manhã", em que há 63 orações. As frases são temas de suas meditações matinais e muitas delas, a maioria, têm caráter religioso, bíblico, embora sejam fontes de inspiração e reflexão para inúmeras facetas de sua vida, sobretudo profissional e esportiva.

Durante o voo, ele me explica como faz suas meditações. As páginas de sua agenda são divididas em duas colunas, uma menor e outra maior. Em cada uma delas, ele anota uma frase, uma de caráter mais amplo, espiritual e metafísico, que serve para inúmeros aspectos da nossa vida, e a outra de viés mais profissional. Mas é comum a finalidade de cada uma se embaralhar com a da outra e, de repente, a frase de viés mais profissional ganhar representatividade espiritual e vice-versa.

— O importante mesmo é viver a frase. Há muitas pessoas que entendem uma frase, mas não a vivem. É só o racional. Não sentem a frase e não colhem os verdadeiros frutos que ela pode dar.

Por isso também, Marcio trabalha com um grupo de frases preferenciais e as retoma sempre. Vez ou outra, ele descobre alguma nova e a coloca no seu repertório.

— Retomar as frases é importante porque assim a gente descobre como são versáteis, como servem pra situações bem diferentes.

Ele me mostra uma frase em sua agenda. Acho que é a do dia 5 de junho: "Eis-me aqui, envia-me a mim", trecho bíblico de Isaías. Gosto da frase, até porque, muitas vezes, de quem mais precisamos somos de nós mesmos, mas ainda assim não somos capazes de nos encontrar.

— Você sempre foi religioso assim? — pergunto a Marcio, no avião às escuras, apenas com a luz dos nossos acentos acesas.

Ele segura a agenda com a mão esquerda, tira os óculos com a direita, faz cara de quem força a memória e me diz, com precisão inesperada:

— Desde 29 de agosto de 2004.

Faço um cálculo rápido e percebo que a data remonta aos primeiros meses de Marcio no Brasil depois de retornar de sua estreia na RAAM.

— Pela data, você começou a rezar assim que voltou da primeira RAAM.

— Sim, na RAAM senti vontade de estar mais perto de Deus.

Era uma descoberta fantástica que amplificava o tamanho da RAAM na alma de Marcio.

— Esse método de reza e meditação foi minha esposa que me ensinou. Ela sempre foi muito católica e, depois da primeira RAAM, nós nos aproximamos mais pela fé... Esse pingente de Nossa Senhora de Aparecida aqui, ó, foi ela que me deu, antes de eu embarcar pra RAAM do ano passado... Coloquei e não tirei mais.

...

Eu tive a oportunidade conhecer a esposa de Marcio, dona Solange, com quem ele tem dois filhos: uma menina, Fabiana, hoje uma mulher de 39 anos, e um menino, Fábio, dois anos mais novo que a irmã e pai dos dois netos de Marcio — Miguel

Entre os dias 2 e 3 de março de 2014, ainda no Brasil, a equipe fez um simulado da prova que envolveu uma visita ao Santuário de Nossa Senhora de Aparecida, na cidade de Aparecida do Norte (SP). Essa visita é praxe para Marcio. Devoto da santa, todos os anos, antes da RAAM, ele faz questão de ir ao Santuário pedir proteção. No simulado, também pudemos testar a dinâmica das trocas de ciclistas, o trabalho dos estafes e o da imprensa

VENCENDO DESAFIOS
RACE ACROSS AMERICA
TREK
MADONE

e Gabriel. Marcio e Solange estão juntos há 42 anos. Quando ela o conheceu, ele já era um homem do varejo, embora só tivesse alguns meses no segmento profissional em que "milita" até hoje.

Solange Milan é uma mulher simples e de olhos brilhantes. Seu jeito de falar é cheio de vida, e suas palavras, de significado. Parece trazer consigo uma liderança espiritual inata. Não é apenas Marcio que encontra nela um conforto e um reforço para sua própria fé, Fabiana diz que a mãe é, com sobra, a pessoa mais espiritualizada da família.

— Nossa casa é o nosso templo — Solange me diz, pouco tempo depois de nos conhecermos, em referência à minha surpresa ao constatar que cada canto da casa é decorado com objeto ou pintura que traz consigo um sentido e uma história, geralmente de caráter etéreo, seja para ela, para Marcio ou para os dois.

Há estatuetas com as mais diversas alusões, mas noto predomínio de anjos, índios, temas africanos, nipônicos, águias e, também, muitas borboletas. Aliás, quando visitei Marcio em sua casa, dona Solange usava uma camiseta de borboletas.

— Essas estatuetas, o Marcio traz para mim cruas, sem pintura nenhuma, na maioria das vezes. Eu as pinto da maneira que quero e depois as coloco da forma que considero mais harmônica na casa.

Solange me mostra o ateliê onde trabalha, circula comigo e Marcio pelo jardim, repleto de estatuetas de animais como jacarés, garças, cisnes e até um *Tanuki*[12] enorme de porcelana. Marcio o comprou de uma comerciante japonesa que não queria lhe vender, porque aquele *Tanuki* não estava à venda, apenas decorava a loja. Mas ele insistiu, convenceu a comerciante e trouxe *Tanuki* para seu jardim.

— Gosto muito da cultura e da mentalidade japonesa. Vivi com uma família japonesa dos três aos seis anos de idade, período em que minha mãe adoeceu. Não havia quem pudesse cuidar de mim e essa família se comprometeu a cuidar — Marcio me revela.

O jardim da casa de Marcio é uma atração à parte na vizinhança. Chama a atenção, parece planejado por um paisagista, mas foi planejado por Solange mesma.

— Essa casa fui eu que escolhi, há vinte anos — diz Solange. — Nós morávamos lá embaixo[13], mas eu não 'tava feliz. Queria subir a Serra e ficar mais perto da natureza, ter mais qualidade de vida. O Marcio e os meus filhos não queriam de jeito nenhum, mas não abri mão. Isso aqui é o Paraíso e essa casa é o meu lugar. Quando

---

[12] Figura mitológica japonesa, fisicamente semelhante a um castor, mas mitologicamente associada à travessura, à alegria e à criatividade. No mundo ocidental, a Raposa tem significado mitológico similar. No folclore brasileiro, seria algo próximo do Saci Pererê.

[13] Perto do Horto Florestal de São Paulo (Parque Estadual Alberto Löfgren), ao pé da Serra da Cantareira, mas ainda município de São Paulo

a vi, nem precisei entrar. Disse ao corretor: "essa é a minha casa". Meu filho disse pra eu olhar dentro antes, mas não precisava.

Se não gostou no começo, hoje Marcio tem a casa como seu lugar também, até porque não se lembrava de ter sido tão contra a sua compra quanto Solange diz que ele foi.

— Eu fui tão contra assim?

— Foi, sim... Disse que era muito longe do trabalho.

— E isso é mesmo — diz Marcio, rindo, sentado no sofá da sala.

Também "é mesmo" que na casa de Marcio não podem faltar bicicletas miniaturizadas de enfeite. Além dos motivos cristãos, nipônicos e das águias, no "Canto de Marcio" na casa da família — uma espécie de sala de troféus e medalhas —, nenhum objeto é mais aludido do que a bicicleta. Lembro-me ter visto uma miniatura de bike em que as rodas, estilizadas, formavam o símbolo do infinito, o oito deitado.

O fato é que, se os cuidados com a casa e o artesanato de Solange a aproximam de Deus, no caso de Marcio, a bicicleta também o deixa mais perto d'Ele e do infinito. Talvez não o deixe tão perto quanto Nossa Senhora Aparecida costuma fazer, mas, nesse caso, o mesmo vale para Solange, de quem Marcio ganhou não apenas a medalhinha antes da RAAM de 2013, mas, também, e muito antes, a devoção à santa.

— Conta pra ele a história da sua mãe — diz Marcio a Solange, em meio à nossa conversa.

Ela, então, me diz que, há alguns anos, sua irmã lhe telefonou para dizer que a mãe delas não estava bem, havia sido hospitalizada, com problemas cardíacos, e que dificilmente resistiria. A irmã se comprometeu a ligar novamente se, de fato, acontecesse algo. A irmã e a mãe de Solange viviam no litoral paulista.

— Minha mãe estava sofrendo muito já há algum tempo. A morte é algo que nos aflige. Ninguém quer que alguém querido morra, mas eu não podia ser egoísta. Naquela noite, em vez de pedir o que seria melhor pra mim, pedi a Nossa Senhora Aparecida que a cobrisse com seu manto de misericórdia e que lhe desse paz.

Mais tarde, a irmã tornou a ligar, agora para dar a notícia do falecimento da mãe. Solange foi para o litoral com Marcio para o velório e, chegando lá, ouviu da irmã uma história intrigante.

— Ela me disse que, pouco depois do ocorrido, o médico a procurou para dizer que as questões burocráticas tinham sido encaminhadas e que ela só precisava pegar alguns pertences da nossa mãe. Mas então minha irmã respondeu ao médico que não tinha pertence nenhum, que minha mãe tinha sido internada só com a roupa do corpo. O médico ficou surpreso. "E a colcha linda que estava por cima dela? Uma colcha toda bordada, azul, linda?", ele perguntou à minha irmã. Ela disse que essa colcha não existia e que nada tinha sido trazido. O médico ficou confuso e respondeu: "Ah, então eu não sei de mais nada. Não sei de mais nada".

Marcio estava junto no momento em que Solange conversava com a irmã.

— Eu disse: "Ué, então vamos procurar a colcha". Fomos atrás dela. Procuramos em todo o hospital a colcha que o médico tinha visto, mas não a encontramos em canto nenhum. Não havia colcha mesmo.

Para Solange havia; podia não estar presente fisicamente, mas, no plano espiritual, o manto estava sobre sua mãe. A colcha não podia ser vista por todos, mas ter sido revelada, mesmo que por um breve instante, aos olhos do médico, era prova mais do que suficiente para convencer Solange do poder de sua fé e do valor de sua devoção.

— Eu disse pra minha irmã que era verdade o que médico tinha visto. Disse a ela que a colcha era o manto de misericórdia de Nossa Senhora; aí contei a ela sobre minhas orações.

...

Até chegar ao avião que saiu de Guarulhos para Washington e ter com Marcio a conversa sobre sua fé, eu já sabia de sua devoção a Nossa Senhora Aparecida e também da importância de sua esposa nessa relação etérea.

Durante os seis meses que antecederam a viagem para os EUA, além de inúmeras reuniões para alinhar expectativas e trocar ideias sobre a prova, a equipe realizou dois simulados em que se reproduziam, na medida do possível, as condições de prova e a dinâmica de revezamento entre os ciclistas. Participei do primeiro. Saímos na manhã do dia 2 de março de 2014 da capital paulista pela Rodovia Carvalho Pinto, depois pegamos a Rodovia Dutra e fomos até Aparecida do Norte, para uma visita ao Santuário de Nossa Senhora Aparecida. De lá, seguimos para Campos do Jordão e, na madrugada do dia 3, partimos de volta para São Paulo, não sem antes andarmos um trecho, sentido Campinas, na Rodovia Dom Pedro II. Terminamos o simulado na manhã de 3 de março.

Essa experiência foi importante, não só para me dar um gostinho do que seria a RAAM, mas, também, para me dar indícios de como a prova, na cabeça de Marcio, tinha relação estreita com sua fé. Na verdade, a RAAM é uma espécie de objeto sagrado que religa Marcio à fé católica, presente em sua vida desde a infância. Quando criança, a mãe de Marcio, uma católica convicta e praticante, queria que ele fosse padre. Marcio chegou a ingressar no seminário, mas desistiu da ideia de ser padre. Não era a sua.

...

Por se tratar de um domingo, havia muitas pessoas em Aparecida do Norte no dia 2 de março de 2014. Chovia e, como tinha acabado de pedalar, Marcio se limpou na van com lenço umedecido, trocou de roupa e estava ansioso para entrar na esplendorosa basílica e assistir à missa. Machado queria fotografar o grupo do lado de fora. A urgência de Marcio em acompanhar a missa desde o começo quase o deixou de fora da foto.

Dentro do santuário, que parecia tomado por uma atmosfera áurea por causa dos vitrais dourados que tingiam a luz do dia ao trespassá-los, Marcio acompanhava calado a missa. Às vezes, falava alguma coisa com Chiquinho, que estava ao seu lado. Foi ele que, em determinado momento da missa, a pedido de Marcio, saiu de perto de nós, desapareceu no meio da multidão de fiéis e, depois de alguns minutos, voltou com fitinhas de Nossa Senhora Aparecida, iguais às que Marcio costuma usar amarradas na parte de trás de seu capacete de ciclista.

— Todo ano, antes de ir para os EUA, eu passo aqui para levar comigo a proteção de Nossa Senhora Aparecida — me disse Marcio.

Durante a missa, Marcio permaneceu em silêncio a maior parte do tempo, atento aos dizeres do padre, que ficava no centro da basílica, sob o domo da igreja, na borda do qual se podia ler "Construa Conosco". A única coisa que tirava o foco de Marcio do sermão, de vez em quando, era o celular. Aliás, o celular, que Marcio usa quase que estritamente para questões profissionais e familiares, não para nem mesmo quando ele está no meio da RAAM.

— Entre um pedal e outro, ele troca e-mails de trabalho — Chiquinho me contaria, meses depois, em Oceanside.

Assim, não era de estranhar, nem de impressionar que, mesmo na igreja, de forma discreta, vez ou outra, ele desse uma olhada para o celular.

...

Naturalmente, Marcio não tem uma vida profissional tranquila. Se tivesse optado pelo seminário, como desejava sua mãe, dificilmente trabalharia mais do que trabalha hoje, aos 65 anos, e trabalhou ao longo dos últimos 43. Marcio é um homem do varejo e, no varejo, trabalhar de segunda a segunda e 12 horas por dia é regra. Marcio é vice-presidente de Relações Institucionais da Abras (Associação Brasileira de Supermercados), onde eu trabalho como subeditor da revista da entidade, a SuperHiper. Convivo profissionalmente com ele há, pelo menos, nove anos.

Porém, além de trabalhar para a Abras, Marcio é diretor de Relações Governamentais do Grupo Pão de Açúcar (GPA), maior empresa de varejo do país. Toda a sua história de mais de 40 anos no varejo foi construída dentro dessa companhia e por causa dela. Começou como funcionário do CPD (Centro de Processamento de Dados), hoje conhecido como TI (Tecnologia da Informação), passou por várias funções, cresceu muito, virou diretor nacional da Divisão de *Commodities*[14] e Bebidas e hoje é um dos principais relações-públicas, não só da companhia, mas, sobretudo, do setor supermercadista.

— No primeiro dia de trabalho na companhia, em 7 de fevereiro de 1972, des-

---

[14] Produtos básicos e fortemente demandados no mercado internacional, caso do café, açúcar, sal, óleos etc

Chegada ao Santuário de Nossa Senhora de Aparecida, durante o simulado, do qual participaram inúmeros colegas de pedal de Marcio. Dos ciclistas que pedalariam a RAAM, apenas Fábio Leone marcou presença. Parte da equipe também acompanhou, com Marcio, a missa realizada na catedral, na tarde de 2 de março de 2014

cobri que minha história profissional seria construída no varejo. Naquele ambiente, era como estar em casa. Via muitas oportunidades de crescimento. Olhando pra trás agora, vejo que meu *feeling* estava certo.

Mas não foi fácil descobrir essa vocação. Marcio passou por universos profissionais bem diferentes até se encontrar. Além de quase ter se tornando seminarista, Marcio trabalhou como policial, por influência de um tio materno, e fez faculdade de Matemática, porque queria ser professor. Mas não demorou a perceber que nem a carreira na polícia, nem o magistério lhe trariam realização; em ambos os casos, os honorários também não eram muito convidativos, desde aquela época. A proposta para o CPD do GPA apareceu justamente quando estava na faculdade de matemática e ele não pensou duas vezes. Mais tarde, ele se formaria também em Administração de Empresas.

— O Pão de Açúcar era uma empresa em ascensão e eu senti que tinha tino comercial. O mais importante, quando se trabalha no varejo, é ter tino comercial.

A esse tino se somava também uma natureza competitiva e sedenta por desafios. Durante muito tempo, o trabalho foi capaz de aplacar esse ânimo, como atesta o relato de Edson Greger, um amigo que trabalhou com Marcio em duas situações, "do outro lado da mesa [de negociação] e do mesmo lado dela"...

— Lembro-me que, em meados da década de 1990, Marcio tinha um grande desafio: tornar o GPA menos dependente das duas principais marcas de cervejas da época, que estavam dificultando muito a negociação para os supermercados, exigindo demais. Trabalhar com essas cervejas não estava valendo a pena para a rede e o Marcio tinha a missão de fazê-los mudar na marra... Eu trabalhava na concorrente dessas cervejarias, que tinha só 3% do mercado paulistano de cervejas. Eu era o gerente comercial responsável pelo atendimento a supermercados. Numa sexta-feira, às 8h da noite, ele me ligou e me pediu para ir até o escritório dele. Na ocasião, era diretor da Divisão de Bebidas do GPA. Pegou a calculadora e começou a fazer um monte de contas...

Marcio me conta que abriu a gaveta de sua mesa, pegou uma moeda que devia valer algo como R$ 0,10 hoje, colocou na frente de Greger e disse:

"— Eu só preciso disso. Se você me der de desconto essa moedinha em cada unidade de cerveja que eu comprar, deixo de comprar dos seus concorrentes. Topa?"

— Lembrei dos 3% de mercado que tínhamos — continua Greger —, virei para ele e disse: "topo".

O valor na soma total não seria pouca coisa. O aumento da produção seria imenso. Greger não sabia se a indústria ia dar conta da produção.

— Demos. Foi inacreditável porque, em pouco tempo, nós representávamos 70% das vendas do GPA e passamos representar 20% do mercado paulistano. No fim, Marcio conseguiu melhorar a negociação com as outras marcas e nós ganhamos mercado.

Greger, que atualmente é diretor comercial, no Nordeste, de uma multinacional de refrigerantes, lembra dessa história com entusiasmo. Ele me explica que, alguns anos depois do caso da cerveja, foi parar no GPA, para trabalhar com Marcio, na Divisão de *Commodities*. Ali ele pôde ver como Marcio era exigente e perfeccionista...

— Mesmo sendo o cara que melhor organizava os arquivos do departamento — Greger me diz, rindo, ao telefone —, levei muita bronca do Marcio... Mas o fato é que ele foi pra mim um grande mentor. Por causa dele, aprendi a amar o varejo.

Na Divisão de *Commodities*, o grande desafio da dupla, dessa vez, era aumentar a rentabilidade da seção de óleos. A estratégia para isso era alavancar as vendas de azeite; dos óleos, o que tem maior valor agregado e apelo à saúde. Com foco nos clientes da bandeira Pão de Açúcar, com maior poder aquisitivo, mais uma vez as ações deram certo e a seção se tornou rentável.

— Nós trouxemos azeites exclusivos, com qualidade internacional comprovada, e fizemos uma forte divulgação para mostrar os benefícios de se consumir azeites de boa qualidade diariamente — Greger me conta.

Coincidência ou não, eu participei, nessa época, como jornalista de um jornal de economia, do lançamento da edição limitada e exclusiva de azeites da marca portuguesa Villa Flor. A ação foi uma dentre muitas realizadas por Marcio e sua equipe, naquela época, para aumentar as vendas de azeite e, de quebra, a rentabilidade da seção. Isso aconteceu em 2004, Greger estava nesse lançamento, embora eu não me lembre dele lá. Porém, Marcio, e foi uma das primeiras vezes que o vi, e Joaquim Martins, um dos ciclistas desta RAAM 2014 que agora estou indo cobrir, estavam lá.

Joaquim, um sujeito magro, desde aquela época, e hoje ainda mais, não muito alto, mas, sem dúvida, altivo e elegante, é diretor-presidente da Serrata, empresa detentora da marca Villa Flor e de outras. Lembro-me d'ele me dizer que os azeites portugueses eram os que estavam mais próximos do nível dos azeites gregos, considerados os melhores do mundo, mas, internacionalmente, os azeites portugueses não tinham o reconhecimento que mereciam...

— Falta-nos marketing. Há países produtores de azeite de qualidade inferior com mais reconhecimento porque trabalham bem o marketing.

Naquela ocasião, Joaquim estava focado em sua tarefa de caixeiro viajante e sequer sonhava em disputar uma RAAM, o que, agora, em 2014, ele fará pela sexta vez, a quinta pela equipe de Marcio, o que o torna o segundo ciclista com mais participações e quilometragem, na prova, pela Vencendo Desafios. Assim como Marcio, ele conhece muito bem a RAAM e a equipe. Porém, em 2004, Kim sequer praticava ciclismo, embora corresse.

— Sempre pratiquei atletismo — Joaquim me diria 10 anos depois, já em Oceanside.

Marcio, por sua vez, naquele longínquo e, ao mesmo tempo, próximo ano de 2004, falou do ineditismo da ação de trazer, com exclusividade para o Brasil, um azeite com 0,3% de acidez.

Com relação à RAAM, ainda não havia disputado a sua primeira, mas iria fazê-lo em breve, dentro dois ou três meses. De qualquer forma, na ocasião, já havia descoberto que sua competitividade e sede por desafios não precisava ser saciada apenas no trabalho, podia ser saciada também por meio do esporte.

...

Foi em 1994... Marcio tinha 45 anos e, entre outras funções dentro do GPA, era o responsável por captar recursos para os projetos esportivos da companhia. Antes de começar a cuidar disso, Marcio não se via praticando esporte.

— Eu pensava que esporte era para poucos, pra quem tinha tempo e dinheiro de sobra. Mas, de repente, eu percebi que não, que bastavam um par de tênis, shorts e uma camiseta.

Até ali, Marcio levava uma vida sedentária, totalmente voltada para o trabalho.

— Resolvi começar... Peguei uma porção de pedras na mão e saí caminhando em volta da minha casa. A cada volta completada, jogava uma pedra no ponto de partida. Assim ia contando as voltas. Fiz disso um hábito. Andava todos os dias de manhã e, pelas pedras, via a evolução.

Marcio deu sua primeira volta em torno de casa em 1994. Em 1995, já disputava sua primeira maratona. Daí para frente, os desafios só evoluíram. Hoje, ele tem no currículo, além de nove RAAM — e a iminência de completar a décima —, três *Ironman*[15], dez ultramaratonas e 49 maratonas.

— Quando comecei a correr, me lembrei de que, durante a infância, eu fazia longas caminhadas e também corria bastante acompanhando meu pai em caçadas. Naquela época, a caça era permitida. Nós morávamos no interior de São Paulo, em Irapuru, apesar de eu ter nascido em Paraguaçu Paulista [no dia 19 de abril de 1949].

Pelo perfil profissional de Marcio, talvez fosse de se esperar que ele não ficasse contente e realizado simplesmente em andar em torno de casa jogando pedras para contar o número de voltas que dava. Ele não demoraria a querer mais.

Dos seus feitos esportivos em longas distâncias percorridas a pé, talvez valha destacar sua participação na *Comrades Marathon* em 1997, uma ultramaratona disputada em Durban, na África do Sul, em que os atletas percorrem quase 90 quilômetros, em terreno bastante acidentado, com altimetria nada amigável.

---

[15] Prova de triatlo em que os atletas nadam 3,9 km, correm 42,5 km e pedalam 181,5 km.

— Era uma prova bem difícil. Corríamos debaixo de um sol forte. Perto do fim da disputa, acho que faltavam 10 quilômetros, eu 'tava pensando em desistir. O pé doía muito... Mas, de repente, alguém se aproxima de mim e diz: "Mr. Milan, todos os brasileiros que participavam da prova desistiram, se o senhor terminar, será o primeiro e único brasileiro"... Eu não podia mais desistir, né?

Não satisfeito em completar uma, Marcio completou quatro *Comrades Marathon*. Uma delas, Marcio correu à revelia do chefe, que era contra a participação dele num desafio que lhe parecia arriscado demais. Quem revela essa história é Eunice Silva, a Nice, hoje secretária de dois vice-presidenttes do GPA — Recursos Humanos (RH) e Administrativo — e que já está há 25 anos na empresa, dos quais 10 foram como secretária de Marcio.

— Não sei nem se é pra contar, mas depois que ele participou pela primeira vez da *Conrades Marathon*, o chefe dele o proibiu de correr de novo. Achava aquilo uma loucura, um risco à vida do Marcio. Mas o Marcio tirava férias para correr essa prova; teoricamente, não devia satisfação. Ele sempre foi de respeitar ordens. Podia ponderar aqui ou ali, mas sempre com muito respeito. Dessa vez ele não discutiu, mas também não obedeceu. Nas férias, pegou as coisas e foi para a África do Sul.

A "desobediência" de Marcio, por causa de sua insaciável necessidade de ir além dos próprios limites, segundo Nice, era evidente nas relações de trabalho.

— Por estar sempre no limite, ele naturalmente leva as pessoas que estão com ele, principalmente no trabalho, a irem também além de seus próprios limites. Essa característica fez do período em que estive com ele uma escola pra eu progredir na companhia, me deu estrutura pra conseguir trabalhar na Diretoria Executiva do GPA, onde estou hoje.

...

Com o dia na janela do avião, desperto. Marcio está acordado ao meu lado. Estamos perto de Washington e da hora do pouso. Ele olha para mim e eu falo um bom-dia amassado e cansado, queria ter dormido mais um pouco e melhor.

— 'Tá preparado? — Ele me pergunta, rindo.

— Com certeza! — Respondo.

— Então, 'tá bom.

Depois de uma breve pausa, ele me diz...

— Você precisa perguntar, mas mais importante do que perguntar nessa prova, nessa viagem, é observar. Observa todo mundo. Lembra de como eles estavam e se comportaram na saída de São Paulo e depois compara com a volta. Observe o antes e o depois. Pela minha experiência, posso te garantir quem vai dar problema. Já dá para perceber. Mas eu não vou falar nada, pra não te influenciar.

A declaração de Marcio me deixa curioso. Quero saber quem não vai aguentar a pressão. Para tentar arrancar algo dele, eu chuto um nome, o que me parece menos provável, até pela admiração e gratidão que Marcio demonstrou por ele quando me disse que seria um dos membros da equipe, alguns meses antes...

— Professor [Eduardo] Altilio?

Minha intenção é tirar, na manha, o nome do "suspeito", mas ele não cai, simplesmente me diz que não, de jeito nenhum, e para por aí, não vai além.

Eduardo Altilio, o Dadinho, é um sujeito calvo, bem claro e de olhos azuis brilhantes. É uma figura bastante articulada com as palavras, que gosta de piadas e procura estabelecer um vínculo mais íntimo com as pessoas logo de cara. Como a maioria dos integrantes da equipe, mesmo do estafe, tem uma história respeitável no esporte. Além de professor de natação e psicólogo especializado na área esportiva, na juventude foi campeão brasileiro e sul-americano de natação.

Sua presença na Vencendo Desafios Team Brasil foi confirmada há menos de dois meses para o embarque e fruto de uma coincidência que parecia ter a mão do destino. Das vans dos ciclistas, a única cuja equipe não havia sido fechada dois meses antes do embarque era a de Marcio e Guto. Só o líder da van, Marco Aurélio Soares, Marcão, e os ciclistas já estavam definidos. Marcio, então, incumbiu Marcão de completar o estafe. Foi assim que vieram para a Vencendo Desafios dois velhos conhecidos de Marcio, os xarás Eduardo Gayotto e Eduardo Altilio, e nessa ordem. Marco chamou Gaytto, que chamou Altilio. Como conhecia ambos, foi fácil para Marcio aceitar as indicações.

Gayotto tem uma empresa de marketing esportivo e prestava serviço ao GPA no período em que Marcio cuidava da captação de recursos para os projetos esportivos da empresa. A Maratona Pão de Açúcar[16] chegou a ser organizada pela empresa de Gayotto. Já a relação de Altilio com Marcio era ainda mais estreita, podemos dizer. Isso porque, perto de completar 50 anos, no ano de 1998, Marcio foi desafiado a participar de um *Ironman* que seria realizado no Brasil, em Porto Seguro (BA), no fim de maio daquele mesmo ano.

No impulso, na vontade de mais uma vez se testar e vencer, Marcio disse "sim", sem atinar para o fato de que não sabia nadar. A toque de caixa, ele tentou aprender com a equipe de treinadores do Clube Pão de Açúcar, mas quando foi posto à prova em uma represa, quase se afogou. No próprio clube, perceberam que ele precisava da ajuda de um especialista diferenciado e assim chegaram a Altilio. A tarefa era bem complicada. Em apenas 11 semanas, Marcio teria de aprender a nadar e percorrer quase 4 km em alto mar com um bom desempenho, afinal, estaria em uma competição.

---

[16] A Maratona Pão de Açúcar de Revezamento é uma prova de rua realizada desde 1992 em São Paulo e que pode ser disputada por equipe de oito, quatro ou duas pessoas que dividem entre si, o mais igualitariamente possível, 42 quilômetros (km) de percurso.

No avião, durante o voo de Guarulhos a Washington, no dia 5 de junho, Marcio me mostra sua agenda com frases de estímulo à meditação, um livro com diversos tipos de oração, e me fala sobre a necessidade que tem de rezar e meditar, geralmente antes das 5h da manhã, para encarar, todos os dias, sua atribulada jornada de trabalho e treino

— Nossa primeira aula foi na piscina do Ibirapuera. Eu me lembro que estava esperando chegar um cara alto e forte, que tinha fama de superatleta já naquela época. De repente me surge o Marcio, baixinho e com um jeitão bem simples e tranquilo, fugindo ao estereótipo de superatleta.

Altilio conta que o começo foi bem complicado: Marcio tinha medo d'água...

— Começamos o treino na piscina de criança. Quando o levei pela primeira vez pra um treino no mar e ele se viu solto e sozinho na água, arregalou os olhos e começou a se debater em minha direção.

Mas Marcio foi se soltando aos poucos. No fim, tudo deu certo e, em 11 semanas, completou seu primeiro *Ironman*, tendo nadado bem, considerando todos os contratempos e dificuldades.

— Isso só foi possível porque conseguimos unir vontade e conhecimento. O segredo da realização em qualquer atividade é combinar vontade e conhecimento. Eu tinha conhecimento do que era necessário pr'o Marcio aprender a nadar em 11 semanas e o Marcio tinha vontade, muita vontade, além de cabeça pra superar esse baita desafio — diz Dadinho, orgulhoso do trabalho realizado.

Com esse *status* e essa história de parceria e realização com Marcio, Dadinho foi incorporado a Vencendo Desafios.

...

Na última reunião da equipe no Brasil, antes do embarque para Washington, realizada em 31 de maio, Dadinho se propôs a fazer uma apresentação sobre o que seriam os quatro aspectos fundamentais para a construção de uma equipe forte.

De forma sucinta, professor Altilio desenhou um diagrama quaternário. Em cada quarto do diagrama, ele colocou uma das seguintes palavras: *form, storm, norm* e *perform*[17]. Dadinho observou a importância de se respeitar a ordem das etapas (palavras), já que o diagrama também reproduzia um ciclo de ações. Pelo que entendi da explicação dele, a primeira palavra se referia à formação da equipe; a segunda, diálogo e construção conjunta da estratégia; a terceira, estabelecimento de regras claras, normatização; e a quarta, realização do que se definiu como meta.

— Acontece que, muitas vezes, os líderes querem formar o grupo e já obter realização, pulam as duas fases intermediárias, que são tão importantes quanto as outras pr'a formação de uma equipe vencedora. As discussões e os debates do *storm* são parte importante pr'o alinhamento de ideias e pra definir as normas, que, depois, sustentarão o desempenho.

No dia 31 de maio, a equipe realizou sua última reunião antes do embarque para os EUA. O anfitrião da reunião foi Luiz Augusto Milano, o Guto, que será um dos quatro ciclistas do quarteto da Vencendo Desafios na RAAM de 2014. Na ocasião, Mr. Milan aproveitou para distribuir as cartilhas e fazer a leitura, em voz alta, de trechos-chave dela, como o que tratava da conduta dos voluntários

[17] Formação, "Tempestade", Normas e Desempenho.

Mais tarde, porém, pesquisando por conta, descobri que esses termos tinham sido usados, primeiramente, por Bruce Tuckman[18], para explicar as quatro fases do processo natural de desenvolvimento de uma organização. Não foi uma invenção de Tuckman, mas uma constatação. Tuckman, aliás, destacava a natureza delicada da segunda fase, *storm,* que também havia sido destacada por Dadinho em sua explanação. Na observação do psicólogo americano, depois de findada a euforia da formação e do entusiasmo pela expetativa de se alcançar os objetivos que motivaram a concepção do grupo, tem-se o período de "tormentas", de desentendimento entre seus integrantes, geralmente por causa de disputas internas por poder e notoriedade. Só depois desse período tempestuoso, é que se pode, segundo Tuckman e Dadinho, chegar a uma boa normatização e a uma boa realização.

Marcio assistiu à apresentação rápida e concisa de Dadinho naquela reunião com aparente satisfação. No Aeroporto Internacional Washington Dulles, depois de ouvir minha "suspeita" em torno do nome de Dadinho e rechaçá-la, ele me diz que, embora o "professor" tenha vindo para participar do estafe, poderia, eventualmente, também ajudá-lo com dicas de liderança, afinal, como psicólogo da área esportiva, devia tratar desse tema corriqueiramente e ter boas ideias.

Por isso tudo, não me surpreendi quando, depois do que aconteceu no jantar em Kentucky, Dadinho pediu para conversar com Marcio em particular, antes de voltarmos às vans e continuarmos a viagem. Eu estava saindo do banheiro quando os vi conversando. A cena me deu um bom pressentimento. Altilio é um cara enfático, parece firme em seus pontos de vista. Se havia alguém, pelo menos na minha cabeça, com capacidade para amainar o ânimo de Marcio, era justamente seu professor de natação. Não sei do que falaram, mas imaginei que o professor estava tentando alertá-lo para a importância de suavizar mais o clima, de compartilhar mais as decisões, entender que todos estavam se adaptando a uma situação nova e só queriam ajudar, mesmo quando acabavam atrapalhando.

Porém, de repente suspeitei que, pelas reações de Marcio até ali, aquele papo fosse o último que ele gostaria de escutar. A "tempestade" que vivíamos também molhava e relampeava sobre a cabeça de Marcio. Eu desconfiava fortemente que ele visse alguns dos novatos daquela viagem, eu incluso, como arrogantes que queriam ter tanta ou mais autoridade do que ele. Ao salientar, naquele jantar, a maneira como alguns de nós o desautorizávamos, Marcio estava nos dizendo que a equipe dele não era casa da mãe joana.

Nesse caso, em vez de melhorar o clima, a conversa que Dadinho tinha com seu aluno de natação podia piorá-lo. Afinal, era preciso entender que, na RAAM, o grande professor não era nenhuma outra pessoa senão o próprio Marcio. Ali, ele ditava as normas.

---

[18] Psicólogo especializado em dinâmica de grupos

Capítulo 4

Madrugada adentro

É 1h da manhã do dia 8 de junho e estamos nas proximidades de Mt. Vernon, já no Missouri, procurando um posto de combustível para abastecer os veículos. Machado dirigiu das 22h até ali; até as 6h, eu levarei. Acabo de acordar e me sinto bem. Passamos pelo sul de Indiana sem que eu visse nada do estado e, de alguma maneira, esse fato me dá a sensação de que, durante meu sono, avançamos bastante.

Enquanto estaciona a van ao lado da bomba do posto em que acabamos de entrar, Machado me diz que Louisville, capital do Kentucky, é uma cidade linda à noite.

— Passamos por cima de um rio [o Ohio River] e tinha um cais muito bonito, todo iluminado e cheio de barcos que também 'tavam iluminados.

Louisville não fica tão longe de Waddy, cidade onde tivemos o tenso jantar, a cerca de 70 km de distância. Eu realmente não vi nada da capital do estado, estava dormindo como pedra naquele momento...

Assim que termina de falar de Louisville, Machado desce do carro e vai para a *general store.* Eu também desço, mas fico perto da van e da bomba de gasolina. Depois de alguns segundos, da porta da loja, Machado me avisa que a bomba está liberada para eu usar... Nos EUA não há frentistas. O cliente faz toda a operação. Diz quanto vai pôr de combustível à caixa, pede a ela a liberação da bomba e abastece o carro. Machado se incumbiu de levar as informações à caixa da loja e fazer as solicitações, eu fiz as vezes de frentista.

Ao terminar de abastecer a van 3, vou à *general store* tomar um café com Machado. Marcio está ao lado do caixa. Por ser o responsável por pagar o abastecimento de todas as vans e boa parte das compras feitas pela equipe na loja, Marcio, sempre que paramos, fica ao lado do caixa, esperando todo o gasto ser computado para pagá-lo. Ele está sério, como tem estado, até aqui, ao longo desta travessia. Se em outras paradas eu o procurei para trocar impressões e tratar de amenidades, desta vez não estou disposto a lidar com seu silêncio ou laconismo sem sorrisos. Além disso, a frase que me disse no restaurante, "o livro não é o mais importante", ainda me incomoda.

Eu aviso Marcio sobre o café que Machado e eu pegamos, para que inclua na conta. Ele só faz que sim com a cabeça. Uma moça gordinha, bem loira e de olhos azuis brilhantes como pedra preciosa polida, que havia entrado na loja com duas crianças alguns minutos antes, aproxima-se do caixa. As crianças que estão com ela são uma menina de, no máximo, quatro anos e um menino de cinco ou seis. Também são bem branquinhos e têm olhos azuis como os da moça. Deduzo que são filhos dela. Eles estão descalços; seus cabelos pintados com tintas baratas, que saem ao primeiro banho.

Machado e eu saímos da loja, mas não voltamos à van. Ficamos à entrada da *general store*, do lado do cinzeiro-lixeira. Machado acende um cigarro e, enquanto fuma, eu olho discretamente pela porta de vidro para o interior da loja. Posso ver o caixa. Não escuto nada, mas percebo que a moça está desesperada. Parece não ter dinheiro para levar a compra e pagar o abastecimento do seu carro. Marcio pega a carteira, tira alguns dólares, paga a nossa conta e a da moça. Ela começa a chorar. Resolvo ver de perto a cena e entro na loja, já no instante em que Marcio está dando dez dólares a cada uma das crianças.

— *For you and... for you* — diz ao dar dez dólares ao menino e, depois, outros dez à menina.

Ele guarda a carteira e se despede, simpático, da moça e das crianças. Ao se virar para a saída da loja e me ver, tira o sorriso do rosto...

É hora de partir e enfrentar a temida madrugada. Assumo o volante e Machado vai dormir no último banco da van. Passo em frente ao carro da moça, estacionado ao lado de uma das bombas de combustível. É um sedan não muito espaçoso e cheio de quinquilharias. Não sei como as crianças cabem ali dentro.

...

A caridade feita por Marcio na general store não me surpreende. Antes mesmo da viagem, encontrei muitas pessoas que enfatizavam sua natureza caridosa. Sua fé católica talvez ajude a explicar essa característica. Afinal, a caridade é uma das sete principais virtudes humanas, segundo a doutrina católica. Certa vez, eu li em sua página numa rede social: "A caridade é a mãe de todas as necessidades".

— Ele sempre ajudou muitos atletas de talento que não tinham condições, nem oportunidade — Nice me disse, sua ex-secretária, quando eu a entrevistei. — Cansei de vê-lo tirar do próprio bolso para pagar inscrições e viagens de outros atletas pra disputas de provas até fora do país. Eu dizia a ele que 'tavam se aproveitando, mas ele respondia que atleta talentoso precisa de apoio. "Precisa mostrar seu talento, senão ninguém descobre e ele se desinteressa; um desperdício."

Porém, essa não é a única razão. Marcio acredita no esporte como uma fonte construtiva de transformação. Além de religá-lo à sua fé, o esporte o ajudou a depurar suas competências pessoais e profissionais. Ele acredita que o esporte pode fazer o mesmo pelos outros.

— Muita gente não pratica esporte, alegando falta de tempo. 'Tá errado. O esporte faz a gente ser mais disciplinado, estratégico, tático. Ensina a planejar melhor, ter mais foco... Depois que comecei a praticar esporte, os dias ficaram maiores. Aprendi a produzir mais em menos tempo.

Um bom exemplo do que Nice disse e da natureza generosa de Marcio está conosco, na viagem. Francisco das Chagas Oliveira da Silva, Chiquinho, ou seu Chico, como Marcio prefere chamá-lo, veio do Maranhão para São Paulo, em 1991, para correr a São Silvestre. Ele queria viver como atleta e esperava realizar seu sonho em São Paulo. Mas como não tinha tanta grana, depois da corrida, resolveu procurar emprego e garantir seu sustento enquanto seguiria treinando. Foi assim que entrou na rede Pão de Açúcar, onde está até hoje e atua no chão de loja, sempre como funcionário da seção de hortifrúti.

— Hoje, além de trabalhar no Pão, tenho também um sacolãozinho que minha mulher toca, perto de casa — Chiquinho me disse.

A necessidade de ganhar o pão para alimentar o sonho encontrou terreno fértil no GPA e em sua política de estímulo à prática de esportes entre os funcionários. Chiquinho logo entrou no Clube Pão de Açúcar e integrou a equipe de funcionários atletas da empresa. Ali, ele conheceu Marcio, em 1994, que estava só no começo de sua trajetória esportiva. Na empresa, ele também conheceu a esposa, que hoje, além de tocar o sacolão com ele, ainda cuida dos quatro filhos que tiveram...

— A segunda, Janaína, é minha sobrinha de sangue, mas minha filha de criação e de coração. Eu a adotei da minha irmã.

Chiquinho explica que sua irmã, que vive no Maranhão, passava por dificuldades financeiras na época. Além disso, ele e a esposa sempre quiseram ter uma menina. Na época, tinham um filho, Nicolas. Alguns anos antes, no final da década de 1990, a esposa de Chiquinho teve uma gravidez interrompida e perdeu a primeira filha que teriam. Segundo Chiquinho, ela ficou muito mal.

Em 2001, ele viu a chance de fazer o bem para todos, para ele, esposa e, também, a irmã: iria até o Maranhão buscar Janaína. Porém, a maneira escolhida para buscar a criança não foi nada ortodoxa. Em suas férias, ele pegaria sua bicicleta e iria até o Maranhão pedalando, sozinho, só com a cara e a coragem... A história comoveu Marcio.

— Marcio me deu a bicicleta, uma ajuda de custo e ajudou a convencer a empresa a pagar as passagens para meus familiares. Ganhei passagens de ida e volta pra minha esposa e filho, e, de volta, pra mim e pra Janaína... Pelo menos ir eu ia de bicicleta. Queria fazer isso, 'tava com vontade.

Depois de fazer essa insólita viagem em 2001, Chiquinho voltou a fazê-la em 2003, 2005 e 2008, por caminhos diferentes, mas, nessas ocasiões, ele pedalou em revezamento com colegas e de modo mais bem estruturado.

— Rústica mesmo foi a primeira. Ali eu me pus à prova!

Evidente que a coragem de Chiquinho de fazer a viagem São Paulo-São Luís, boa parte dela pelas estradas costeiras do País, conferindo ao percurso 3.739 km — menos que a RAAM, mas em estradas com condições bem inferiores e sem a infraestrutura de que dispõem os ciclistas na travessia pelos EUA —, aumentou a admiração de Marcio por ele e estreitou a amizade entre os dois.

— Em 1999, Marcio me convenceu a participar de um *Ironman* com ele, em Porto Seguro. Eu não queria, mas ele dizia: "'Cê é bom em tudo, vai tirar de letra essa". Eu fui e me surpreendi. Fiz em menos de 12 horas.

A amizade entre os dois, construída pela paixão que compartilhavam pelo esporte, contudo, já havia dado a Chiquinho oportunidades de participar de provas com as quais ele sempre sonhara. Foi ao lado de Marcio que, também na década de 1990, ele participou de quatro Maratonas de Nova York. Agora mesmo, Chiquinho está indo para sua sétima RAAM. Esta é a quarta em que participa como cozinheiro, mas já esteve em três provas como ciclista (2006, 2007 e 2008), sempre com o apoio de Marcio.

Aliás, a única vez em que Marcio participou da prova, em dupla, foi com Chiquinho, em 2008, fatídico e também único ano em que não conseguiu concluir a RAAM. A equipe se perdeu algumas vezes, por um longo período, um dos carros quebrou e o frio, durante a noite no deserto do Arizona, atrapalhou demais o pedal. O tempo perdido fez com que a dupla não conseguisse passar pela primeira linha de corte da prova no tempo pré-determinado pela organização. Ao todo, são três os pontos de linha de corte, um a cada 1.000 milhas (1,609 quilômetros). Naquele ano, o primeiro ponto ficava no Novo México.

— Eu me lembro que seria um quarteto, como sempre. Mas Marcio estava com dificuldades em montar a equipe naquele ano. Um belo dia ele me liga e fala: "Fechei a equipe pra RAAM 2008". Fiquei contente e perguntei: "E quem são os integrantes?". Ele: "Você e eu". — Chiquinho costuma falar rindo. Tem uma cara de moleque arteiro e nem o bigodinho discreto o envelhece.

A admiração de Chiquinho por Marcio é tanta, que resolveu homenageá-lo. Um de seus filhos, "nascido em sete de janeiro de 2008", chama-se Augusto Milan. Quando do nascimento do menino, Chiquinho não teve dúvidas em transformar o sobrenome único de Marcio — herdado do pai espanhol — no segundo nome de seu penúltimo filho. A caçula é Giovanna, que tem só pouco mais de 11 meses de diferença para o pequeno Milan.

Chiquinho pode não ser um atleta profissional como sonhou, mas jamais se distanciou do esporte e participou de provas que apenas poucos tiveram a oportunidade de participar.

— Sempre acreditei que ia conseguir participar dessas provas. Nunca deixei de treinar. Aí, graças ao Pão de Açúcar e ao Marcio, consegui.

Mas, como não poderia deixar de ser, ainda tem sonhos...

— Quero fazer o solo na RAAM. Seria como ser convocado pra seleção, sabe?

...

A madrugada do dia 8 de junho foi menos traumática do que se imaginava. No trecho em que dirigi, da 1h às 6h, também tive o prazer de ver uma grande cidade à noite: St. Louis, uma das maiores cidades do Missouri. Pela descrição que Machado fez de Louisville e pelo que vi em St. Louis, as cidades são bem parecidas, pelo menos à noite. A principal diferença talvez seja o rio. St. Louis é cruzada pelo legendário Mississippi. As embarcações e o cais iluminados, cujos reflexos vacilavam nas águas do rio, também compõem o cenário noturno de St. Louis.

Porém, a disposição pós-sono já não era a mesma depois de uma hora e meia ao volante. As três horinhas de sono tiradas no último banco da van tiveram um efeito menor do que eu esperava. Das 2h30 da manhã até as 6h, o bocejo passou a ser meu companheiro. Resisti bem, mas fiquei muito feliz quando a madrugada deu lugar à manhã: Luiz acordou para o café e, depois, irá substituir-me ao volante.

Estamos na *general store* de um posto na cidade de Springfield, ainda no Missouri. O céu está cinza, mas não chega a fazer frio. Marcio está conosco, quieto e sério, como na noite anterior. Seu silêncio me dá comichões, mas eu estou disposto a não gastar perguntas. Seguirei seu conselho, observarei... Observo que algo de errado aconteceu enquanto estamos na *general store*. Estou do lado de fora da loja quando Laurindo vem até mim, com cara de "era só o que faltava", e me pede a chave da van.

— O que houve? — Pergunto.

— Dadinho prendeu as duas chaves dentro da van deles.

Laurindo quer testar a chave da van da imprensa na porta da van 1.

— Como isso aconteceu? — Pergunto.

Laurindo então me conta que Dadinho estava saindo da van e achou que Adilson tinha levado a chave titular. Mas Adilson tinha deixado a chave no contato quando saiu porque Dadinho ainda estava lá dentro. A outra chave, reserva, estava no porta-luvas e o combinado era deixar lá. Para não deixar as portas abertas, quando saiu, Dadinho trancou a van manualmente. Depois descobriu que Adilson não estava com a chave.

Marcio está ao volante da van 2, estacionado em uma vaga em frente à *general store*, ao lado da van 1. Ele olha impassível para frente, sem esboçar nenhum movimento. Já sabe o que aconteceu. Dadinho veio até ele e disse que não queria atrasar a equipe, pediu a Marcio que fosse indo, que depois ele e Adilson nos alcançariam. Enquanto isso, ele ligaria para a locadora e pediria ao seguro para vir resolver o problema. Marcio ouviu, olhou para ele e disse que esperaria o problema ser resolvido. É o que está fazendo no momento.

Eu me aproximo e começo a acompanhar a operação de abertura das portas da van 1. Ao ver-me, Marcio desce, aproxima-se de mim e, reparando que estou sem meu caderno de anotações, pergunta:

— Você não vai anotar isso?

— Já estou anotando tudo — e aponto para a minha cabeça.

Ele sorri, irônico, fica um tempo parado do meu lado e depois volta ao volante da van. Nesse interim, eu vejo um jovem ruivo, cheio de *piercings* no rosto e com algumas tatuagens, explicar o que deve ser feito para abrir a porta sem a chave. Como há uma fresta aberta na janela do carona, ele diz que basta colocar uma barra fina, de qualquer material, e, com ela, puxar a trava da porta. Um barbante também pode ser usado. Segundo o jovem, é isso o que os caras do seguro vão fazer quando chegarem.

Mas antes de colocar em prática essa medida, Adilson consegue abrir a porta de trás da van. Depois de usar uma lixa na fechadura da porta, ele pegou a chave da van de Marcio e insistiu com ela na fechadura — parece que não gastou muito tempo —, até que conseguiu abrir. Essa história toda, da descoberta até o feliz desfecho, não demora mais do que 15 minutos, mas parece uma eternidade. Dadinho não cabe em si de felicidade e agradecimentos a Adilson.

Algumas horas depois, no almoço, em Oklahoma City — capital do estado homônimo e região onde nomes indígenas e principalmente espanhóis são mais comuns que ingleses —, Dadinho pede desculpas a Marcio e a toda a equipe pelos transtornos. Os pedidos de Dadinho parecem sinceros e sentidos, mas exagerados. Ele diz estar muito mal pelo ocorrido. Agradece a Adilson novamente. Em seguida, tenta descontrair...

— Marcio, 'cê vai ver como aqui o pessoal serve mais rápido. 'Tamo perto do Texas. Aqui o atendimento é nota 10.

Marcio não se entusiasma. De fato, os pedidos levam mais de meia hora para serem servidos.

— Considerando que são 10 pessoas e que chegaram todos ao mesmo tempo, 'tá ótimo. Das outras vezes, chegava um, depois outro e ainda atrasava mais.

Dadinho insiste em sua tese, mas o fato é que com essa meia hora, mais a refeição em si, a sobremesa e o cafezinho, lá se vão duas horas parados, só para almoçar. É muito. Está cada vez mais evidente que, para chegarmos a Oceanside no prazo, teremos de mudar essa dinâmica, mas, dentro da equipe, ainda há os que não perceberam isso.

...

Pelas estradas de Oklahoma, rumo ao Texas, percebemos a vastidão do planalto central dos EUA, que funciona como uma espécie de corredor de ventos quentes que vêm do sul, do mar do Caribe, e ventos frios que vêm do norte, do Canadá. O encontro dos ventos torna a região um criadouro de tornados. Não por acaso é chamada de *Tornado Alley*, "Beco do Tornado". Esse gigantesco corredor engloba inúmeros estados e, durante a RAAM, nós passamos por dois deles, Colorado e Kansas. Embora não esteja na rota da RAAM, Oklahoma está nas rotas dos tornados. Em 2013, na periferia de Oklahoma City, houve 24 mortes por causa de um tornado violento que deixou a região em ruínas.

Por tudo isso, é claro que vamos, durante o dia, observando a vastidão daquele planalto e procurando trombas de nuvens em formação que podem revelar o nascimento de um tornado. Não encontramos nada do tipo, infelizmente ou felizmente. O que se vê, sem esforço nenhum, à margem da estrada, são os rolos de feno cor de palha que contrastam com o verde das plantações de milho que parecem se estender infinitamente por aquele planalto. Nessa região, além de milho, há muitas plantações de trigo.

Oklahoma não me parece bonito. As regiões e estados mais ao leste dos EUA chamam mais a atenção, com escarpas cheias de árvores e uma agradável harmonia homem-natureza. Em Oklahoma, embora o clima seja considerado temperado, tem-se a impressão de que o homem se estabelece por teimosia, já que a região não se mostra muito simpática. Não é desértica, mas é meio seca. É a porta de entrada para territórios mais inóspitos e a paisagem parece fazer questão de deixar isso bem claro.

A hostilidade se acentua no norte do Texas. Ali o verde é menos verde e começa a se tingir de ocre. Ainda não é considerado deserto, nem semideserto, mas, aos meus olhos — e à minha sensação térmica —, tampouco é uma região de clima temperado, como apontam as enciclopédias virtuais. Os estábulos e paióis feitos de ferro estão enferrujados e a região passa uma sensação fantasmagórica. Mas esse cenário insondável, ironicamente, agrada-me, talvez por ser desafiador.

Na maior parte desse trecho, eu e Machado seguimos calados, observando. Mas, em dado momento, falamos sobre tudo o que está acontecendo naquela viagem. Machado diz que, apesar de serem só três dias, tem a impressão de estar ali há 15, tamanha a intensidade dos acontecimentos. Marcio já havia me avisado para isso, dizendo que, na RAAM, descobrimos, em poucos dias, aspectos da natureza das pessoas que, no convívio profissional ou familiar, mesmo que diário, geralmente levaríamos anos para descobrir.

É evidente que eu e Machado também falamos de Marcio e das broncas que dá na equipe. Machado acha que ele está com algum problema emocional.

— As reações dele não são normais.

Antes do jantar no Kentucky, eu também desconfiava que havia algo de caráter pessoal e emocional incomodando Marcio, mas depois de todo o ocorrido, quando fomos para a van e eu tentava pegar no sono, ainda em Waddy, uma ideia me ocorreu com status de "heureca!". Na estrada, no Texas, eu diria a Machado o que estava pensando.

— Será que ele não 'tá fazendo isso tudo de propósito? Ele sabe como é a RAAM. Às vezes, sentiu que o grupo não 'tá na pegada e, pra fazer a gente entrar no clima, 'tá usando desse tratamento de choque. Uma conversa amigável não ia surtir o mesmo efeito. A ideia é incomodar, é dar uma prévia do que será a RAAM para a gente se preparar. Fazer alguma coisa incômoda. Ele deve sentir que 'tamos muito de passeio, sei lá.

Outro fator reforçava a minha tese: a maior parte dos desentendimentos ocorria com os novatos. As duras não costumavam ser direcionadas aos mais experientes, embora também respingassem neles.

— Acho bacana isso tudo que 'cê 'tá dizendo, mas não acredito, não. Se for pra dar mais equilíbrio ao personagem, acho válida a tentativa de ver por esse lado — diz Machado.

— Bicho, ele é um cara que atua como líder de pessoas há décadas. Não posso acreditar que faz isso sem um propósito. Acho que sabe o que 'tá fazendo. O tempo é muito escasso pra ele convencer aos poucos sobre sua ideia e filosofia. O pessoal, na cabeça dele, tem de entrar rapidinho no clima, o clima que ele considera correto pra participar da RAAM...

Ao cair da tarde, o sono reprimido da madruga começa a cobrar seu preço, mas a luz do dia dificulta o sono e o cansaço se acumula. Se a primeira noite assustou, a segunda promete muito mais, embora ninguém esteja falando a respeito.

...

Às, aproximadamente, 16h30 de 8 de junho, estamos na mitológica Rota 66, mas em trecho que também é uma interestadual, a Rodovia 40. Perto da cidade de Pampa, no subdistrito rural de Gray County, por inciativa de Marcio, paramos em uma *safety rest area* (área de descanso seguro), onde há um museu que conta a história de alguns dos homens que ajudaram a construir o Texas, um dos maiores produtores de petróleo e energia eólica do país. O uso da força dos ventos no Texas é uma tradição e o museu reforça essa característica: há várias alusões a moinhos de vento. De fato, sobram cata-ventos na paisagem dura do estado, que também faz parte do espesso corredor de ventos dos EUA.

Descemos do carro e vemos um amplo terreno plano de arbustos e terra cinza às costas da *safety rest area*. Ali, a paisagem já é, no mínimo, semidesértica. Marcio está fora do carro e conversa com Laurindo que, em razão de seu corte de cabelo reco, olhar direto e cenho quase sempre franzido, naquele momento, parece um militar se reportando ao superior. Dono de um português impecável — é dos poucos brasileiros que conjuga o verbo ver no subjuntivo corretamente —, Laurindo é formado em gerência de hotel e restaurante e é também *bike-fitter*, profissional que estuda o biótipo do ciclista, os tipos de prova que gosta de disputar e lhe indica a bicicleta que melhor se adapta ao seu perfil. Morou durante muito tempo nos EUA e, na juventude, foi triatleta.

Eu me aproximo dos dois e percebo que Laurindo está propondo a Marcio não pararmos mais em restaurantes para fazer refeições. Ele diz que há a possibilidade de cumprirmos o prazo, mas é preciso fazer alguns sacrifícios. Marcio o escuta, depois diz que a decisão é de Laurindo. Marcio parece bem-humorado; está com o semblante leve. Os ares austeros do oeste americano deixam-no mais suave e, ao mesmo tempo, com a notícia que acaba de receber, a equipe parece mais engajada.

Depois de ouvir Laurindo, Marcio se vira para mim...

— Parei aqui por causa de você e do Luiz. Cadê o Luiz?

— 'Tá fotografando.

— Legal... Olha que bacana é isso aqui. Ali tem o museu. Seria legal tirar umas fotos lá também. Isso aqui é muito legal, cara.

Há vários turistas naquela *safety rest area*, todos fazendo fotos da paisagem do entorno e do pequeno museu, que traz uma réplica diminuta do cata-vento em seu interior e um vasto material informativo impresso sobre a cultura texana.

Aliás, o Texas tem uma história particularmente interessante. Antes de ser dos EUA, foi do México, mas a presença de colonos americanos, a princípio dispostos a se submeter ao governo do México, acaba por levar à região e aos mexicanos dali os valores e princípios do liberalismo econômico[19]. Logo, os texanos, incluindo os mexicanos que lá já estavam antes da chegada dos americanos, começam a divergir e se revoltar contra o governo totalitário do México, sedento por arrecadar cada vez mais impostos na região conforme percebe seu rápido desenvolvimento.

Assim, na década de 1830, os texanos declaram independência e criam a República do Texas. Mas o México está disposto a recuperar as terras. Sem condições de resistir à provável investida mexicana, os texanos recorrem aos EUA, pedindo a anexação do Texas por eles, o que acontece em dezembro de 1845. Em 1846, os

---

[19] "Doutrina que enfatiza a iniciativa individual, a concorrência entre agentes econômicos e a ausência de interferência governamental como princípios de organização econômica", Dicionário Aurélio.

Nos arredores da cidade de Pampa, no Texas, Marcio para em um pequeno museu para nos mostrar um pouco da história desse estado que já foi uma república independente e, também, já pertenceu ao México

mexicanos declaram guerra aos EUA, mas terminam derrotados e os americanos ficam com todo território acima da região da República do Rio Grande, atual região de Nuevo Léon, no México. A anexação do Texas era importante para as pretensões estadunidenses de ter uma saída para o Oceano Pacífico. A vitória na guerra facilitou a aquisição de outras terras mexicanas pelos EUA, como Novo México e Califórnia, o que lhes deu a desejada saída para o Pacífico.

É claro que esse processo foi bem mais laborioso e intenso do que faço parecer com esse texto protocolar. Embora as terras fossem dos mexicanos, oficialmente, seus habitantes, muitas vezes, eram os índios. Principalmente no Novo México, mas também no Texas, as tribos apaches impuseram resistência considerável à expansão americana. No Arizona, os Navajos e outras tribos também se opuseram à expansão. Daí as histórias de batalhas entre brancos e índios consagradas no cinema, nos filmes de *Western*[20].

Da nossa parte, ainda havia algumas milhas para conquistar de vez o oeste e a saída para o Pacífico. Esperávamos não ter de enfrentar nenhum grupo apache para isso, nossos problemas internos já nos davam emoção suficiente.

---

[20] Filmes de Velho Oeste

Depois de visitarmos o museu, posarmos para algumas fotos, bebermos água e irmos ao banheiro, Laurindo procura Marcio, enquanto nos dirigimos de volta às vans, e fala:

— Marcio, o pessoal concorda com a ideia de, nas paradas pra abastecimento, comprarmos comida e seguirmos sem interrupções até Oceanside... Parar pra fazer refeição, agora, só em Oceanside.

Marcio faz apenas um movimento positivo de cabeça. Eu me encaminho para a van e Machado, que não havia escutado esse papo antes, vem me sondar.

— Então não vamos mais parar para comer? Mas ninguém me perguntou nada.

— Vamos comer na van. Pegamos o que queremos nas lojas de estrada ou em algum *drive thru* e comemos na van. O Laurindo falou com o resto do pessoal e ninguém se opôs — respondo, embora eu não saiba se realmente Laurindo falou com o resto pessoal. Imagino que tenha falado.

Machado abaixa a cabeça e parece pensar em algo. Entra no carro com semblante de quem está contrariado. Mal dou a partida na van, ele desabafa:

— Então, Wagner. Eu 'tô bem cansado e não sei se vou conseguir guiar de madrugada. 'Tô te avisando agora, pr'a gente ver o que pode ser feito, já pensar num plano B. Eu avisei antes que isso aqui era uma loucura, que seria quase impossível fazer esse caminho em dois dias com apenas duas pessoas se alternando ao volante. Agora, eu 'tô dizendo isso porque não quero pôr em risco a gente. Eu tenho uma família e você também, elas dependem da gente e não podemos ser irresponsáveis.

Na noite anterior, eu havia guiado da 1h às 6h da manhã. Agora seria a vez de Machado. Entendia o cansaço dele, eu também estava cansado, mas se ele fraquejasse ali, eu não aguentaria fazer a minha parte e a dele. Estava difícil fazer só a minha, mas era possível. Ali, era uma questão de esquecer a cama de casa e pensar que poderíamos estar numa situação ainda pior. Valia o sacrifício. Seria só mais uma noite, depois dormiríamos o sono dos justos no hotel.

Antes de dizer tudo isso a ele, porém, resolvo me precaver. Na parada seguinte, em um posto, já no Novo México, compartilho com Laurindo o meu drama. Ele se compromete a deixar o *motorhome* e vir para a van se for o caso. Fico mais tranquilo. Quando Machado entra na van, vindo da *general store*, digo a ele que já conversei com Laurindo e, se ocorrer algo, ele nos ajudará. Pondero, no entanto, que embora esteja certo em proteger nossas vidas, não dirigindo se não tiver condições, as reclamações complementares, do tipo "eu avisei antes", são injustas.

— Machado, você sabia que seria assim, com sacrifício, muito sacrifício. Se não quisesse, tinha de ter falado antes. Falar agora não é honesto. Eu sei que a gente é diferente, uns aguentam mais e outros menos. Por isso, falei com o Laurindo. Mas o fato é que você se comprometeu a vir e fazer sob essas condições. 'Cê não disse que queria se testar?

Eu me surpreendo com a receptividade de Machado às minhas palavras. Enquanto falo, ele faz sinal de concordância com a cabeça. Depois de me ouvir até o fim, ele estende a mão para mim, agradece-me por ter confiado nele para essa verdadeira loucura e diz que é importante, nessa viagem, não guardarmos insatisfações um com o outro, para que elas não cresçam e se tornem mágoa. Fico animado.

...

Se o Texas é inóspito, o Novo México é mais. Aliás, conforme nos aprofundamos no oeste americano, tem-se a impressão de que o mar da Califórnia, que vemos pela tevê em séries e filmes, é fruto de alguma miragem coletiva. Imagino os homens que cruzaram aquelas paragens, enfrentando índios e espanhóis nos séculos XVIII e XIX. Quantos não desistiram por acreditar ser impossível encontrar algo melhor a oeste? Afinal, quanto mais se avança, menos convidativo à vida humana é o ambiente.

Ironicamente, porém, no horizonte imenso daquelas planícies de vegetação semidesértica do Novo México, avistamos nuvens bem escuras. Uma chuva violenta se forma e o lençol d'água dependurado das nuvens, com a luz do sol ao fundo, proporciona-nos uma paisagem incrível. Pelo verdor dos arbustos, percebo que a região, de forma atípica, provavelmente, vem recebendo chuvas nos últimos dias. O fato é que a paisagem é espetacular e Machado e eu somos tomados por um entusiasmo imenso. Ele resolve abrir mão da ideia de não fotografar com o carro em movimento. Vai registrando o espetáculo cenográfico da natureza pela janela da van. Procura encontrar as melhores posições para fazer as fotos sem deixar o comboio se distanciar.

O clima mudou; Marcio está mais disposto e Machado faz o que mais gosta de fazer: fotos. O pôr do sol em comunhão com a tempestade de granizo, que o Novo México nos dá de presente, é combustível para encarar a noite fria do deserto. Para cansarmos menos, decidimos que eu levarei o carro até as 21h, quando ele assumirá e levará até a 1h, eu voltarei ao volante até as 5h e ele assumirá, de novo, e levará até as 9h da manhã para, depois, eu fechar a jornada, esperamos.

Às 21h, quando Machado assume, vou para o último banco da van e procuro aproveitar ao máximo minhas horas de sono.

...

Um pouco antes da 1h da madrugada, eu acordo e percebo que a van está no acostamento. Machado urina do lado de fora e não há mais ninguém, nem veículo da equipe por perto. Já estamos no Arizona.

— Cadê o pessoal, Machado? — Pergunto de dentro da van.

— Cara, eles estavam muito rápidos, não dava pra acompanhar. Aí fiquei apertado, eu não ia conseguir avisar e parei aqui.

— Vamos trocar, então, já 'tá quase na hora.

Depois de o líder da equipe, Laurindo, decidir que não pararemos mais para realizar refeições em restaurantes, porque pegaremos a comida em fast-foods e comeremos no carro, nós nos deparamos com uma paisagem belíssima e, possivelmente, rara no deserto do Novo México

Assumo o volante e disparo. Para alcançar a equipe, vou um pouco acima da velocidade permitida, que é de 75 milhas(m)/h (120 km/h). Temo ser pego por algum policial. Embora não haja radares nas estradas americanas, se o sujeito ultrapassa o limite de velocidade e é pego por alguma autoridade, a encrenca é grande. Cada carro da equipe tem um celular. Eu posso ligar para Laurindo e dizer que ficamos para trás, mas já fizemos isso antes. Não quero incomodar.

Uns 15 minutos depois de assumir o volante, eu os alcanço. Reduzo a velocidade e sigo no ritmo de Marcio. O fim da adrenalina de ter de alcançá-los, combinado à reta sem fim da autoestrada no deserto, é um convite quase irrecusável para o sono. Na noite anterior eu tomei um energético. Minha ideia era não tomar nenhum; não gosto e não me faz bem.

Agora, na madrugada fria do deserto, já tomei dois e não foram suficientes. Em menos de uma hora de volante, eu tenho a impressão de que serei vencido pelo sono. Mas depois daquele discurso todo para o Machado, tenho de dar meu jeito. Os chocolates me deixam ligado por pelo menos 20 minutos, mas é pouco. Despejo água na cabeça e abro a janela, deixando o vento desértico gelar meu rosto e me manter acordado. A estratégia também funciona só por pouco tempo, mas o pior é que, num futuro não tão distante, ela me valerá uma sinusite das bravas.

Às 2h30 da madrugada, em Wislow (AZ), paramos em uma *safety rest area* próxima de um ponto turístico, onde há uma cratera no deserto provocada pela queda de um meteoro. Àquela hora, na escuridão, nada se vê da cratera, mas a vista do céu estrelado, de onde veio o meteoro, é espetacular. Desço do carro e dou um pique até o banheiro, para acordar. Lembro do que Machado havia falado sobre o pai caminhoneiro de um amigo dele que, para afastar o sono, parava o caminhão, descia e dava voltas correndo em torno do veículo.

Marcio está conosco e não parece muito cansado. Pergunto a respeito de Palito, que não desceu da van. Marcio me diz que está dormindo.

— Ele tem dificuldade pra enxergar à noite e, nesse horário, eu sempre levo.

— 'Cê leva durante a noite toda? Pegou a de ontem e 'tá pegando essa?

Ele apenas faz que sim com a cabeça... Na verdade, o desempenho de Marcio naquela primeira travessia é impressionante. Não o vi jogar água na cabeça, nem usar de nenhum expediente excepcional para manter-se acordado e ele me fala que não fez nada disso. Pergunto se toma energético e ele me diz que evita, mas às vezes toma.

— Não tomei nada ainda.

O semblante de Marcio praticamente não mudou no transcorrer da travessia. Há pessoas visivelmente extenuadas, mas ele parece o mesmo da saída. Mais tarde eu descubro que, das 52 horas corridas, sem descontar paradas, que levamos para cruzar os EUA de Washington até Oceanside, Marcio dirigiu o correspondente a

40 horas. Em outras palavras, ele dirigiu 77% do percurso, incluindo as duas noites inteiras. Isso é o suficiente para eu entender por que Fábio Leone, um dos ciclistas do quarteto e companheiro de GPA de Marcio, onde atua como diretor Tributário, chama-o de super-homem.

Agora, se Marcio esbanja robustez, Adilson traz no rosto a exaustão. Com muito custo, seus olhos se mantêm abertos. Ainda no banheiro, ele lava inúmeras vezes o rosto e os olhos, até por causa da baixa umidade da região. Molha a cabeça, para tentar despertar. Cambará, no alto de sua experiência de 10 RAAM, percebe e, ciente do perigo que há ali, alerta para a necessidade de Adilson deixar o volante:

— Sua cara 'tá péssima. 'Cê tem que dormir. Acorda o Dadinho, 'cê 'tá dirigindo há quanto tempo?

— Umas 10 horas.

— 'Cê 'tá louco. Acorda o cara.

— Não tem jeito, o Dadinho também não aguenta mais.

Para usar um jargão da RAAM, Dadinho havia "quebrado".

— Faz 10 horas que não dirige. Ele tem que acordar e dirigir — diz Cambará.

Diante da situação, o líder Laurindo é acionado e faz o que faria conosco caso Machado tivesse quebrado: assume o volante para que Adilson e Dadinho descansem. Assim seguimos viagem e o sono não demora a me assombrar de novo. Já que água na cabeça, chocolate e energético não fazem mais efeito, dirijo em pé em alguns momentos, o que não é difícil num furgão e, quando o sono aperta muito, dou uns tapas no meu próprio rosto, claro que não é nada assim tão brutal, mas precisa arder um pouco para fazer efeito. Assim, levo a van até as 5h. Passo o volante a Machado, durante uma parada do grupo, mas não sem antes constatar que Adilson já está de pé novamente e guiando a van, após apenas duas horas de sono.

— E o Dadinho? — Pergunto a Adilson.

— Ele não consegue mais dirigir, não.

Olho para a van de Adilson, e Dadinho está sentado no carona.

— Por quê?

— Ele disse que não 'tá bem... Eu entendo. Ficou muito tenso com a história da chave presa na van. Aquilo exauriu o cara — explica-me Adilson.

Apesar de ter pouco mais de 40 anos, o ar sério, os óculos de grau, o cavanhaque grisalho e os cabelos também grisalhos, penteados para trás, dão a Adilson aparência de mais idade. Durante a viagem, sempre que encontra uma rede *wi-fi*, aproveita para aprovar projetos pelo celular. É engenheiro civil, gerente de Projetos de uma grande construtora. Porém, é pouco provável que outros membros da equipe saibam disso. Ali na RAAM, o engenheiro Adilson dá lugar ao colaborador-voluntário da Vencendo Desafios Team Brasil. Sua dedicação é realmente admirável.

Na manhã de 9 de junho, o desértico oeste norte-americano nos entrega uma beleza assustadora, que só aumenta a expectativa de chegada a Oceanside. No ritmo da aurora, nós vencemos a sequidão vermelha e com morros de picos achatados do Arizona, o mar de areia e as cidades improváveis do tórrido deserto californiano e alcançamos o azul do Pacífico

O espírito voluntário, aliás, é parte integrante da RAAM. Não é um prova profissional, embora muitos profissionais a disputem. É uma prova dos apaixonados pelo esporte e, se não fosse seu caráter voluntário, como já expliquei, seria inviável em todos os aspectos, sobretudo o econômico. Mesmo com tantos voluntários, o custo desse desafio é alto para os financiadores das equipes, que, no caso da Vencendo Desafios, são Marcio e os demais ciclistas. A grande maioria dos que vão para a RAAM na Vencendo Desafios não são remunerados. Os financiadores se comprometem a pagar alimentação, viagem e estadia.

A natureza voluntária da RAAM divide opiniões. Há os que estranham as pessoas que se dispõem a uma viagem dessas, com tantos sacrifícios, sem receber nada. Mas também há os que estranham as pessoas que querem receber alguma coisa para participar de uma viagem dessas, em que conhecem alguns dos lugares mais lindos e selvagens dos EUA, com passagem, alimentação e hospedagem, tudo pago.

Para Marcio, o maior valor da RAAM também não é esse, não está na paisagem, não está fora, está dentro...

— Quando penso na RAAM, o que me vem à cabeça é conhecer a si mesmo. A RAAM nos leva a isso. Nela, pessoas que se julgam boazinhas se descobrem não tão boas assim. Pessoas que tinham a autoestima baixa descobrem que podem se orgulhar de si mesmas.

...

Ao nascer do sol, no dia 9 de junho, nós nos deparamos com o deserto vermelho do Arizona. Muito da característica de seu terreno já se deixava entrever sob os arbustos no Novo México. Estamos a três horas da Califórnia, a uma do Grand Canyon, que fica ainda no Arizona, e a menos de sete horas de Oceanside. Infelizmente, não veremos o Grand Canyon, mas só de saber que estamos próximos de nosso objetivo e só de ver algumas montanhas coradas de cimo achatado, já me sinto num episódio do Papa-Léguas[21] ou num cenário do desenho animado Carros[22].

Embora haja regiões planálticas no Arizona, com até mais de 2.000 metros de altitude, a parte desértica, por onde estamos passando, naturalmente é uma baixada apinhada de montanhas modeladas pelo tempo e pelo vento. Machado está ao volante, mas o entusiasmo de todos, inclusive de Marcio, com a linda paisagem e a proximidade do destino, leva-nos a escolher qualquer acostamento para tirar água do joelho e fazer fotos.

É verdade que, na RAAM, encontraremos paisagens ainda mais belas, mas eu e Machado ainda não sabemos disso. Melhor não perder a oportunidade. O fato

---

[21] Personagem de desenho animado criado, em 1949, por Chuck Jones para os estúdios Warner Bros.

[22] Desenho animado de 2006, produzido pela Pixar Animation Studios.

Deserto da Califórnia, no dia 9 de junho de 2014

é que estamos vendo o deserto que se anunciava em paisagens anteriores e o mais impressionante é que quão mais inócuo e hostil ele se torna, mais belo e imponente fica também.

Machado não quer deixar o volante. O extremo oeste americano lhe injetou ânimo e agora quer nos levar até Oceanside. A situação em nossa van é a melhor possível, considerando os 5.000 km percorridos quase sem paradas e completamente sem banho. Ambos estamos cansados, mas dispostos. No fim das contas, a divisão de tempo de volante entre nós ficou bem equilibrada.

Às 9h da manhã, entramos em território californiano. O deserto vermelho cede lugar a um pardo, bem mais arenoso. A estimativa do GPS do meu celular para nossa chegada a Oceanside é de quatro horas. Se nada der errado, chegaremos em cima do prazo dado, justamente às 13h. Em pouco tempo estamos no Deserto do Mojave, uma imensidão de nada que parece ser a residência oficial da coisa-nenhuma. Tenho a sensação de haver tanta vida no Mojave como na lua. Mas as aparências enganam. Meu filho de dez anos, aficionado por animais, disse-me que, no Mojave, vive a mais venenosa das cascáveis... Se não bastasse o clima convidativo, a fauna ainda é amigável.

Porém, pelo menos olhando da *highway*, não é fácil encontrar formas de vida no Mojave. As cascáveis são da cor da areia e só com olhos de ave de rapina seríamos capazes de ver uma. Então não as considero. Falo mais de vida humana. Por se tratar de uma reserva de proteção ambiental, as únicas pessoas a andar pela região, fora da estrada, devem ser pesquisadores-biólogos ou aventureiros. Se não fosse uma reserva de proteção ambiental, não duvido da capacidade d'os americanos edificarem uma cidade por ali. No deserto barroso e vermelho do Arizona, vez ou outra, nós nos deparávamos com cidades em locais improváveis e, mesmo na Califórnia, onde não havia reservas de preservação ambiental, o deserto não era obstáculo para a civilização.

Superado o nada desértico do Mojave, o último e belo desafio que vencemos, antes de chegar a Oceanside, é uma cadeia de montanhas belíssima, chamada de *Angeles National Forest* (Floresta Nacional dos Anjos); similar à Serra do Mar, que leva ao litoral norte de São Paulo, mas com uma estrada bem mais conservada e espaçosa do que a paulista Rodovia dos Tamoios.

Logo depois de descermos a Floresta dos Anjos, chegamos a uma região bastante urbanizada. Estamos em San Bernadino, a menos de 100 km de Los Angeles. Embora ainda seja uma região arenosa e de aspecto desértico, já se vê verde nas encostas das montanhas e se começa a sentir a proximidade do mar. Machado é tomado por uma tremenda ansiedade. Ele me pergunta, de cinco em cinco minutos, qual é a estimativa de chegada e se indigna ao saber que só ganhamos cinco minutos.

— Faz quinze minutos que te perguntei quanto faltava — diz.

Às 13h, em ponto, do dia 9 de junho, prazo-limite estabelecido para a nossa chegada, estacionamos no hotel e, finalmente, depois de dois dias e meio sem banho, sem cama e com pouquíssimas horas de sono, temos a redentora visão do quarto do hotel, que, neste momento, empolga-nos mais do que a do próprio mar

— Não, faz cinco, no máximo — respondo.

Em determinado momento, para perturbá-lo, digo que deve haver algo de errado no caminho...

— Acho que a gente se perdeu, porque a previsão de chegada 'tá aumentando.

Ele se desespera. Mas, em seguida, eu desminto; não dá para deixá-lo mais tenso àquela altura do campeonato, depois de tantas horas de volante.

— O que vamos fazer quando chegarmos? — Ele pergunta.

— Preciso ver na cartilha.

— Capaz d'o Marcio colocar a gente pra fazer 500 flexões quando chegar ao hotel. — Machado está bem-humorado.

Eu dou risada e digo...

— Pela urgência em chegar até as 13h, é capaz de ter algo mesmo.

Vejo na cartilha e descubro que teremos a tarde livre. Chegaremos ao hotel, guardaremos nossas coisas, tomaremos um banho, almoçaremos — todos juntos novamente em um restaurante — e, depois, cada um fará o que quiser. Os trabalhos nas montagens das vans e do *motorhome* e outras questões burocráticas só começam a ser resolvidos no dia 10. Temos a tarde de hoje à nossa disposição para recarregarmos as energias. Afinal, a partir de amanhã, serão 12 longos dias e noites de trabalho duro pela frente.

Capítulo

5

Mar, doce mar

Às 13h do dia 9 de junho, estacionamos nossos carros no hotel Rodeway Inn em Oceanside... É isso mesmo: pontualidade britânica. O dia está nublado, levemente frio e cai uma garoa finíssima, que quase não molha. Ainda assim se pode ver, do estacionamento, o mar do Pacífico. O hotel fica num ponto privilegiado, quase na "esquina" do mar com o Rio San Luiz Rey. Fica num pequeno morro de onde se pode ver tanto o rio como o mar, além de uma ciclovia bem próxima que se estende por parte da margem do rio e pela orla da praia principal da cidade. Ela faz parte do primeiro trecho percorrido pelos ciclistas na RAAM.

Eu, Machado e Adilson estamos no mesmo quarto, onde há duas camas de casal e uma de molas, dobrável e um pouco maior do que uma cama padrão de solteiro. A visão das camas só não é mais reconfortante que a do chuveiro. Nossas condições são deploráveis. A água quente da ducha parece limpar mais do que a sujeira. Oceanside, nesse contexto, é, sem dúvida, um tesouro, o ouro que procurávamos no oeste.

Porém, além de reparar o físico com banho e, mais tarde, também com o descanso, a chegada a Oceanside tem e precisa de outra ação revigorante, essa de natureza mais interpessoal... Com os ânimos serenados e aliviados, uma atitude reconciliatória me parece necessária para melhorar o clima na equipe. Marcio sabe que suas atitudes, embora tenham surtido o efeito prático desejável durante a travessia, causaram insatisfação. Aparentemente, nada de tão grave aconteceu que não seja reversível. Mas na RAAM, a natureza estalactítica[23] das relações é ainda mais frágil. O próprio Marcio, quando ainda estávamos no avião, disse-me que perdeu uma amizade de décadas por desentendimentos na RAAM.

— Ódio e amor andam de mãos dadas nessa prova. Amizade e inimizade também.

— Mas não foi possível resgatar a amizade depois da prova? — perguntei.

— Não, o cristal já tinha se quebrado. Quando o cristal quebra, não tem volta.

Depois do banho reparador, vamos almoçar em um Denny's localizado a poucos metros do hotel onde estamos. Enquanto todos fazem seus pedidos, Marcio, que apesar de claramente estar mais amigável do que esteve durante toda a viagem até aquele momento, segue sua tradicional linha de poucas palavras e muita observação. Assim que todos os pedidos são feitos, ele pede a palavra. Há um caráter solene em sua intervenção e, de pronto, me parece que é algo sério e relacionado a tudo o que vivemos até ali. Não será um desabafo tenso como o de Kentucky, até porque a equipe demonstrou engajamento dali para frente, do contrário não cumpriria o objetivo. Intuo que seja uma ação para minimizar os problemas enfrentados e evitar que cristais se quebrem.

— Bom, eu vou falar e quero que vocês me escutem, sem dizer nada. Depois, é a vez de vocês. Vou chamar um por vez e temos de seguir o mesmo princípio... Seguinte, a gente concluiu a primeira etapa, que é muito importante porque serve pra mostrar o que será a RAAM. A gente precisava viver essa situação de conflito e estresse pra saber como ia reagir... A RAAM vai ser pior, seis vezes pior. Por isso, queria que soubessem que tudo o que aconteceu de ruim só deve ter valor se tiver ensinado alguma coisa pra vocês. O que não agrega conhecimento, pelo menos eu penso assim, descarte. A gente pode aprender com o problema ou ficar remoendo... Eu sempre prefiro aprender.

Todos o ouvem atentamente. Depois, ele chama um a um para dizerem, sob seus respectivos pontos de vista, quais foram os erros e acertos cometidos durante a viagem.

— Acho que a equipe evoluiu bastante durante a viagem. Não é fácil conciliar as necessidades de um grupo tão heterogêneo. Cada um é de um jeito e liderar exige a sensibilidade de saber o que funciona pra um, mas não funciona pra outro... O mais importante é que o grupo evoluiu e respondeu à altura — diz Dadinho.

Com uma expressão neutra e que permanece a mesma do início ao fim, Marcio escuta o professor... Palito, que está em sua segunda RAAM, fala que a viagem poderia ter sido melhor se o grupo tivesse sido mais obediente a Marcio. Ele enfatiza a importância de escutar quem tem mais experiência. Chiquinho concorda, mas enaltece a evolução da equipe. Já Cambará diz que não importa quantas RAAM se dispute, porque cada prova é única e será sempre a primeira de todo mundo. Para ele, o importante é todo mundo se ajudar, sempre.

---

[23] Relativo a estalactite, formação mineral precipitada de tetos de cavernas ou subterrâneos, de formato alongado e resultante da solidificação de líquidos. As estalactites levam séculos, em alguns casos, milênios, para se formar, mas são facilmente destrutíveis, bastando um suave toque humano.

Wagner dos Santos, que disputa com Adilson o título de mais calado da equipe, diz que, apesar da melhora, nós precisávamos estar, durante toda a viagem, mais atentos "ao relógio". Em outras palavras, tínhamos de ser mais rápidos. Laurindo endossa a declaração de Santos; Adilson diz que, em Washington, se ressentiu de melhor planejamento — lá, nós nos perdermos algumas vezes, demoramos a decidir onde jantaríamos e em qual hotel passaríamos a noite. Já Machado e eu também destacamos a evolução da equipe durante a travessia. Eu ainda faço questão de dizer que vejo em todos os problemas vivenciados algo natural e previsível. De fato, naquele momento, tudo me parece bastante natural e previsível.

— Bom, depois de tudo dito, vamos começar o dia 10 apagando o que não nos serviu dessa viagem até aqui e levando pra frente só o que nos trouxe mais conhecimento — diz Marcio, concluindo as discussões.

Aparentemente entusiasmado, Dadinho tenta sugerir a criação de uma palavra-chave da equipe, algo que, num momento de tensão ou dificuldade, deva ser dito para expulsar os demônios, descontrair ou dar força. Uma espécie de ponto de encontro emocional e de reparação instantânea de todos os desentendimentos que possamos vir a ter outra vez. Um silêncio de grilo toma conta da mesa depois da proposta de Dadinho. Para não perdermos o momento de reconciliação, eu embarco na proposta e sugiro a palavra "Desafio". Dadinho diz que não, diz que tem de ser algo inventado, um neologismo. Nesse ponto, Marcio entra no papo e, de forma afável, diz a Dadinho para deixar a palavra para lá. O professor fica um pouco sem graça, mas como o clima é bom, novos assuntos brotam e todos se distraem, com boas risadas.

Para comemorar a vitória conquistada sobre a primeira etapa, Marcio pede um vinho e divide com a equipe.

...

A manhã do dia 10 é bem diferente da tarde do dia 9. O sol sai em Oceanside e o Pacífico se une, azul, ao céu no horizonte.

Acabamos de tomar café. Durante a refeição, conheci alguns dos integrantes do estafe de outras equipes brasileiras na disputa da prova. Falei rapidamente com Péricles Blanch Simões, ex-colega de GPA de Marcio, que conheceu a RAAM ao participar como chefe de equipe da Vencendo Desafios, em 2009. Com mais de 60 anos de idade, Péricles também foi mordido pelo bichinho da RAAM, RAAM e, desde a primeira participação, tem retornado à prova, mas por outras equipes. Desta vez, vem como estafe do time de Arap.

Com Péricles está Marcio Ernandes, que trabalhará como massagista de Arap durante a prova. Ernandes é alto, deve ter 1,90m de altura, e forte. Apesar do sobrenome, pela fisionomia, ele parece descendente de japoneses.

— Marcio, fiquei emocionado com seu discurso na Convenção de Abertura da RAAM do ano passado [quando Marcio foi anunciado no Hall da Fama da RAAM]. Cheguei a chorar mesmo. — Ernandes observa Marcio com admiração.

— O que ele disse no discurso? — pergunto a Ernandes.

— Cara, eu não me lembro muito bem. Agradeceu a família, os companheiros, enfim... Mas me emocionei porque era um brasileiro recebendo aquela homenagem que nenhum brasileiro recebeu até hoje.

Ainda no refeitório do hotel, acompanhei a rápida reunião que Marcio, comendo iogurte com cereais, teve com Laurindo. Eles estabeleceram as tarefas prioritárias, que envolviam ir à organização, pegar o kit dos veículos, os *routebooks*, a papelada dos ciclistas e buscar os integrantes da equipe no aeroporto de San Diego. Na verdade, os oito que faltam não chegarão todos juntos. Será necessário fazer inúmeras viagens até o aeroporto. Nesta manhã, chegarão Guto e Leone, mas Leone disse antes que não é necessário buscá-lo, que alugará um carro em San Diego e virá para Oceanside. Ele está com a família: a esposa, os dois filhos e os pais.

Fica decidido que Marcio irá à organização da prova pela manhã e Laurindo ao aeroporto buscar Guto. Mais do que isso, fica decidido que caberá a Laurindo buscar todos os integrantes da equipe, conforme forem chegando ao aeroporto. No início desta noite, está prevista a chegada de Joaquim, com o seu preparador técnico e físico, Bruno Lima, ambos portugueses. Os demais integrantes da equipe chegarão dia 11, quatro pela manhã e dois à noite.

Eu e Machado acompanharemos Marcio, pegaremos os kits, veremos Marcio circular entre seus pares e aplaudiremos a largada dos ciclistas do solo, principalmente a do brasileiro Arap, ao lado do seu filho. Mas antes de irmos à praia, eu não resisto à tentação de fazer uma pergunta que, àquela altura, depois do almoço do dia anterior, é quase retórica. Aproximo-me de Marcio no estacionamento do hotel num momento em que está só e pergunto, não sem um certo receio...

— Marcio, as duras que você deu na equipe, durante todo esse tempo, foram de caso pensado?

Ele dá uma risada marota antes de responder, depois diz:

— O choque foi pensado antes, mas a intensidade dele não.

A intensidade, eu imagino, já que não lhe perguntei, ficou por conta da forma como colocamos em cheque sua autoridade durante a travessia. De qualquer maneira, eu estava contente de ter percebido, ainda na estrada, que por trás daquela marra toda havia uma razão concreta e prática. A estratégia de Marcio foi arrojada, podia causar danos irreparáveis à rede de relacionamentos do grupo, justamente por causa da intensidade. Mas fica claro: ele sabia o que estava fazendo.

Quando disse a Machado que acreditava na intencionalidade dos atos de Mar-

Dos três ciclistas que restam chegar a Oceanside para completar o quarteto, dois, Leone (abraçado com Marcio) e Guto (de camiseta preta, dentro do *motorhome*), chegam pela manhã de 10 de junho. Neste mesmo dia, ao fim da tarde, eles treinarão forte

cio, não estava tentando conferir maior equilíbrio ao "personagem" do que ele tem. Já acompanhei Marcio em reuniões profissionais. Uma de suas características é a percepção política, a consciência de que uma palavra mal empregada pode pôr a perder todos os seus argumentos e, por extensão, os interesses e os objetivos da classe da qual é representante, a dos supermercadistas.

Recentemente, os produtores de vinho brasileiros tentaram colocar uma salvaguarda[24] à importação de vinhos finos, alegando que não tinham condições de competir com os rótulos estrangeiros, já que os impostos incidentes sobre a produção nacional deixava nossos vinhos mais caros que os gringos.

Marcio não podia pegar o caminho mais fácil e aparentemente óbvio: sugerir que os produtores nacionais de vinho exigissem do governo a redução do tributo. Uma ação dessas não resolveria o mal-estar já existente entre os supermercadistas e os produtores, irritados porque, segundo eles, o varejo privilegiava os importados. Além disso, o pedido de redução dos impostos já tinha sido feito e era menos provável que se realizasse do que a salvaguarda. Todo o tato nesse cenário era pouco, até porque, além dos produtores, havia o governo, e incitar os produtores contra ele também não seria uma boa ideia.

[24] Nesse caso, um mecanismo legal e tributário, em forma de sobretaxa, de proteção e segurança ao produtor nacional

Assim, Marcio foi um dos principais atores do varejo nessa negociação e ajudou a dissuadir as associações vitivinícolas brasileiras dessa ideia, argumentando e provando, por A mais B, que os vinhos importados eram responsáveis pelo aumento da popularidade no mercado brasileiro do vinho fino, que tem maior valor agregado. Em outras palavras, os importados ajudavam os produtores nacionais a vender mais vinho fino. Ele argumentou que o trabalho não devia ser no sentido de restringir a entrada dos importados no País, mas de promover cada vez mais o vinho fino, para que todos ganhassem mais com uma bebida em franco crescimento no gosto do consumidor brasileiro.

— Eu disse que, com essa salvaguarda, todos ligados à indústria do vinho perderiam. "Sabem quem vai ganhar?", eu falei, "Os vendedores de cervejas importadas e diferenciadas. Eles vão lucrar com o mercado que vocês vão entregar de bandeja pra eles ao elevar o preço do vinho fino importado".

Mas só isso não seria o suficiente para resolver o problema. Os produtores queriam e precisavam vender mais, e Marcio correu atrás do compromisso dos supermercados de fazer um esforço promocional extra no ponto de venda em favor dos vinhos finos brasileiros. Foram estabelecidas metas de crescimento de vendas de vinhos finos nacionais, criou-se um grupo de trabalho interinstitucional para pensar e propor conjuntamente ações de estímulo à compra do produto pelo consumidor e foi definido que os vinhos nacionais teriam 25% das gôndolas da seção na área de venda dos supermercados.

— O trabalho ainda está no início, temos muito a fazer, mas já tem dado frutos.

...

Embriagados pelas emoções da largada do solo, com a imagem de Arap pedalando ao lado do filho os primeiros metros da jornada colossal, nós retornamos para o hotel no início da tarde. Conosco já estão Laurindo e Guto, que vieram diretamente do aeroporto para assistir à largada de Arap.

Sabendo da amizade entre Guto e Arap, Marcio ligou para Laurindo, meia hora antes de Arap largar, avisando que talvez desse tempo de trazer Guto para se despedir e desejar boa sorte ao amigo. Guto, um sujeito amorenado pelo sol das provas de ciclismo e triatlo, alto, espadaúdo e que não parece ter mais de 50 anos (tem 58), chegou com Laurindo uns quinze minutos depois da ligação. Aos berros, deu um caloroso abraço em Arap.

Tinha visto Guto uma única vez, na reunião do dia 31 de maio, que antecedeu nosso embarque para Washington, e que foi realizada na sede da construtora dele, a Matec, em Moema, bairro de São Paulo. Antes de alcançar Arap, Guto me avistou e me cumprimentou com "uh, garoto!", seguido de um aperto de mão e um abraço.

Depois de desejar sorte e acompanhar a largada do "parceiro", Guto não esconde a empolgação de estar onde está.

— Isso aqui é um tesão —Percebo nele encantamento similar ao de Marcio com aquele clima de Oceanside e da RAAM.

De volta ao hotel e durante o almoço, que realizamos no motorhome, Guto me conta, de forma breve, um pouco da sua história, que não parece ter sido fácil.

— Perdi meu pai aos 16 anos e a família ficou com uma mão na frente, outra atrás. Como era o filho mais velho, fiquei com a incumbência de sustentar a casa.

Com a ajuda do primo que trabalhava com obras, ele conseguiu um emprego de auxiliar de ferramenteiro e começou a se desenvolver. Ingressou na faculdade de Engenharia Civil. Atuou na área de vendas do mercado de construção até abrir sua própria construtora.

É curioso, pelo menos para mim, observá-lo. Sua expansividade não combina muito com o estereótipo que faço de empresário do ramo de engenharia. Talvez, até por isso, a minha impressão dele seja a melhor possível desde o primeiro momento.

— Meu filho 'tá fazendo jornalismo — me diz Guto. — Quando ele escolheu o curso, eu falei: "Cê que sabe"... Vamos ver quanto tempo ele aguenta. Profissão do cacete, essa, não? Difícil, pô... O cara precisa estudar pra caralho, ser letrado e tudo, mas não ganha nada, só mixaria. Não é isso?

Não tinha argumentos para discordar. Por experiência própria e pelo convívio com inúmeros outros jornalistas, só me restava dizer "é", mas...

— Se o menino gosta é o que vale — completo.

Em 2014, Guto participa pela quinta vez da RAAM. Assim como Marcio, ele também é famoso no mundo dos esportes de resistência. Percebo que há uma natural admiração entre eles. A prova pode tornar essa admiração ainda maior ou diminuí-la.

...

No apertado *motorhome*, onde, ao mesmo tempo, não cabe um terço da equipe, estão mais umas quatro pessoas além de mim e Guto. Antes de nós, estavam Fabio Leone, a esposa, seus pais e os dois filhos. Ao chegarmos, eles nos cederam lugar. Enquanto eles saíam e nós nos acomodávamos, Leone nos apresentou rapidamente aos seus familiares. Seu Zanoni, pai de Fabio, se interessa pelo meu trabalho e me pergunta como farei. Eu explico que estou ali para tomar nota de tudo e depois escrever um livro.

Leone é um cara alto, talvez seja da mesma altura de Guto, mas é mais magro. Ele me conta que, quase a vida toda, praticou exercícios. Porém, durante um período, depois de concluir a faculdade de direito, especializar-se na área tributária, ingressar em empresas de varejo e se casar, deixou as atividades esportivas um pouco de lado.

— Cheguei a pesar 20 quilos a mais do que peso hoje.

Não é preciso mais que dois dedos de prosa com Fabio para perceber sua natural agitação. O pequeno Vicenzo Leone, aliás, seu filho caçula, parece ser ele ontem. Como devem e costumam ser os moleques saudáveis, Vicenzo não para quieto um instante. Leone chama a atenção do garoto quase todo o tempo e diz que é curioso ver como sua menina, Eduarda Leone, é bem mais tranquila. Imagino que Eduarda deva ter puxado à mãe, Gisele Blane, que, ao que parece, com muito esforço, tenta acompanhar o ritmo do filho e do marido. Pergunto a seu Zanoni Leone e dona Maria Helena Calpacci Leone se Fabio sempre foi agitado e se Vicenzo puxou ao pai. Eles respondem, sem pestanejar, que "com certeza".

— Mas eu também era assim — diz Zanoni.

O fato é que, se fosse sossegado, Leone provavelmente não trabalharia numa empresa de varejo e ainda na área tributária. Com apenas 39 anos de idade, ele é diretor Tributário do Grupo Pão de Açúcar. Desafio nada fácil, considerando a miríade de produtos de natureza diferente com que lida o varejo alimentar e o altamente complexo regime tributário brasileiro. Para realizar esse trabalho, por essência, intelectual, o tempo mostrou a Leone que precisaria de uma válvula de escape para o estresse incidente, piorado, no caso dele, pelo excesso de energia natural que tem.

Isso tudo ajuda a explicar porque está em Oceanside, 20 quilos mais magro que alguns anos atrás, prestes a disputar sua primeira RAAM e tendo a honra de ser o integrante da equipe a pedalar o primeiro trecho da prova. Marcio já o havia chamado antes para participar de sua equipe na RAAM, mas Leone me disse que nunca se sentiu muito atraído pela prova. Resolveu vir desta vez porque está se preparando para o seu primeiro Ironman. A RAAM é para ele, ao menos antes de começá-la, apenas uma prova de preparação para o Ironman que disputará em maio de 2015.

...

Depois de comer, saio do *motorhome* para falar rapidamente com Adilson, Cambará e Wagner, que seguem no trabalho que iniciaram de manhã e só terminarão no dia 13. Eles preparam as vans para a prova: forram os pisos e fazem a adesivagem dos veículos. Pergunto a Adilson se não vai almoçar. Ele me diz que já almoçou. Wagner e Cambará também. A missão de preparar as vans, previamente combinada com Marcio, é dos três, mas também de Dadinho. Eu, Machado e Laurindo, quando não estivermos envolvidos com outros afazeres prioritários, temos de ajudar.

Pergunto a Adilson se sabe onde está Machado e ele me responde que no quarto, baixando as fotos tiradas de manhã no computador. Sigo para o quarto... Quero escovar os dentes e trocar algumas impressões sobre a largada do solo com Machado, mas sou interrompido no caminho por Laurindo, que parece irritado:

— Cadê seu "tio"?

— De quem 'cê 'tá falando? — devolvo a questão.

— Do Dadinho... Não é seu tio?

— Que eu saiba, não.

— O cara sumiu a manhã toda. Não ajudou ninguém, não fez nada.

Fico mudo, não tenho o que falar, nem quero. Laurindo continua.

— Se você o vir, diga que quero falar com ele.

Não gosto da abordagem de Laurindo. Não sei até que ponto é fruto da minha imaginação, mas tenho a impressão de que ele considera um desperdício eu e Machado fazermos o trabalho para o qual fomos levados para os EUA. Talvez pense: "Essa história de foto e anotação é pra enganar. 'Tão de passeio e vêm com essa de trabalho". Claro que essa minha ideia é também resultado do que aconteceu em Washington, no dia 6, quando Marcio esbravejou com Laurindo no depósito, pela suposta falta de iniciativa dele durante a primeira etapa de preparação das vans. A reação de Laurindo me desagradou bastante na ocasião, porque incidiu sobre o trabalho de Machado. Ele disse a Machado:

— Chega de fotos, quero todo mundo ajudando nas vans.

Eu ouvi e vi a reclamação de Laurindo. Conversei com Machado para se despreocupar e seguir fotografando e fui falar com o chefe.

— Laurindo, eu entendo seu lado, mas nós estamos aqui, em primeiro lugar, pra

Em Oceanside, o trabalho de arrumação das vans e do *motorhome* continuam, mais intensos que em Washington. No dia 10, sempre com a presença de Cambará, Adilson e Wagner dos Santos, a produção começou cedo e só parou depois que o sol se pôs

registrar o que 'tá acontecendo. Essa é a nossa prioridade. Eu vou ajudar na montagem das vans, mas o Machado vai seguir com as fotos.

De uma coisa estou convicto, é muito fácil a equipe se incomodar comigo e com Machado e nos eleger os oportunistas de plantão, os jornalistas que foram dar um emocionante rolê pelos EUA. Isso me incomoda, porque considero fundamental ter a simpatia de todos para o meu trabalho sair como desejo. Por isso, desde o princípio, faço o que posso para evitar diz que me diz. No dia 6, em Washington, não fiquei devendo a ninguém do estafe: "preguei" colchonete em cama de van, carreguei banco e muitas outras coisas.

Com relação a Dadinho, também estou surpreso com o sumiço dele. Achei que não haveria problemas em relação a isso da parte de ninguém, tampouco de Dadinho, até porque, em Washington, eu o vi trabalhar duro e contribuir com todo mundo no depósito. Talvez a travessia até o oeste dos EUA tenha lhe frustrado e, de quebra, levado sua motivação e seu engajamento. Dadinho podia ser o cristal quebrado durante a primeira travessia.

...

O dia 10 de junho é particularmente emblemático. Três dos quatro ciclistas já chegaram e o quarto e último, Joaquim, chegará à noite. As bicicletas começam a sair das caixas e Palito, que até então ajudava a equipe em outras tarefas, começa a fazer o que gosta e sabe fazer melhor.

Depois de conversar com Laurindo e passar rapidamente pelo quarto, vou para o estacionamento ajudar Cambará, Adilson e Wagner. Mas fico pouco tempo e pouco faço, porque, menos de 30 minutos depois, Marcio aparece. Ele sabe que eu quero ver as bikes serem preparadas. Havia dito a ele. Os ciclistas que já estão em Oceanside farão um treino no fim da tarde e as bicicletas precisam estar prontas antes disso.

— Hilário, Palito 'tá montando as bikes. 'Cê não queria ver?

Vou ao quarto-oficina de Marcio e Palito. Na porta há um macaco de pelúcia pendurado, mas o bicho não me desperta nenhum tipo de curiosidade. Estou concentrado na ideia de entender mais sobre bicicletas e equipamentos. Ao entrar, encontro Palito com a bicicleta de Marcio no cavalete. A de Guto ele já montou e está apenas dando os retoques finais.

O quarto de Marcio é praticamente do mesmo tamanho do quarto onde estamos eu, Adilson e Machado. A diferença é a janela, enorme no de Marcio e com vista para o Pacífico. A nossa dá para a piscina e é menor. Porém, nosso quarto não tem a parafernália de bicicletas e equipamentos, nem mochilas com uniformes e pastas com documentos. Apesar de serem só dois a dormir no quarto (Marcio e Palito), ele funciona como uma espécie de depósito da equipe.

Fico impressionado com a satisfação de Marcio naquele ambiente aparentemente tão caótico. Fui algumas vezes à sala dele no Grupo Pão de Açúcar e não tem nada a ver com aquilo. Quando Edson Greger se referiu à própria qualidade em organizar os arquivos do departamento que Marcio chefiava no Pão de Açúcar, não foi sem motivo. Marcio é aficionado por ordem. Na sala dele há inúmeros arquivos, e os temas institucionais de que trata — como o da salvaguarda dos vinhos nacionais — têm pastas exclusivas com todos os documentos possíveis: trocas de e-mail, atas de reuniões etc. Nada escapa ao memorial institucional do GPA e do setor que Marcio criou e administra há 11 anos. Depois de concluídos os trabalhos sobre os temas, a pasta vira um livro, devidamente encadernado e guardado. Além disso, a saída de todo e qualquer arquivo da sala dele é registrada, apontando quem levou, para que e quando.

No quarto de Marcio, em Oceanside, a organização não é a mesma. Ainda assim, o que me parece caótico preserva uma lógica particular para ele, que se desloca com relativa facilidade por ali e não parece ter muita dificuldade para encontrar os objetos que procura.

Feita a varredura analítica do quarto, observo a bicicleta de Guto. É algo diferente de tudo o que já vi. A cor chama a atenção, é de um azul brilhoso. As barras de fibra de carbono do quadro[25] são quadrangulares e não cilíndricas, como me acostumei a ver.

— Essa bike aqui é animal, cara. Ela tem 180 posições de ajustes: banco, guidão, quadro... — me explica Palito, com seu jeito de falar acelerado e ansioso, que, em alguns momentos, beira à gagueira.

— Deve ser uma fortuna — digo.

— No Brasil, uns R$ 50 mil. Aqui deve ser bem mais em conta. Metade ou menos da metade do preço.

Palito me explica que a bicicleta de Guto é de contrarrelógio — velocidade (*speed*) —, geralmente usada em provas disputadas em velódromos. Esse tipo de bike costuma ser mais leve e apropriada para o ciclista ficar curvado, em posição de cortar o vento. Por isso nem sempre são muito confortáveis.

Enquanto converso com Palito, Laurindo entra no quarto. Acho que é uma boa oportunidade de mostrar a ele a importância do meu trabalho. Chamo-o para a conversa, ele é *bike-fitter* e tem conhecimento de sobra para nos falar sobre esse tema. Assim que vê a bike de Guto, fica impressionado com a beleza, mas pondera que talvez não seja a melhor opção para uma RAAM.

— No caso de uma prova de resistência, pode ser vantajosa em terrenos planos e mesmo em descidas, mas exige demais do ciclista em subidas. A RAAM tem muito terreno acidentado, o ciclista se desgasta muito e, às vezes, precisa ficar mais ereto na bicicleta. Claro que é uma tremenda bike e que ter várias posições ajuda, mas a

---

[25] Estrutura da bicicleta que vai do encaixe do banco até o encaixe do guidão

Na tarde do dia 10, tive a oportunidade de acompanhar o trabalho de preparação mecânica das bikes de Leone, Guto e Mr. Milan, realizado pelo bike-mecânico Palito. Aprendi um pouco mais sobre o rico universo do ciclismo

do Marcio, por exemplo, apesar de ser mais simples, é mais apropriada pr'a prova.

Eu olho para a bicicleta de Leone e pergunto sobre ela.

— É uma mescla entre a do Marcio, específica pra *endurance* (resistência), e a do Guto, *speed*. — Laurindo se aproxima dela, segura-a pelo guidão e faz uma rápida análise. — É uma opção interessante para quem aproveita bem terrenos planos. É uma bike confortável e que se comporta bem também em subidas... Olha aqui, o quadro é grande, ideal pra ele que é um cara alto. O tamanho do quadro é o que vai determinar o conforto do ciclista, é o fator mais importante pra isso. O quadro tem de respeitar a altura dele... O quadro da do Guto — diz apontando na direção da *bike* azul brilhosa — também é grande. Tem de ser assim.

Palito segue seu trabalho enquanto converso com Laurindo, mas escuta tudo o que falamos e faz sua observação:

— A gente costuma dizer que bicicleta é que nem cueca, cada um tem a sua. Se o cara sente que 'tá confortável, é o que importa.

As *bikes* de todos os ciclistas são de fibra de carbono, material mais leve e de alta resistência. Há pouco tempo, eram de alumínio e, na minha época de moleque, que não faz tanto tempo assim, eram de ferro. A busca pela leveza no ciclismo é tão intensa e importante que até os suportes de caramanhola[26] são de alumínio ou de fibra de carbono. Mas nem sempre ser mais leve é a melhor pedida. Em descidas, por exemplo, o peso ajuda. Ele também pode minimizar os efeitos indesejáveis dos ventos que, de acordo com Marcio, são os maiores inimigos dos ciclistas.

Nesse sentido, como é inviável levar mais de uma bicicleta para a prova, uma maneira de tentar se adaptar as intempéries é pelas rodas. O ciclista pode levar um jogo de rodas mais leve para subidas e outro mais pesado para descidas. Também é possível usar perfil de roda — um disco de fibra, há de diversos tamanhos — que ajuda a diminuir a aderência da *bike* ao ar. Funciona bem com pouco vento. Com ventos, sobretudo laterais, os perfis complicam consideravelmente a vida dos atletas, que podem, literalmente, levar rasteiras do ar. No Kansas, ninguém usará perfis de roda, por exemplo.

— Hilário, no universo das bicicletas, a tecnologia anda no mesmo ritmo ou até em ritmo mais intenso do que no universo dos computadores — Marcio, que estava mexendo em uns papéis no quarto, entra na conversa.

Sua observação me faz lançar novo olhar para as *bikes*. Reparo nas catracas — era assim que eu chamava, na minha época de moleque, o sistema de marchas; Palito chama de "grupo" — e percebo que há diferenças. A bicicleta de Marcio parece ter menos marchas que a de Leone. Palito me diz que os grupos de marcha são um dos principais fatores de inovação dessa indústria.

---

[26] Recipiente, uma espécie de garrafa que pode ou não ser térmica, onde vai o líquido hidratante do ciclista

— A *bike* do Marcio é grupo de 10 [marchas], a do Leone, de 11 — diz Palito.

— 'Cê usa todas as marchas, Marcio? — pergunto.

— Uso.

Pergunto a Palito se é necessário uma de 11 ou se de 10 é o suficiente. Ele me diz que a de 10 é o bastante.

— Não é isso que vai fazer a diferença numa prova como a RAAM — completa.

— É uma questão de mercado, Hilário. Funciona que nem no segmento têxtil. Há como se fossem coleções, acabou uma, os caras "queimam" a "velha" e investem tudo para vender a nova coleção — comenta Marcio.

— A indústria americana dita o ritmo dos lançamentos, do que é moda, do que é novo e do que não é — acrescenta Palito.

Marcio, que terminou o que tinha para fazer no quarto, pede licença para sair. Ele irá a uma loja de suplemento alimentar com Guto. Gastarão um bom tempo e muito dinheiro. Machado, que, enquanto converso com Palito, dá uma rápida passada no quarto para fazer umas fotos, vai acompanhá-los. Ele já saiu do quarto e, junto com Guto, espera Marcio no estacionamento. Mais tarde, Machado me conta que cada um dos ciclistas gastou mais de US$ 1.500 em suplementos. Os valores impressionam, mas é importante considerar que, numa prova dessas, dois fatores, além do pedal, do suporte da equipe e do descanso, são de suma importância: hidratação e nutrição.

Eu fico com Palito, que segue seu trabalho. Ele já terminou as bicicletas de Guto e Marcio, agora finaliza a de Leone. Coloca óleo na corrente. O óleo é diferente dos que já vi e seu recipiente parece de colírio. Palito me explica que há, basicamente, dois tipos de óleo, um mais grosso e outro mais fino. O mais grosso serve para a disputa de provas em lugares úmidos e molhados.

— É pr'a chuva, mesmo. Já o mais fino é pra lugares mais secos. Exige mais cuidado, porque precisa ser colocado na corrente com mais frequência. O óleo grosso aguenta mais tempo.

Palito cuida das bicicletas como se fossem suas filhas. Marcio já tinha me falado sobre o capricho dele. É a segunda vez que ele participa da RAAM. Chegou à prova por meio de seu primo, Johny Lin, que, durante oito anos, integrou a equipe de Marcio. Ele resolveu sair para integrar outras equipes e abriu espaço para o primo. Lin está no mesmo hotel que a gente, com a equipe *Spirit of Brazil*, da dupla sul-americana formada pelo brasileiro Carlos Galvão e pelo argentino Oscar Galindez, multicampeão de triatlo. Foi também por causa de Lin que Palito descobriu sua paixão pelas *bikes*. Dono de uma bicicletaria, Lin deu a Palito seu primeiro e, até agora, único emprego.

— Comecei com 17 anos. Eu lavava as bicicletas, depois comecei a desmontar, aprendi a montar e assim fui entendendo do negócio.

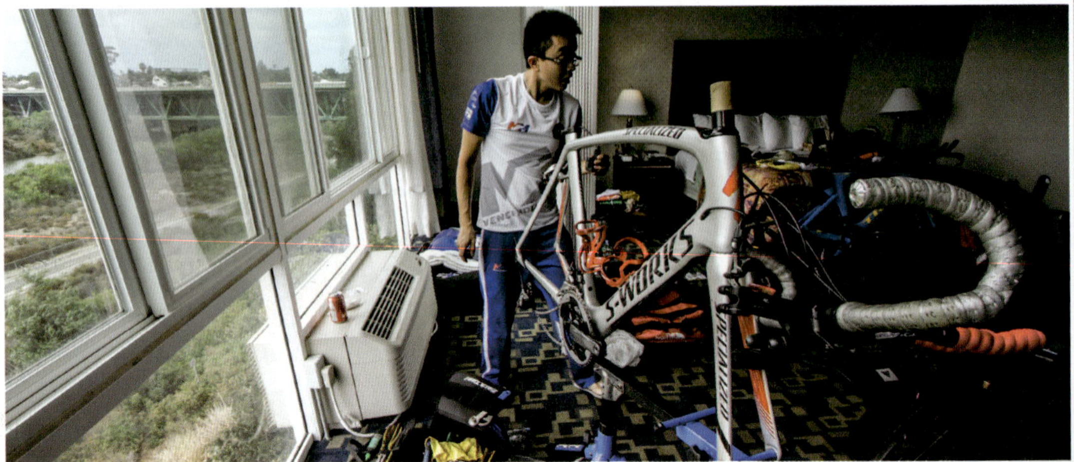

No hotel, em Oceanside, o quarto de Mr. Milan funciona também como mecânica e depósito da equipe. Apesar da aparente bagunça, Marcio domina bem o ambiente e não tem dificuldade para encontrar o que procura

Os veteranos da RAAM têm uma relação contraditória com a prova. É comum vê-los falando mal, dizendo que não virão mais, que é a última vez, mas, em sua maioria, sempre voltam.

— Eu não tinha muita vontade de vir, porque, sempre que meu primo voltava da RAAM, reclamava pra caramba. Mas aí eu percebi que ele reclamava, mas vinha, todos os anos. Quando o Marcio me chamou, pensei: vamos ver como é...

Palito gostou e parece disposto a vir sempre que for chamado.

...

Quem sempre foi chamado, sempre reclamou, ameaçou não voltar mais, mas sempre veio à RAAM com Marcio é Cambará, de quem Palito, aliás, quando não está trabalhando nas bikes ou fazendo algo a pedido de Marcio, não desgruda. Cambará é o "pai" de Palito na RAAM, como gosta de dizer Marcio. Depois da aula de bicicleta que recebi do jovem *bike*-mecânico, eu volto ao estacionamento do hotel, onde encontro o próprio Cambará trabalhando nas vans com Adilson e Wagner.

Para entender a relação entre Marcio e Cambará é preciso voltar a 2002, quando Marcio participou de uma prova-teste no Brasil que se inspirava na RAAM. João Paulo Diniz, um dos herdeiros do GPA na época, foi quem organizou o evento, que contou com a participação de quatro equipes e 16 ciclistas. A ideia dele era criar a RAAM brasileira. A largada foi em Fortaleza e a chegada em São Paulo.

— Foi tudo muito grandioso. Em vez de motorhome, havia um ônibus-leito pra cada equipe. Tudo pago pela organização da prova.

Marcio conta que uma multinacional forneceu alimento para os atletas e que a

infraestrutura dessa prova era algo inimaginável, muito acima dos padrões que ele consegue oferecer na RAAM. Apesar de ser agradável para os participantes usufruir desse luxo todo, a prova não era viável financeiramente do jeito que estava. A saída talvez fosse fazer como a RAAM, em que os participantes pagam pela inscrição e bancam sua equipe e infraestrutura de apoio. Ainda assim, para ser viável, a própria organização da prova nos EUA conta com imensa maioria de colaboradores voluntários.

O mesmo modelo no Brasil não vingaria: o ciclismo não é tão popular no país quanto é nos EUA e o poder econômico do brasileiro não é como o do americano. Para piorar, nossas estradas não ajudam. Realidade bem diferente da encontrada na RAAM, em que os ciclistas da Vencendo Desafios, nesta edição de 2014, podem levar apenas duas rodas e dois pneus reservas — a maioria faz isso — porque problemas dessa ordem são raros. Em quatro participações, por exemplo, Guto me conta que nunca teve um pneu furado.

Marcio participou ativamente da organização dessa prova-teste. Na ocasião, ele ainda cuidava da captação de recursos para a realização de eventos como esse e outros projetos esportivos do GPA. Outros personagens, que agora encontramos nesta RAAM, estavam com ele: Gayotto organizou o evento, Arap foi um dos ciclistas e Cambará, estafe.

— A RAAM brasileira não emplacou, mas me deixou curioso pra conhecer a original — Marcio me disse.

Durante dois anos, Marcio correu atrás das pessoas que podiam ajudá-lo nessa empreitada. Uma delas era Cambará.

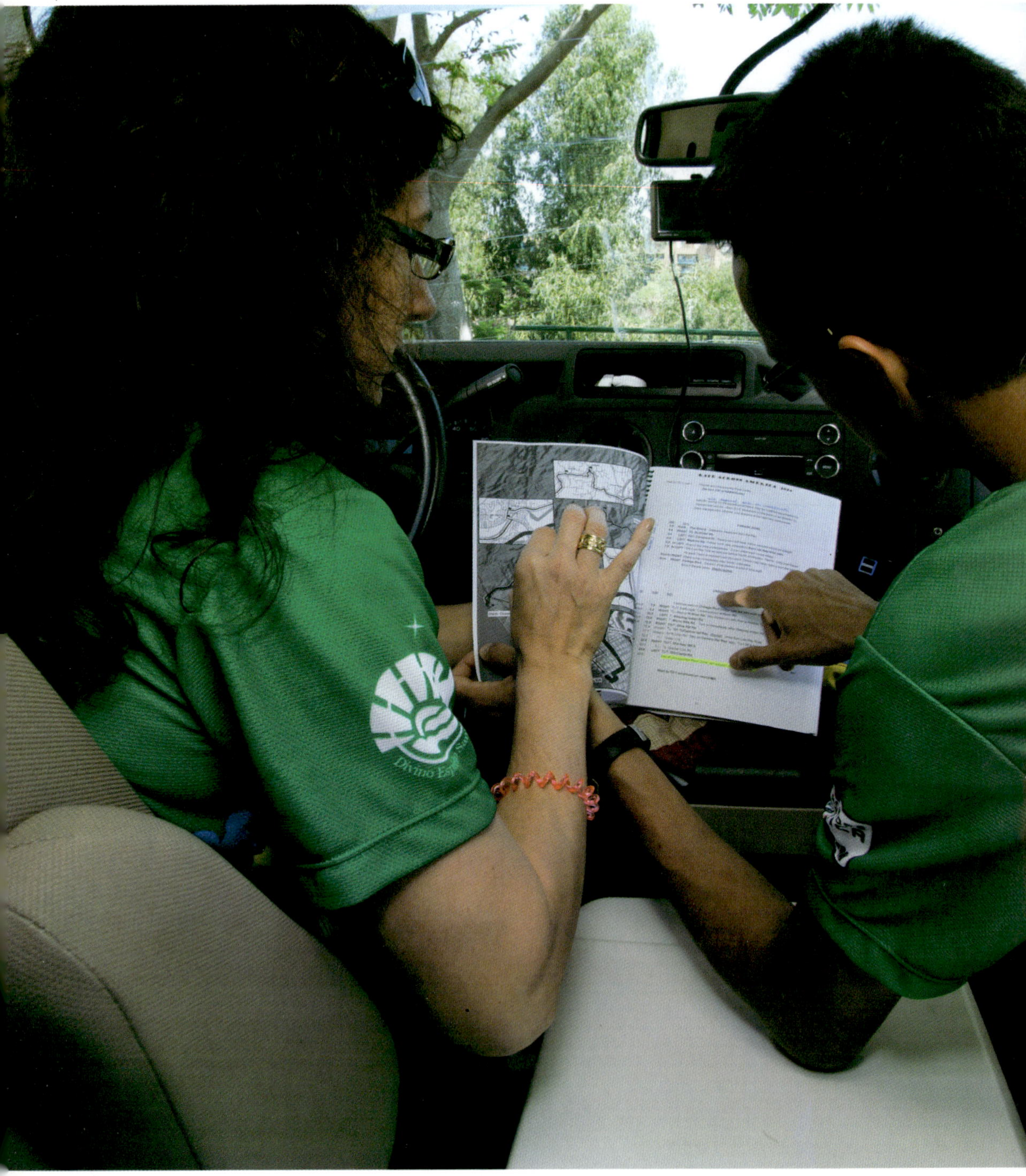

Capítulo

6

Mudanças de plano

Com a chegada de Joaquim na noite do dia 10, o quarteto de ciclistas da Vencendo Desafios está completo. No refeitório do hotel, no café da manhã do dia 11, eu o encontro. Joaquim já está à mesa com Bruno Lima, seu preparador técnico e físico. Ambos parecem bem dispostos e bem-humorados. Bruno é um jovem forte, de tez rosada, ar simpático e bonachão. Kim conta que ele foi ciclista profissional, pedalou pela seleção portuguesa de ciclismo, mas precisou deixar a carreira por um probleminha de saúde.

Enquanto ainda estou me servindo, os portugueses, que devem ter chegado uns 20 minutos antes de mim, levantam-se e saem do refeitório para dar lugar a outros hóspedes. Eu me sento à mesa com Marcio. Sua programação para o dia está definida: treino pela manhã, do qual Machado participará para fazer fotos, e, à tarde, visita a uma bicicletaria em Escondido, cidade bem próxima de Oceanside. Depois de visitar a bicicletaria, a ideia é fazer algumas compras para a equipe e, quem puder e quiser, também poderá fazer compras pessoais.

Eu não acompanharei o treino da manhã, seguirei para San Diego com Laurindo, onde buscaremos quatro dos seis integrantes que faltam para completar a equipe: Lígia Bejar, "a professora Lígia", nas palavras de Marcio; Gayotto; Ricardo de Oliveira, que é irmão de Adilson, e Marco Aurélio, o Marcão, ou "o professor Marcos". À noite, está prevista a chegada de Andreia Martins, a Kika, e de Ricardo Cortez, mais dois portugueses. Kika é filha de Joaquim e Ricardo é marido dela.

Laurindo conhece bem a Califórnia, mais especificamente San Diego e seus arredores. Morou aqui. Quando estamos passando por Mission Bay, região onde há um grande lago de água salgada, com uma ilha no meio, ele me conta que, embora o triatlo tenha ganhado visibilidade por causa do *Ironman,* disputado durante muito tempo apenas no Havaí, foi ali, naquele lugar propício para combinar corrida, natação e ciclismo, que nasceu o esporte.

A paisagem é linda, combina com a manhã ensolarada. Há muitas casas ao redor do lago, mas o verde das árvores e do que me parece um amplo gramado predomina. É possível ver pessoas navegando com pequenos barcos e praticando *windsurf*.

Chegamos ao aeroporto e encontramos os quatro, todos devidamente uniformizados, como reza a cartilha de Marcio. Estão perto da esteira de malas à procura de suas respectivas bagagens. Gayotto, o estreante, sujeito calvo, de pele bem clara, olhos azuis e que deve ter uns 45 anos de idade, é visivelmente o mais encantado com a chegada. Não é a primeira vez dele na Califórnia, nem em San Diego, e, em seu olhar animado, há uma boa dose de lembranças, imagino. Mas acredito também que exista a empolgação natural por sua primeira RAAM. Imagino que a maior parte dos estreantes que desembarcou em Washington tinha a mesma expressão de encantamento de Gayotto.

Lígia, Ricardo e Marcão, veteranos de RAAM, estão empolgados, mas me parecem mais curiosos em saber o que aconteceu durante a viagem de Washington a Oceanside. Lígia, de forma mais discreta, Ricardo e Marcão, de forma mais incisiva, querem saber de mim se já rolou algum estresse. A curiosidade deles é a confirmação de que a primeira travessia feita pela Vencendo Desafios é tradicionalmente tensa. Eu prefiro a cautela, a princípio, e digo que correu tudo bem, mesmo sob o risco de Laurindo me contradizer em seguida.

As malas chegam, vamos para a van, que está no estacionamento do aeroporto. Logo pegamos o rumo de Oceanside.

— Quer dizer então que 'cês não viram o enrugado?

Ricardo já me havia falado sobre o tal "enrugado" à beira da esteira de malas do aeroporto. Pelo contexto, fazia referência a algum momento de tensão durante a primeira travessia. Da primeira vez que ouvi, imaginei que pudesse ser uma referência à maneira como Marcio franze o cenho quando está nervoso, esbravejando. Não falei nada sobre minha inferência, apenas perguntei a ele o que era o "enrugado", mas Ricardo não me respondeu, talvez porque eu tenha respondido que tudo tinha corrido bem na primeira travessia. Mas ao ouvi-lo fazer a referência ao enrugado de novo na van, eu retomo a questão.

— Que diabo é esse tal enrugado?

Ricardo, um sujeito magro e alto, de fala rápida, adequada ao seu raciocínio bastante prático e matemático, diz que é quando o clima fica tão tenso que não passa nem agulha pelo... "de tão enrugado que fica". Digo a Ricardo que, a não ser durante a segunda madrugada da primeira travessia no Arizona, quando precisei dirigir em pé para não pegar no sono, não "vi" enrugado nenhum.

— O Arap uma vez me disse que achava mais difícil essa primeira travessia de carro do que pedalar a RAAM em quarteto — revela Ricardo.

Com exceção feita a mim e Gayotto, todos os que estão naquela van serão líderes de suas respectivas unidades. Além de Laurindo, chefe de toda a equipe, Lígia, que é educadora física de formação, *personal trainer* e participa de sua terceira RAAM, será a líder da van 3, a da imprensa. Marcio a escolheu pela experiência e pelo inglês fluente. Marcão, que participa de sua sexta RAAM — em duas delas foi ciclista —, também é educador físico, *personal trainer* e sócio numa empresa de ginástica laboral. Em 2014, ele será o líder da van 2, a de Marcio. Lígia e Marcão são chamados de "professores" por Marcio, porque trabalharam no Clube do Pão de Açúcar, onde foram professores dele. Ricardo, um cara da área de tecnologia, bom de cálculos, planejamento e que parece falar tão rapidamente quanto processa seus pensamentos, liderará a van 1, de Kim e Fábio. Assim como os outros líderes, está ligado ao esporte, é nadador de provas de longa distância, geralmente disputadas em mar ou represa.

...

Chegamos ao hotel pela hora do almoço e o clima não podia ser melhor. À tarde, todos estarão liberados para irem às compras. Marcio está de humor leve. A maioria seguirá o itinerário dele, primeiro irá à bicicletaria em Escondido e, depois, às compras num centro comercial em Oceanside mesmo. Durante o almoço, preparado por Chiquinho, que fica a maior parte do tempo dentro do *motorhome*, converso com Lígia. De repente, Marcio entra no *motorhome* e se dirige diretamente a ela...

— Professora, preciso conversar com você em particular. Assim que puder, por favor.

— Terminei de almoçar. Posso ir agora, Marcio.

— Então vamos.

Eles descem do *motorhome* e eu fico com a pulga atrás da orelha, porque vejo algumas pessoas que estão ali se entreolharem desconfiadas. Cambará é uma delas. Alguma coisa está acontecendo. Sem muito esforço, infiro que pode estar em curso uma mudança de plano, mais precisamente de formação da equipe. Por causa de tudo o que aconteceu durante a primeira travessia, mais o sumiço de Dadinho no dia anterior, estou desconfiado — e os demais membros da equipe também — de que Marcio não vai querer mais contar com Dadinho no estafe de sua van e que a melhor alternativa para substituí-lo é Lígia.

Apesar de não ter conversado com mais ninguém além de Laurindo, Machado e Adilson sobre a ausência de Dadinho aos trabalhos nas vans, eu tomo a liberdade de questionar Cambará a respeito do que me angustia...

— Cambis, 'cê acha que pode acontecer d'o Dadinho sair da van do Marcio e a Lígia sair da nossa pra ficar no lugar dele?

Sem muito rodeio, Cambará diz, fazendo que sim com a cabeça de forma enfática:

Kim, o português do quarteto de ciclistas e segundo atleta com mais tempo e quilometragem pela Vencendo Desafios, na RAAM, chegou a Oceanside, com seu preparador, o também português Bruno Lima, na noite de 11 de junho. No dia 12 de junho, Kim já tinha muito trabalho pela frente, não só em termos de pedal, mas também de caráter burocrático, como o preenchimento de documentos requisitados pela organização da prova

— Acho... 'Cê 'tá ligado que essa ideia já deve estar rolando, né?

...

Não é preciso ser muito perspicaz para chegar a essa conclusão. Se a prioridade são os ciclistas e os estafes das vans devem se dedicar abnegadamente a garantir o conforto dos atletas, é fundamental que esses voluntários estejam engajados e dispostos a servir, abrindo mão de caprichos e vaidades pessoais. Os voluntários das vans dos ciclistas terão de limpar a van, dirigir, navegar, preparar vitaminas, suplementos alimentares, lembrar-se de colocar a caramanhola na bicicleta, orientar os ciclistas, enquanto estiverem pedalando, para que não errem o caminho, lembrá-los de se hidratar etc. Esses estafes terão uma jornada de trabalho diária de 14 horas, em média, durante a prova.

Por todo o histórico até ali, parece-me que Dadinho não está disposto, nem preparado para isso. Na verdade, minhas impressões se confirmaram na noite do dia 10. Depois do jantar no *motorhome*, eu, Machado e Dadinho fomos tomar uma cerveja. A noite em Oceanside era agradável e fresca. O bar ficava em uma antiga vila portuária na parte sul de uma pequena enseada cheia de pequenos barcos e restaurantes. Naquele centrinho gastronômico havia um farol antigo bem conservado, pintado de branco e vermelho, que se pode ver do estacionamento do hotel.

Enquanto bebíamos e falávamos, a conversa inevitavelmente caiu no ponto em que tinha de cair. Dadinho criticou a forma como Marcio liderava a equipe até ali. Discordava do método dele e o considerava antiquado, militar e centralizador. Achava que era preciso mais diálogo e maior entendimento das especificidades de cada membro da equipe.

— Cara, desculpa, mas eu não aceito esse tipo de liderança — dizia-nos Dadinho. — E não adianta depois vir dizer pra esquecer o que não foi bom e não trouxe conhecimento. O ser humano não funciona assim.

Para mim, o que Marcio disse no primeiro almoço em Oceanside fechava um quebra-cabeça e, embora não justificasse tudo, justificava muitas de suas atitudes. Naquele almoço, eu comecei a entender Marcio e respeitar sua estratégia e sua forma de liderar. Forma que me parecia apropriada para a RAAM, mesmo que incômoda nalguns momentos, pela sua natureza disciplinadora e marcial. Aliás, Marcio é sinônimo de marcial. Significa "dedicado à Marte", deus romano da guerra e regente do signo de Áries, justamente o de Marcio.

Sobre centralizar as decisões, em alguns momentos, eu também tinha a impressão de que Marcio achava que, se não fosse ele mesmo a fazer, a controlar, nada daria certo, o que talvez fosse natural, considerando que havia muitos novatos no time durante a primeira travessia e nenhum dos líderes de vans, todos experientes, com pelo menos duas provas no currículo, estavam conosco naquele primeiro momento. Talvez ele quisesse delegar desde o princípio, mas, pela imaturidade da equipe, não recebeu a resposta que esperava e se viu obrigado a dar o choque que deu.

Ponderei isso ao professor e ainda contrapus que não dava para liderar considerando as particularidades de cada membro do time. Tampouco me pareceu possível fazer uma profunda preparação para que a equipe chegasse impecável aos EUA. Todos os membros do estafe trabalhavam, tinham família, tocavam suas vidas... Reuni-los em alguns fins de semana ao longo do semestre que antecedeu a prova já tinha sido bem complicado. Marcio me parecia sempre estar disponível para se reunir e esclarecer dúvidas, mas nem todos estavam igualmente disponíveis. A elaboração de uma cartilha para todos os integrantes mostrava seu cuidado e preocupação em esclarecer, ao máximo, todas as questões da RAAM aos integrantes da equipe.

Durante treino, no dia 12 de junho de 2014, Mr. Milan é abordado, em Encinitas, cidade vizinha a Oceanside, por ciclistas locais que lhe fazem perguntas sobre sua equipe e sobre sua história na RAAM

— Cara, nunca participei de uma equipe tão certinha. Tudo organizado, bem informado. — Guto, folheando a cartilha da equipe, estava sinceramente impressionado ao me dizer isso na última reunião da equipe antes do embarque.

Porém, assim como na vida, durante a RAAM, inúmeras vezes, a turbina tem de ser consertada em pleno voo e cabe às pessoas se adequarem ao modelo de liderança de Marcio para que essas trocas sejam bem-sucedidas. Afinal, ele é o cara mais experiente, mais preparado e o dono da equipe. Foi assim que passei a enxergar os fatos a partir do primeiro almoço que realizamos em Oceanside.

Relembrei a Dadinho que o próprio Marcio havia nos dito que a ideia dele, na primeira travessia, era nos colocar na situação mais estressante possível para ver qual era nosso nível de resiliência, se estávamos preparados para o que nos reservava a prova e o *modus-operandi* da Vencendo Desafios. Porém, meus argumentos eram estéreis. Dadinho estava convencido de suas ideias.

Havia, ainda, na minha observação, uma boa dose de vaidade profissional por parte do professor naquela história toda. Ele talvez quisesse ter outra função na equipe. Suas palavras deixavam subentender, para mim, que desejava ser uma espécie de conselheiro mor de Marcio, a eminência parda da Vencendo Desafios. Depreendi isso, principalmente, da insistência do professor em dizer, durante nossa conversa no bar, que "um bom líder deve ser capaz de extrair o melhor das pessoas". O melhor de Dadinho, no caso, imagino, seria seu conhecimento como *coach* em liderança.

Com algumas cervejas na cabeça, mas confesso que não precisava delas para tanto, eu disse ao professor que achava que ele queria ser esse conselheiro mor, a eminência parda da equipe, o *coach* de Marcio; ao que me respondeu:

— Claro que eu quero ser importante, ter liderança. Você não quer?

— Quero. Mas não quero ensinar Marcio a liderar sua equipe na RAAM.

O correr dos fatos revelaria que alguns dos integrantes da equipe inspiravam profundo respeito em Marcio e ele fazia questão de procurá-los antes de tomar qualquer decisão. Assim, a tal da eminência parda era uma função possível ao professor, mas talvez lhe tenha faltado habilidade política e afinidade ideológica com Marcio para assumi-la. Mais do que isso, faltou-lhe o que sobrava nas pessoas que, de fato, atuaram como conselheiras de Marcio na prova: dedicação às suas outras atribuições como estafe.

Em síntese, nesse contexto e ciente de que o livro não é o mais importante sob a óptica de Marcio, sei que qualquer mudança necessária para a melhoria do desempenho dos ciclistas pode e deve resvalar na estrutura da van da imprensa. Logo, passa pela minha cabeça que Marcio pode trocar Lígia por Dadinho. É a solução mais óbvia. O problema é que Dadinho é tão experiente quanto eu, Machado e Adilson. Nesse caso, seriam quatro novatos na mesma van. A ideia não me agrada em nada. Precisamos de alguém experiente em nosso carro, alguém que conheça a prova para garantir que não faremos bobagens que possam prejudicar a equipe, nem os trabalhos que eu e Machado realizaremos.

...

A conversa entre Marcio e Lígia não levou mais que dez minutos e, na primeira oportunidade que tive, fui atrás dela e perguntei:

— Desculpe a intromissão, Lígia, mas por acaso a conversa que você teve com o Marcio não tem relação nenhuma com uma possível saída sua da nossa van, não, né?

— Não! Por quê?

Ela estava sinceramente surpresa com a minha abordagem, o que me pareceu um ótimo sinal. Achei, então, que valia a pena jogar com o máximo de transparência e disse tudo o que havia acontecido desde o dia 5 de junho, quando embarcamos em Guarulhos. Expliquei a ela quais eram as minhas desconfianças e porque eu as tinha. Lígia me olhou atentamente com seus olhos claros e discretos, quase escondidos atrás das lentes dos óculos. Parecia um pouco confusa, tentando compor o cenário em sua cabeça e entender se havia sentido no que eu estava dizendo. Depois, como se tivesse entendido tudo, disse:

— Wagner, o Marcio só me pediu pra cuidar de uns papéis que precisam ser preenchidos e entregues na organização... Fica tranquilo, sou líder da van 3. Nada mudou, nem eu quero que mude.

...

Como combinado, depois do almoço, estamos todos livres. Eu passo a tarde com Lígia, Marcão e os irmãos Ricardo e Adilson. Encontramos Marcio em duas oportunidades; primeiro na bicicletaria em Escondido, depois, numa loja de artigos eletrônicos num centro comercial. É justamente na loja de eletrônicos que a história da troca Lígia-Dadinho volta à tona, agora de forma bem mais límpida e cristalina.

Eu estou com Ricardo e Adilson quando Marcão, um sujeito alto, forte e quase sempre de boné, com seu jeitão despojado e espontâneo, aproxima-se e, de forma afável e discreta, puxa-me de lado para tratar de assunto sigiloso:

— Wagnão, o que aconteceu entre o Dadinho e o Marcio? Seja franco comigo. Você 'tá acompanhando tudo. Me diz o que houve porque o Marcio acha que ele não tem perfil pra trabalhar na van dos ciclistas e está decidido a fazer mudanças. Eu preciso entender o que aconteceu. Pr'o Marcio estar decidido assim, alguma coisa aconteceu.

Marcão está numa saia justa. Toda a equipe de apoio da van 2 foi escolhida por ele. Por isso, o que Marcio lhe diz, mesmo que indiretamente, é uma cobrança. Marcão precisa saber mais sobre todo o ocorrido e escolhe o jornalista para servir de fonte de informação. A princípio, parece-me claro: a solução, aos olhos de Marcio, é Lígia no lugar de Dadinho. E, ao que tudo indica, se depois de avaliar friamente, Marcão concluir que Dadinho não tem perfil de estafe de van, ele também defenderá Lígia na van 2.

— Marcão, acho que o Dadinho não pegou o espírito da coisa ainda, mas se você conversar com ele, pode ser que mude.

Ele quis saber o que significava não "ter pegado o espírito da coisa" e eu disse que ele estava desestimulado em relação aos afazeres de estafe e divergia da maneira como Marcio exercia a liderança da equipe. Marcão fez aquela cara de quem está

Ainda no dia 12 de junho, Machado e eu aproveitamos para, também, treinar a nossa dinâmica para a realização das fotos durante a prova. O cenário litorâneo do sul da Califórnia e a visita a bicicletarias, nas quais Mr. Milan, em outras oportunidades, fez compras, marcam os trabalhos

pensando, mas não me disse mais nada. Na primeira oportunidade que tive, procurei Lígia para dizer que a minha suspeita da tarde estava se concretizando e que, em breve, ela seria chamada para a van de Marcio.

— Juro que o Marcio não me disse nada — respondeu Lígia. — Se vier me falar alguma coisa, digo que prefiro seguir com vocês, que é verdade. Mas você sabe que eu não decido.

...

Na noite do dia 11, por volta das 21h, a equipe finalmente estava completa. Cortez, um gajo baixinho de óculos de grau com lentes bem grossas e uma expressão que parece ser eternamente amigável, e Kika, uma rapariga de cabelos escuros, magra, delicada e educadíssima, chegaram. Kim decide que jantará com eles no Denny's e chama as pessoas que estão no *motorhome* para acompanhá-los. Eu vou. Ricardo, Adilson, Marcão e Bruno também.

Quando retornamos do jantar, somos surpreendidos com uma triste notícia: Arap desistiu da prova. As informações sobre a causa são confusas. A princípio, dizem que ele teve um problema muscular na coxa, mas, depois, a versão é de que exagerou, pedalou quase dezesseis horas seguidas, sem descansar, porque, quando tentou dormir, não conseguiu e isso o levou à estafa muscular e mental.

— Ele já 'tá no hotel — disse-nos Cambará.

Eu vejo o *motorhome* de Arap no estacionamento. O clima é ruim entre os membros de nossa equipe. Havia uma expectativa grande em relação à sua participação. A última notícia que tínhamos recebido, ainda durante o passeio da tarde em Escondido, era de que Arap havia ultrapassado muitos concorrentes e estava pedalando forte. Sua desistência de modo tão precoce (tecnicamente foram 16 horas e quatro minutos de pedal) não passava pela cabeça de ninguém. Só vendo para crer, mesmo!

Fomos dormir tristes pela saída de Arap, mas tínhamos de seguir pedalando nossos afazeres e, na manhã do dia 12, assim que tomamos café, pusemos pé na estrada costeira do sul da Califórnia para acompanhar o treino de Marcio. Durante aquele treino, simularíamos parte da dinâmica que o carro da imprensa iria executar para fotografar Marcio durante a prova. Por isso, eu segui ao volante e Machado, clicando.

Em alguns momentos, ele clicava Marcio da janela do carro. Eu emparelhava a van com a *bike* de Marcio e Machado o clicava lateralmente, em movimento. Noutros momentos, nós o ultrapassávamos, ganhávamos boa distância, parávamos a van e Machado descia para pegar Marcio de frente, diagonalmente de frente ou, mesmo, de costas e, também, diagonalmente de costas. Esse seria o procedimento padrão durante a RAAM e já havia sido durante o simulado em março.

O treino de Marcio, nesta manhã, é exclusivo para a equipe de imprensa. Há momentos em que ele para de pedalar para fazer fotos posadas, o que não conseguiremos na RAAM. Também passamos por alguns lugares emblemáticos para Marcio, onde o fotografamos. Há duas bicicletarias e, sempre que ele vem a RAAM, procura visitá-las; uma em Leucadia (Leucadia Cyclery) e outra em Encenitas (Nytro), duas cidadezinhas praianas e vizinhas a Oceanside. Aliás, impressiona a quantidade de bicicletarias na região. Exagerando um pouco, dá para dizer que é como padaria em São Paulo.

Enquanto estamos fotografando Marcio em frente à bicicletaria em Encenitas, surgem dois californianos, ciclistas por *hobby*, que se atraem pelos adesivos em nossa van, em que a bandeira brasileira se destaca, e querem saber mais de Marcio e da nossa equipe. Marcio conversa com eles. Os gringos, Jaime Parady e Kevin Kelly, ficam encantados com a história da Vencendo Desafios e de Marcio. Desejam sorte e se despedem.

Nós tomamos o caminho de volta. Marcio diz que quer apertar um pouco o passo. Deixamos Marcio apertar o passo e nos separamos. Machado pede para pararmos numa cafeteria, que já não aguenta mais o café aguado dos americanos e precisa, quase como um abstêmio, de café expresso. Paramos num Starbucks, em Calrsbad, e tomamos um expresso.

...

De volta ao estacionamento do hotel, que está mais movimentado que de hábito com a presença de Arap e sua equipe, eu e Machado encontramos Marcio conversando com Arap. Não quero ser deselegante de me aproximar inadvertidamente. Além disso, Marcio me pediu que não tratasse com Arap sobre o que havia acontecido na prova para que ele a tivesse abandonado. Foi um pedido enfático e eu respeitei. Fico por ali perto, conversando com Cambará, Laurindo e mais um pessoal, de olho para saber o que está acontecendo.

De repente, Marcio se aproxima de Cambará para dizer que Arap precisa levar o *motorhome* até a costa leste, Nova York, onde o alugou.

— Ele veio perguntar se a gente não queria fazer isso por ele — diz Marcio.

— Mas vai ter gente pra levar? — Questiona Cambará.

— Parece que eles podem liberar duas pessoas do estafe deles. Aí a gente coloca mais um do nosso time no *motorhome* novo.

— Eu não acho a ideia boa, não. Sei lá. Vai dar mais trabalho.

Marcio argumenta que o *motorhome* pode ser uma espécie de carro-descanso para toda a equipe. As pessoas poderão tomar banho nele, já que o boxe do chuveiro do *motorhome* nº 1 virou depósito de bebidas e alimentos industrializados. A ideia de Marcio é aumentar a qualidade de vida dos ciclistas e do estafe. Eu gosto da ideia.

Cambará não está convencido, mas as pessoas ali envolvidas na discussão endossam as palavras de Marcio e Cambará não se encoraja a defender seu ponto de vista.

Marcio deixa a rápida reunião com o pessoal da equipe e volta para fechar o esquema com Arap, que aparenta estar bastante debilitado, com olheiras e certa palidez. Enquanto Marcio conversa com Arap, Cambis comenta:

— Sei lá, viu... Acho que isso não vai dar certo. Mais gente, mais coisa pra se preocupar.

Poucos minutos depois, Marcio volta dizendo que Marcio Ernandes, o massagista, e Péricles serão incorporados à nossa equipe.

— Falta saber quem do pessoal que já estava alocado no nosso time vai pr'o novo *motorhome*... — diz Marcio.

Penso que pode ser Dadinho, mas não falo nada, afinal, quem o substituiria na van de Marcio?

— Pode ser o Wagner [dos Santos] — pensa alto, Marcio... — Bom, vamos ver. Vou pensar e depois decido.

Se Wagner pode ir para o novo *motorhome*, por que não ir para a van 2 no lugar de Dadinho? Não consigo evitar essa reflexão, tenho vontade de dizê-la a Marcio, mas prefiro o silêncio. No contexto que imagino, Dadinho iria para o *motorhome* 2 (novo), Wagner para a van 2 — já provou que é comprometido e pau-pra-toda-obra —, e o *motorhome* 1 teria Chiquinho na cozinha, Cambará, Laurindo e Cortez se revezando ao volante e na navegação. Camabrá e Cortez concentrariam um pouco mais a navegação e a direção, já que Laurindo tinha suas atribuições de líder para cumprir: estar atento às necessidades das vans dos ciclistas, em contato com a organização da prova, enfim. Mais uma vez, cabe a Marcio a decisão.

Depois de fechada a inclusão de mais um veículo e mais dois novos integrantes, fomos, por volta das 13h, em Oceanside, assistir à estreia da seleção brasileira na Copa do Mundo que, pela segunda vez, é disputada no Brasil. O jogo é contra a Croácia e em São Paulo, de onde saímos. O restaurante aonde nós vamos para assisti-lo é o mesmo em que fui com Dadinho e Machado dois dias antes. A equipe está quase toda lá e fazemos um barulho, com certeza, incomum aos padrões americanos. No fim, o Brasil vence, mas não convence e uma sensação de "mais uma vez perderemos o caneco em casa" fica evidente[27].

De qualquer maneira, pudemos tomar uma cervejinha, relaxar e jogar um pouco de conversa fora. Marcio segue de bom-humor. A má atuação do Brasil não lhe tira a alegria que tem demonstrado desde que chegamos a Oceanside. Na verdade, Marcio

---

[27] Quase um mês depois, a sensação se confirmaria com a mais vexatória derrota da história da seleção em Copas do Mundo; o ultrajante 7 a 1 para a Alemanha, em pleno Mineirão, na semifinal.

Mr. Milan treina com o mar de Encinitas ao fundo

não é do tipo de pessoa que se abala por causa de resultado de futebol. Ele assiste à partida claramente compenetrado, não se detém a conversas paralelas. Só fala de vez em quando. É seu jeito. Quando se dispõe a fazer algo, imerge.

Lígia está ao meu lado, parece entretida com o jogo, mas, num determinado momento em que a partida esfria, numa frase solta, ela revela por onde sua cabeça, de fato, anda.

— A gente só descobre o que é a RAAM quando ela começa. Antes de começar, a gente acha que já entendeu, só acha.

Cada vez mais, o que disse Cambará, no nosso primeiro almoço em Oceanside, faz sentido: "Cada RAAM é inédita". É por isso que Marcio volta todos os anos. Com palavras diferentes das de Cambará, ele já me havia dito, em São Paulo, que nenhuma RAAM é como a outra e essa é a graça. Segundo ele, a graça é sair da zona de conforto e descobrir, a cada ano, algo novo sobre si mesmo.

— Já tinha acontecido de vocês pegarem um *motorhome* extra? — pergunto a Marcio quando estamos indo embora.

— Nunca. É inédito.

À tarde, depois do jogo, todos voltam ao trabalho, dão um tremendo gás nas vans porque, no dia seguinte, será feita a vistoria pela organização da prova. A partir do momento em que tudo estiver em ordem e aprovado pela organização, o próximo passo é largar. Lígia pede minha ajuda para providenciar tudo o que precisamos colocar na van: isopor para acondicionar bebidas e alimentos, papel higiênico, telefones úteis, lenço umedecido e por aí vai. Feito o *check-list* da van da imprensa, vou ajudá-la na van de Marcio.

A tarde vai caindo fria enquanto trabalhamos. Antes de anoitecer, deixamos tudo pronto. É hora de eu ir para o quarto tomar um banho. Quero dormir cedo. Não vou ficar acordado, mesmo que Marcio fique. Isso pode parecer pouco profissional para ele, mas preciso dormir mais do que tenho dormido. Ainda não compensei as poucas horas de sono que tive nos dois dias e meio cruzando os EUA e, além disso, o congestionamento nasal, fruto da água que joguei na cabeça e do vento gelado do deserto, segue a me incomodar.

Depois do banho, vou jantar. Encontro Marcio no *motorhome*. Ele abre duas garrafas de vinho enquanto jantamos. Há uma porção de gente conosco. Tomo dois golinhos de vinho e vou dormir.

...

— Não sei se você já sabe... — começa Marcio em tom solene. Ele usa uma camiseta com a imagem do anjo Miguel, o anjo guerreiro e protetor da Igreja Católica. Estamos em seu quarto, na manhã do dia 13. É logo depois do café da manhã e nos preparamos para os vários afazeres que a equipe terá nesse dia, véspera da largada. — [...] Acho que não, porque quando a gente decidiu 'cê já tinha ido dormir, mas, ontem à noite, a gente definiu que o Dadinho vai pr'o *motorhome* 2 e o Wagner assume o lugar dele na minha van.

Tomei nota da informação e recebi, da melhor maneira possível, o toque. Da próxima vez, ficaria acordado para não deixar margem para ironias do destino. Como jornalista, incomodou-me saber da decisão só depois. Incomodou-me ainda mais porque parecia que Marcio tinha esperado eu ir dormir mais cedo para decidir.

Embora a relação de Marcio com todos tivesse melhorado desde a nossa chegada a Oceanside, ele não me procurava para tratar de suas impressões sobre a equipe, como fizera, ainda no avião, de Guarulhos a Washington. A primeira travessia havia nos distanciado um pouco, ou ele não queria que assuntos espinhosos entrassem no livro, não queria julgar ninguém a mim e influenciar minha leitura dos fatos. Ao falar da troca decidida na noite anterior, Marcio não entra no mérito, nem no demérito de ninguém. Eu tento fazer com que me diga algo, mas ele me olha, faz uma expressão contrariada e diz:

— Você acompanhou tudo o que aconteceu. Não quero falar. 'Cê já percebeu que eu preciso de todo mundo muito envolvido e engajado na van. Não tem jeito.

Marcão costuma dizer que é na van dos ciclistas onde a RAAM realmente acontece. Sob esse ponto de vista, Wagner deu sorte com a troca. Pergunto a Marcio se vale a pena falar com Dadino e Wagner sobre a mudança e ele concorda. Encontro Wagner, ainda no estacionamento, e ele me diz que não foi à RAAM para escolher função.

— Wagnão — disse-me —, a gente tem de aprender o valor do "sim". Falam tanto em saber dizer "não", mas é o sim que te dá história pra contar, não é o não. Não planejei ir pra van 2. E daí? A graça é o desafio... Não é esse o espírito da equipe?

Wagner é engenheiro mecânico especializado na área de materiais não metálicos para uso na indústria automobilística. Hoje presta serviços de representação técnica e comercial nesse segmento. Durante muito tempo, atuou em multinacional do setor automobilístico até se aposentar e abrir sua microempresa. Ao ouvi-lo falar, chego à conclusão de que os engenheiros têm um bom perfil para a RAAM. Além dele, Adilson me mostra isso.

Dadinho também se diz contente com as mudanças. Ao menos é o que diz quando pergunto sobre a troca a ele.

— Gostei. O trampo na van é *punk*. 'Cê viu como funciona? Qualquer uma das opções, ir pr'a van da imprensa ou pr'o *motorhome*, era melhor do que ir com os ciclistas.

O depoimento de Dadinho revela que a possibilidade de ele vir para a imprensa fora aventada e chegaram a comentar com ele. De qualquer maneira, a decisão estava dada e me parecia a melhor possível a todos.

RACE ACROSS AM
T429D

Capítulo

7

Go!

Pouco antes do meio-dia, a primeira leva de integrantes da Vencendo Desafios chega à sede da RAAM na orla da praia. São os líderes da equipe e dos veículos que participarão de uma reunião sobre as regras da prova[28]. Estou com eles, cobrirei a reunião[29].

Durante a maior parte do tempo, a palestra feita pelo presidente da RAAM, Fred Boethling, é entediante, mas, em alguns momentos, chama a atenção, como quando fala dos cachorros selvagens e agressivos que vivem nas comunidades dos índios navajos, na divisa entre Arizona e Utah. A organização também alerta que, na região desértica da Califórnia, em razão do asfalto abrasivo e do calor de 52º C, os carros podem pegar fogo se ficarem muito tempo parados no acostamento.

Enquanto estamos na reunião dos líderes de equipe, os demais integrantes passam os carros pela vistoria da prova. Tudo corre bem em ambas as frentes. É hora de nos prepararmos para a Convenção de Abertura da RAAM 2014. Como pede o protocolo, estamos todos uniformizados. Marcio já tirou a camiseta do anjo Miguel e traja a camiseta da equipe e a bermuda de ciclista. Só não está de sapatilha, nem de capacete, obviamente. Os demais ciclistas estão igualmente uniformizados.

Na quadra poliesportiva repleta de cadeiras, onde, há pouco, rolou a reunião dos líderes de equipe, os diretores da RAAM dão início à solenidade. Muito do que já tinha sido dito na reunião anterior é repetido. Eles repetem, por exemplo, que o horário de referência para registro dos tempos das equipes nos *time-stations* (TS) será o da costa leste, de três horas a mais em relação ao da Califórnia.

Ao todo, durante a prova, serão 55 TS. Em dois dos TS, o 15 e o 52, a equipe é informada de possíveis penalidades[30] que, dependendo do grau, podem resultar em desclassificação. A presença de Lígia em nossa van é importante também por isso; ela sabe o que podemos e não podemos fazer. Uma penalidade simples a que estamos sujeitos pela dinâmica do nosso trabalho é a de comboio. Os carros da equipe não podem andar a uma distância entre si inferior a 100 metros. Outra bastante possível é estacionar no acostamento das estradas sem deixar, ao menos, um metro e meio de distância entre a van e a faixa de acostamento. É o espaço mínimo de que precisa o ciclista para passar sem invadir perigosamente a pista. Em áreas de escape maiores, onde caibam muitos carros, não podem parar mais que dois da mesma equipe.

Faz um calor medonho no ginásio poliesportivo. Nem as portas abertas nos salva. Se já tinha sido difícil se atentar aos dizeres na reunião de líderes, quando havia bem menos pessoas e o calor não era assim tão intenso, que dirá agora. Há conversas paralelas em todos os cantos, porém nossa equipe se destaca. Marcio está concentrado no cerimonial. Eu fico mais de olho nele que de ouvidos nas palavras dos diretores da prova. Suando, ele observa o evento. Parece cheio de expetativa.

Quando acabam as instruções protocolares da direção de prova, começam a ser apresentadas as equipes. Vez ou outra, Marcio é traído por um sorriso provocado por algum brado eufórico de Marcão, disparadamente o mais empolgado. Parece criança embaixo do bexigão recheado de bala prestes a ser estourado na festa do amiguinho. Para o azar dos comedidos dinamarqueses, alemães, ingleses e outros povos mais contidos, somos um dos últimos times a ser apresentado. Eles vão ter de escutar nossa ansiedade até o fim. Porém, ninguém demonstra o menor tipo de incômodo conosco; riem e muitos entram na brincadeira, também extravasam suas doidices.

Equipe após equipe, os organizadores vão apresentando os principais atores do espetáculo, os ciclistas, que se levantam de seus lugares e vão para o palco posar para fotos. Primeiro chamam todas as duplas, depois os quartetos e, por fim, os octetos. Na nossa vez, o barulho é ensurdecedor. Já seria se apenas nós gritássemos, mas os demais participantes presentes, íntimos da nossa extroversão, dão-se o direito de gritar quando somos chamados. Nada mais justo.

Marcio quer inovar e retribuir aos organizadores da RAAM o carinho que recebe deles todos os anos. Ainda no aeroporto, em Guarulhos, ele comprou uma bola oficial da Copa do Mundo e uma mascote de pelúcia do evento, o Fuleco, para en-

---

[28] A quantidade de regras existente na RAAM é enorme e preenche 26 grandes páginas do *route book*, com letras miúdas. Ao longo da narrativa, o leitor poderá ler a explicação de algumas regras com exemplos e contraexemplos. Importante é deixar claro que a grande quantidade de regras da RAAM visa assegurar a integridade de todos os participantes e também das pessoas que passam pela estrada enquanto a prova acontece.

[29] O termo "cobrir" no jornalismo significa apurar informações.

[30] As penalidades, na RAAM, são cumulativas e quanto mais faltas se cometem, pior se torna a penalidade. Por exemplo, uma penalidade ordinária resulta na perda de 15 minutos; duas penalidades, mais 15 minutos; três, mais 30 minutos; quatro, 45 minutos; e cinco, mais 60. A partir da quinta penalidade, qualquer falta resultará na desclassificação da equipe. Vale observar que há, ainda, as faltas graves. Por exemplo, manobras ou condutas que impeçam o tráfego de outros carros e demais equipes. A quantidade tolerada também é de cinco faltas, mas o tempo perdido é bem maior: uma falta, uma hora; duas, mais uma hora perdida; três, mais duas; quatro, mais três horas; e cinco, mais quatro.

Um dia antes da largada, a organização da prova faz a vistoria dos carros que participarão da corrida, os líderes de veículos participam de uma palestra instrutiva e o evento é oficialmente aberto, em uma solenidade. É nesta ocasião que Mr. Milan, com a ajuda de Vicenzo, filho de Leone, presenteia os organizadores com uma bola oficial da Copa do Mundo do Brasil

Bike
US for MS
USA
David White
Jeff Zaniker
John Zaniker
David Wise

tregar aos organizadores. Não satisfeito em presenteá-los, ele quer fazer de maneira diferente. Ainda em Guarulhos, ele me disse que iria sugerir a Leone que Vicenzo e Eduarda entregassem os presentes. A RAAM tem duas solenidades, a de abertura e a de encerramento. A bola oficial da Copa será entregue por Vicenzo, na abertura, e o Fuleco, por Duda, no encerramento. Assim é feita a primeira parte do plano. Além dos quatro ciclistas, Vicenzo também se encaminha para o pé do palco. Eu fico com a equipe, no fundão do ginásio, e reforço o coro desafinado de gritos entusiasmados. Mas Machado está lá e registra a expressão de felicidade de Marcio. De mãos dadas com Vicenzo, que carrega a bola com cara de guerreiro espartano, Marcio caminha em direção aos diretores da RAAM.

...

No caminho de volta ao hotel, depois da solenidade de abertura, os líderes das vans combinam uma reunião com suas equipes para estudar o *route book* do início ao fim. A ideia é repassar a regras essenciais e reforçar a necessidade de constante comunicação entre os veículos. No nosso caso, essa comunicação será especialmente importante, já que eu e Machado, embora tenhamos como quartel general a van da imprensa, teremos de circular pelas outras vans também, sobretudo a de Marcio.

Pelo que soube, esse encontro tradicionalmente envolve apenas as equipes das vans. A turma do motorhome nunca participa, mas Laurindo, como líder da equipe e estreante na prova, quer estar presente também. Porém, ele tem de ir ao supermercado fazer compras e quer que a reunião só comece depois do seu retorno. Antes de saber da intenção de Laurindo, o combinado é nos encontrarmos às 19h30 no refeitório do hotel.

Chegamos da festa de abertura da RAAM por volta das 19h. Ainda dentro da van, depois de ouvir que a reunião será feita às 19h30, Laurindo se manifesta, dizendo que quer participar, mas precisa ir ao supermercado antes. Não sei se o escutam, porque estão saindo da van e muitos falam ao mesmo tempo em conversas paralelas. A proposta de fazer a reunião às 19h30 tem a ver com o tempo. Será uma reunião longa e, quanto antes começarmos, melhor. Ninguém quer dormir tarde. Será a última noite longa e confortável antes de, no mais otimista dos cenários, encararmos seis noites seguidas de sono precário.

Cada um segue para seu quarto, dá uma rápida passada pelo banheiro e, às 19h30, estamos todos no refeitório, menos Laurindo e Wagner, que provavelmente foi escalado para acompanhar o chefe ao supermercado.

Os líderes, capitaneados por Marcão, fazem um breve preâmbulo em que resumem a essência da RAAM. Falam sobre a necessidade de respeitarmos as regras, de colocarmos os ciclistas acima de todo o resto, de ter espírito de companheirismo, disposição para servir, saber baixar a cabeça quando os ânimos se exaltarem etc.

— Nossa van é nossa casa e as pessoas são nossa família. Vai ter confusão, mas não devemos levar para o pessoal. — Diz Marcão

Depois disso, abrimos os *route books* e começamos a projetar a prova. Vamos olhando o mapa, altimetria, registros textuais sobre trechos mais problemáticos em termos de navegação, riscos de incêndios, cachorros selvagens, navajos etc. Começamos a passar página a página de um *route book* com mais de 200. É ainda no início da "travessia" que chegam Laurindo e Wagner. Havia transcorrido, se muito, 20 minutos de reunião e não mais do que cinco páginas do percurso.

— Porra, eu não falei que era pra me esperar?! — Laurindo está irritado. — Não posso participar da reunião agora, porra! Eu falei, lá na van! Tenho que ir ao supermercado. Quero participar porque sou estreante, quero entender também.

Todos o escutam, a maioria vira ou baixa o rosto, para evitar o olho no olho e a piora da situação. A exceção é Marcão, que não tira seus dos de Laurindo. De repente ele resolve falar. Diz em voz baixa, mas com firmeza:

— 'Pera aí, Laurindo. — Começa Marcão. — Em primeiro lugar, eu não sabia que você queria participar. Essa reunião sempre é feita e o líder da equipe não participa. Em segundo lugar, entendo sua irritação, mas você não pode falar com a equipe nesse tom. Aqui ninguém é moleque e ninguém faltou com o respeito com você.

Lígia e Ricardo, então, procuram botar panos quentes. Deixando claro a Laurindo que o tom da "cobrança" tinha de ser outro, eles pedem desculpas e reiteram que também não sabiam da vontade dele em participar da reunião. Ao fim, Marcão propõe que se interrompa a reunião para esperarmos o retorno de Laurindo do supermercado.

O chefe da equipe, então, em tom bem mais ameno, apenas repete que havia avisado na van que teria de sair, mas que queria participar... Todos o escutam, mas Marcão não parece ter a mesma disposição. Enquanto Laurindo se explica, ele recolhe seu caderno, seu *route book* e vai embora.

...

Reiniciamos a reunião quase às 21h e fomos até quase meia-noite. Tudo transcorreu bem, sem mais desentendimentos. Falou-se do aparelho (*tracking device*[31]) que a van responsável por acompanhar o ciclista na estrada tem de levar para que o ritmo e a localização do atleta sejam rastreados via satélite pela organização da prova. A organização disponibiliza apenas um aparelho por equipe, que precisa estar sempre na van dos ciclistas em ação. Quando Kim e Leone estão na pista, o dispositivo deve estar na van 1 e, quando Marcio e Guto pedalam, deve estar na van 2.

A regra é bastante simples de entender, mas, em razão do cansaço que se acumula com o avanço da prova, torna-se difícil de executar. O problema é que, ao não

---

[31] Dispositivo de rastreamento

Brasil
Hall of Fame

Identificação de todos os membros da equipe, sempre da esquerda para a direita. Sentados: Kim, Guto, Duda, Gisele, Leone e Vicenzo, Marcio, Kika e Cortez. Primeira fileira, em pé: Machado, Ricardo, Adilson, Palito (agachado), Laurindo, Wagner dos Santos e Gayotto. Segunda fileira, em pé: Dadinho, Chiquinho, Cambará, eu e Lígia. Mais ao fundo: Bruno, Ernandes, Péricles e Marcão

cumpri-la, a equipe pode ser penalizada. Isso porque uma das funções do rastreador é evitar fraudes. Na história da RAAM, houve quem colocasse o "ciclista da vez" na van e ganhasse quilômetros e minutos preciosos na competição, percorrendo-os não sobre duas, mas quatro rodas[32]. Com o dispositivo, esse tipo de fraude é evitado. O rastreador também serve para as equipes acompanharem o desempenho dos concorrentes pelo site da RAAM.

Outro ponto bastante destacado pelos os líderes é a importância de ninguém dos estafes querer dar uma de herói ultrarresistente, principalmente em relação ao sono.

— Se não descansar, vai comprometer o time. Não pode ser folgado, mas não adianta querer ser mais fortão que todo mundo — diz o líder da van de Marcio.

Marcão também destaca as peculiaridades de cada ciclista e alerta que cabe aos estafes procurar entender a dinâmica deles.

— Tem de conversar, perguntar se quer comer, se 'tá com sede... O Marcio, por exemplo, toma remédios. Na nossa van, temos de estar atentos a isso. Concentrado no pedal, ele pode esquecer, mas é nossa obrigação lembrar.

Assim vamos até o fim do *route book*. Finalizada a reunião, nossa missão é dormir porque, amanhã, finalmente começamos a jornada tão esperada.

...

Dia 14 de junho de 2014. Depois do café da manhã, às 10h30, encontro Marcio em seu quarto vestindo uma camiseta com a imagem da Virgem Maria.

— Essa [camiseta] aqui estava separada há muito tempo para ser vestida hoje.

Em suas costas se lê a novena Maria Passa na Frente, que tem muito a ver com o que viveremos. Ele me mostra rapidamente e eu leio o quanto posso e gravo só o que me remete ao momento que estamos prestes a viver: "Maria passa na frente e vai abrindo estradas [...] A Mãe indo na frente, os filhos estão protegidos e seguem seus passos...".

— Você é católico? — pergunta-me Marcio.

— Estudei em colégio de freira a vida toda — respondo.

Ele vai até uma gaveta no criado-mudo, ao lado da sua cama, no quarto do hotel, apanha um crucifixo e me entrega. Fico sinceramente feliz e coloco o crucifixo no pescoço. Minha ideia é não tirá-lo mais até o fim da prova.

— Antes de ir pra largada, vou fazer uma oração baseada nessa novena da camiseta — Marcio me diz.

No rasto de Maria, o primeiro da equipe a ir será Fabio Leone. Ele abrirá a prova. Eu converso com ele sobre a estratégia que pretende usar nesse primeiro pedal

[32] Essa falta é motivo de desclassificação automática, caso seja pega em flagrante. Há inúmeras outras razões que geram desclassificação automática, como a ingestão, por parte dos atletas ou de membros do estafe da equipe, de álcool ou drogas ilícitas.

e ele me diz que quer apertar o passo, ver se passa umas equipes logo de cara. Não é o que Marcio imagina. Na conversa que tive com ele, antes de encontrar Fabio, disse-me que Fabio teria de começar num ritmo confortável para entender a prova, senti-la, até porque o clima esquentou na Califórnia. Nesta manhã mesmo, o sol é de rachar em Oceanside. Lembro-me dos 52º C aos quais se referiu o diretor da prova, do asfalto abrasivo e da possibilidade de incêndio nos veículos. Meteorologistas dizem que o verão no hemisfério norte, sobretudo para essas bandas já naturalmente cálidas, está mais inclemente neste ano.

— Em termos de deserto, pelo que vi, vai ser a RAAM mais difícil de que já participei — comentou comigo Guto.

Não sei se as observações e as constatações dos dois veteranos foram transmitidas ao novato, tenho a impressão que sim, mas talvez Leone não os tenha escutado. De qualquer maneira, saberemos como Leone procederá logo, logo. São quase 11h da manhã e temos de estar na orla da praia ao meio-dia. Os últimos preparativos já estão em curso. Agora mesmo, o pessoal do estafe coloca as bagagens nos *motorhomes*. Marcio, por sua vez, está no estacionamento passando uma maquininha de cortar cabelos nos pelos das pernas.

Olho para as vans adesivadas e leio, na lateral delas, a frase que move e, talvez, melhor caracterize Marcio, sobretudo neste momento: "*RAAM is not just a race, but a lifestyle*[33]".

— Tudo certo? — Ele me pergunta.

Eu, perdido em minhas observações no meio do estacionamento, reencontro o foco e respondo que sim. Ele diz para eu ficar por ali e, na sequência, começa a chamar as pessoas. São 11h30, já está tudo praticamente pronto e é hora de pedir à Virgem Maria sua luz e proteção. A equipe se aproxima, forma um círculo, Marcio diz algumas palavras, fala sobre a importância de pedirmos proteção, sobre a fé, sobre as dificuldades que teremos e começa a orar. "Maria, passa na frente e vai abrindo estradas..." Em seguida, todos juntos, rezamos o Pai-Nosso.

...

Está na cartilha, mas Marcio também disse na última reunião antes de embarcamos para os EUA:

— Nossa primeira meta é terminar a prova; a segunda, terminar bem física e emocionalmente; a terceira, terminar em menos de sete dias, e a quarta, ganhar a RAAM.

Depois da primeira travessia, não me restava dúvidas de que terminar a prova bem física e emocionalmente já seria difícil. Fazê-la abaixo de sete dias, então, nem

---

[33] "A RAAM não é apenas uma corrida, mas um estilo de vida."

se fala. Já tive essa impressão quando Guto, com toda a sua experiência, durante a última reunião da equipe no Brasil, mostrou-se surpreso com esse objetivo, a ponto de dizer se Marcio sabia que, para tanto, eles teriam de pedalar a prova a uma média de 30 km/h. Marcio disse que sabia, mas que a meta de uma equipe chamada Vencendo Desafios não podia ser modesta.

O leitor mais desatento vai dizer que pedalar a 30 km/h é moleza, mas ele esquece a geografia do percurso quando diz isso. Na RAAM, não se está pedalando em Amsterdã ou em Brasília. No meio do caminho há o Colorado, onde os ciclistas têm de subir morros de mais de 3.000 metros de altitude. Ainda há, no fim da prova, uma região escarpada — envolvendo os estados do Missouri, Ohio, Indiana, West Virginia e Pennsylvania — com trechos extremamente íngremes, levando os atletas, nos três últimos dias de prova, a um esforço desumano, considerando tudo o que já pedalaram até ali.

Em síntese, fazer a RAAM em menos de sete dias não é bolinho, ainda mais para atletas amadores, que têm no ciclismo uma atividade secundária. Em dez anos de participações, Marcio jamais conseguiu que sua equipe atingisse essa marca. O melhor resultado foi justamente na estreia, em 2004, quando a equipe sequer se chamava Vencendo Desafios — na ocasião, foi batizada de *Extra Distance* — e concluiu a prova em sete dias, duas horas e 30 minutos. Com esse excelente tempo, a equipe ficou com a última posição, na categoria quarteto masculino, com idade média inferior a 50 anos.

Com quartetos masculinos, a equipe de Marcio obteve os melhores tempos, mas não as melhores colocações de sua história decadáctila. Na categoria quarteto misto — em que pelo menos um dos ciclistas é de gênero diferente dos demais —, a equipe participou em três oportunidades. A primeira foi em 2010. Na oportunidade, o nome da equipe também foi outro. A pedido dos outros ciclistas e financiadores, o nome do *team* foi Enjoy The Ride. A equipe terminou na última posição e levou oito dias, 18 horas e 32 minutos para concluir a prova.

As vitórias começariam a vir com a chegada de uma nova integrante, a colombiana Andréa Vásquez. Na primeira conquista, em 2012, a Vencendo Desafios, que além de Andréa e Marcio, contava com dois portugueses, o já experiente Kim e, também, Miguel Carmo, concluiu a prova em sete dias, 20 horas e 39 minutos. Na segunda, em 2013, com Andréa, Marcio, Arap e Gabriel Cassiolato, o Bera, a equipe fez em sete dias, 13 horas e 56 minutos.

— Andréa foi muito importante pr'as nossas vitórias — diz Marcio.

A colombiana já havia participado e vencido a RAAM por uma equipe norte-americana. Marcio a conhecia de vista das solenidades de abertura e encerramento da própria prova, mas a parceria nasceu de uma incrível coincidência, quando os

Reunião de estafes no hotel, em Oceanside, na noite do dia 13 de junho. Na ocasião, o estresse e as divergências, tão naturais à prova, já se revelam em questões pontuais

dois, em 2012, se encontraram, por acaso, no Brasil, no Parque do Ibirapuera, em São Paulo. Andréa havia se mudado para o país a trabalho e queria participar da RAAM, mas não tinha equipe. Até que o inusitado encontro ocorreu e, por sorte, eles se reconheceram. Marcio não titubeou e a incorporou à Vencendo Desafios.

Mais do que toque feminino, a chegada da ciclista à equipe trouxe um novo modelo de revezamento. Até ali, na Vencendo Desafios, o quarteto de ciclistas, normalmente, dividia o pedal em uma hora para cada um. Ou seja, para cada hora de pedal, três de descanso. O modelo trazido por Andréa estabelecia a divisão do quarteto e duplas por van. Cada uma delas teria cinco horas de pedal e o revezamento entre os ciclistas seria feito de meia em meia hora, somando duas horas e meia para cada um ao fim do trecho de cada dupla.

— Apenas num momento das 24 horas de pedal uma dupla pedala quatro em vez de cinco horas, senão a conta não fecha. Isso acontece no horário que vai das 16h às 20h. Mas essa diferença é compensada no dia seguinte, quando a dupla que só pedalou pernas de cinco horas pedala a de quatro também — Marcio me explica.

É evidente que nem sempre o tempo de pedal entre os ciclistas soma meia hora. Pode ser de 45 minutos ou uma hora, depende da dupla. O importante é que eles cheguem a um modelo que realmente seja de comum acordo. A ideia de pedalar menos a cada entrada na pista respeita a tese de que o ciclista em ação não se desgastará muito de uma só vez e poderá apertar um pouco mais o passo e, por outro lado, o que estiver em descanso não terá tempo para se desconcentrar do pedal nem relaxar demais, a ponto de perder desempenho em seu retorno à pista.

Marcio, pessoalmente, é um defensor dos 30 minutos de pedal por ciclista. Além de ter se adaptado bem fisicamente ao sistema, há o aspecto psicológico, afinal, sua equipe foi campeã duas vezes usando o modelo.

Neste ano, Andréa não quis ir à RAAM. Segundo Marcio, ela se tornou mãe recentemente e decidiu se dedicar à "nova fase da vida". Com a saída dela e sem encontrar nenhuma substituta, Marcio voltou ao quarteto masculino. Será a sétima participação de sua equipe nessa categoria. Lembro-me que até abril ou março, ele ainda não tinha decidido se a Vencendo Desafios iria como quarteto masculino ou misto. Leone e Kim estavam fechados com Marcio há muito tempo, mas o quarto elemento, que viria a ser Guto, ainda não tinha sido definido.

— Arap 'tava montando um quarteto e eu ia participar com ele, mas não deu certo. Ele decidiu, então, fazer o solo. Como eu queria muito ir à RAAM, o Arap me indicou pr'o Marcio — me explica Guto.

É importante esclarecer que, além da composição de gêneros, a categoria é determinada pela média de idades dos ciclistas. Neste ano, a equipe está classificada como quarteto masculino com idade entre 50 e 59 anos. Marcio puxa a média para cima com 65 anos. Leone, com 39, puxa para baixo, Kim e Guto, com 53 e 58 respectivamente, estão dentro da faixa etária.

...

Na orla da praia em Oceanside, chegamos ao estacionamento dos veículos que largarão com os ciclistas. Embora, geralmente, só largue uma van com eles, quando acompanhávamos a largada do solo, no dia 10 de junho, Marcio observou que muitos atletas eram seguidos por dois veículos, o de apoio e, também, o da imprensa. Comentei com ele que talvez fosse bacana nossa van largar junto com o quarteto também. Ele gostou da ideia, tirou a dúvida com a organização e constatou que não havia problema. Eu expliquei tudo isso a Lígia alguns dias antes, mas acho que ela não entendeu muito bem, porque levou um susto quando viu que estávamos nos dirigindo para o estacionamento das vans que largariam com os ciclistas. É ela que está ao volante quando chegamos para a largada e, sob a supervisão dos organizadores, estaciona a van.

Os quatro ciclistas da nossa equipe largarão juntos, muito mais por uma questão de registro fotográfico e pela festa, como aconteceu com Arap e seu filho. Porém, assim que os ciclistas saírem da orla, apenas um seguirá, o responsável de fato pela primeira perna de pedal da equipe, no caso, Leone. Por isso, além da nossa, a van 1 também participará da largada. A prova começa efetivamente 18 km depois da saída da orla e, embora os quatro possam pedalar até lá se quiserem, não é uma medida muito inteligente, afinal, se já tem um pedalando, é melhor que os demais descansem...

Agora é por volta do meio-dia e o estacionamento é uma espécie de padoque de ciclistas. Há vários. Um italiano, ao nos ver, brinca, fala da Copa do Mundo, e dos três a um do Brasil sobre a Croácia. De repente, surge um casal com dois filhos. Ela é brasileira, sobrinha de Laurindo, e ele, americano. Vivem na Califórnia e vieram prestigiar a largada da equipe brasileira. Marcio os presenteia com a camiseta da equipe. Ele está radiante. Enquanto caminha para o ponto da largada, cumprimenta um mundaréu de gente. Outras pessoas o procuram e querem uma camiseta da equipe.

Já pertinho do ponto de largada, encontramos um brasileiro que estivera conosco, no dia 10, acompanhando a largada do solo. Agora não me recordo do seu nome, até porque me esqueci de tomar nota. Marcio pediu a ele que voltasse, no dia 14, para nos prestigiar e lá estava ele. Radicado em San Diego, ele trabalha com computação e já está há algum tempo nos EUA. Parece feliz em encontrar brasileiros por ali. Marcio lhe entrega uma camiseta da equipe e segue para o *box* onde se aglomeram os ciclistas e seus estafes à espera da largada.

Os quatro ciclistas ficam juntos quase todo o tempo. Kim e Guto parecem bem tranquilos. Kim mais calado e sereno, como é seu jeito. Guto sorridente e batendo papo. Marcio conversando com várias pessoas. Leone, embora me tenha dito durante toda a véspera e mesmo naquele instante que estava tranquilo, parece-me bastante inquieto, mais calado que de hábito. Pai, mãe, esposa e filhos estão com ele. As crianças irão acompanhá-lo até a linha de largada. Lá, Leone beijará a cabeça de cada uma antes de partir.

A vez da Vencendo Desafios está chegando. Lígia e Adilson foram buscar a van da imprensa. Ricardo, Kika e Bruno, que formam o estafe da van 1, também já estão a caminho. Antes disso, ainda tenho a oportunidade de presenciar a chegada ao box de Cambará. Ele parou o motorhome num estacionamento público à parte da orla. Quando for dada a largada, voltará para o veículo e nos encontrará na estrada. Antes, porém, vem desejar sorte aos atletas e eu o vejo dar um entusiasmado e histórico abraço em Marcio.

Era só isso que faltava para a décima RAAM dos dois começar. O Bruce Buffer das bikes, finalmente, chama a equipe brasileira para a linha de largada. Eu corro para a van da imprensa, que já está posicionada para a partida. Podia ir com os ciclistas até a linha de largada, seria mais rico, mas não quero causar mais confusão tendo de entrar rapidamente na van que já terá de parar para pegar Machado. Se fôssemos dois a subir na van às pressas, seria mais complicado. Além disso, Lígia está ao volante e bastante insegura com o fato de estarmos largando com os ciclistas. Ela desconfia dessa permissão.

Aguardo o tradicional *one, two, three* até o *ten*, mas não escuto. Há, sim, uma gritaria, um alarido danado. A largada parece ter atrasado. Talvez excesso de pessoas na pista. Com a outra van na frente da nossa, vejo muito pouco do que está acontecendo na linha de largada. E é de súbito que, às 12h40, horário local, escuto o *go*! apressado e sem contagem do mestre de cerimônias. Partimos com as sinetas tocando, as pessoas berrando, inclusive nós, de dentro da van. Mas, de repente, à nossa frente, surge o diretor-executivo de prova da RAAM, Rick Boethlin. Lígia reduz a velocidade, praticamente para o carro para ouvi-lo e, pela janela do carona, onde está Adilson, ele grita:

— *Guys, you cannot be here! Go, go, go!*[34] — Logo em seguida, eu o escuto dizer algo com a palavra *media*, mas não para nós, para outra pessoa da organização perto dele.

Às 12h40 de 14 de junho, na Califórnia, a equipe larga oficialmente. Embora os quatro ciclistas tenham saído juntos da linha de largada, pouco antes de alcançarem a estrada, Guto, Kim e Mr. Milan irão para as vans. Leone seguirá no pedal por quase duas horas, fazendo o primeiro trecho

Lígia solta um "puta que pariu", que não sai alto, sai contido e arrastado. Não é aquele xingamento de desabafo, é de preocupação. Ela tem de pegar Machado para sair o quanto antes dali. Assim é feito e, quando saímos da estreita pista da orla e entramos nas ruas do centrinho residencial de Oceanside, onde já pararam Marcio, Guto e Kim para serem recolhidos por suas respectivas vans, Lígia diz:

— A gente não devia ter largado com os ciclistas. Sabia.

---

[34] "Rapazes, vocês não podem estar aqui! Vão, vão, vão!"

T429

Capítulo

8

O deserto do Borrego

Na Coast Highway, já fora de Oceanside, Lígia está tensa ao volante. Um clima de constrangimento toma conta da van por causa da largada. Eu tento acalmá-la dizendo que podíamos largar, sim; o próprio Marcio tinha se informado, eu tinha visto isso acontecer sem nenhum problema durante a largada do solo e, se não pudéssemos, sequer nos teriam permitido descer à pista. Mas não tem jeito, Lígia acha que a equipe será punida e encasqueta com a ideia.

Nossa memória sobre o que foi dito pelo diretor da prova é falha. O trecho que registrei anteriormente foi um resgate da captação de áudio que fiz com o celular durante a largada. Mas estou tão tenso que não me lembro de conferir a gravação logo depois da largada. Na minha cabeça e na de Lígia, o fiscal de prova disse "*Media, get out of here*".

Lígia pede a Adilson que ligue para Laurindo e comunique o que aconteceu na largada.

— Pelo menos assim, ninguém vai ser pego de surpresa caso chegue a notícia da penalidade por nossa causa — diz Lígia.

Adilson liga para Laurindo e faz uma descrição objetiva e dura. Diz exatamente o que aconteceu conforme nossa memória revela naquele instante. Até a frase, equivocada, que dissemos ter ouvido do fiscal, ele conta. Confesso que eu aliviaria um pouco no relato, seria um pouco mais eufemístico — pelo menos tentaria ser. O fato é que só saberemos se a equipe foi penalizada por estar com o carro da imprensa na largada quando chegarmos ao TS15, que fica na cidade de Durango, no Colorado.

Chegamos ao primeiro ponto de troca, o Old Castle Trading Post, uma zona de suporte, localizada ainda antes do primeiro TS, oferecida pela organização da prova na Old Castle Road, uma vicinal belíssima, em que já é possível ver indícios do árido deserto californiano, para o qual rumamos. Joaquim está dentro da van 1 colocando os apetrechos necessários para pedalar e seu estafe prepara a bicicleta e a caramanhola com água.

Por se tratar de uma competição, a troca entre os ciclistas tem de ser, preferencialmente, rápida. Kim precisa estar na pista antes mesmo da chegada de Leone e — sendo bastante preciosista quanto às normas e à descrição — quando a roda dianteira da bicicleta de Leone estiver alinhada com a roda traseira da *bike* de Joaquim, o português estará autorizado a partir para sua hora e meia de pedal. Geralmente, o ciclista que está parando passa por inteiro pelo que está saindo para, depois, ser ultrapassado de novo.

Nessa primeira perna, Kim e Leone farão uma hora e meia de pedal cada porque, em vez de cinco, terão de pedalar três horas. O normal seria pedalarem das 11h às 16h, mas como a prova começou quase às 13h, pedalarão até as 16h para manter o cronograma de revezamento. Marcio e Guto combinaram 45 minutos cada um. Eles levarão a equipe das 16h às 20h. Como 45 minutos para cada pedal não fecha o período de cinco, nem de quatro horas, eles farão adaptações ao longo do trecho — reduzirão ou aumentarão o tempo de forma equânime entre eles — para que ninguém se sobrecarregue.

Passamos por Leone uns dez minutos antes de chegarmos ao Old Castle Trading Post. Ele parecia estar num bom ritmo, mas ainda assim teremos de esperá-lo entre 15 e 20 minutos. Há várias equipes no mesmo ponto em que estamos. Ali, isso é permitido, mas em áreas comuns de parada durante a prova (acostamentos, recuos etc.) não é permitida a parada de mais de três carros, independentemente de serem ou não da mesma equipe.

Enquanto aguardamos Leone, a van de Marcio chega. Os *motorhomes* não aparecerão por lá, porque a área é restrita às vans. Eles seguem por caminho alternativo. Eu acompanho o movimento da equipe, mas estou apreensivo com a história da largada, assim como todos os integrantes da van da imprensa. Eu procuro tirar dúvidas sobre isso com Ricardo, que não sabe me informar. De repente, ouço Marcio, aos risos, comentar que a largada foi uma confusão: gente demais na pista, festa, gritaria de todos os lados, até do píer. Segundo ele, tudo isso atrapalhou a chegada da equipe à linha de largada e, quando finalmente conseguiu chegar, o mestre de cerimônias, impaciente, resolveu pular a contagem e mandar logo o *go*!

— Acho que os organizadores ficaram bravos com a festa que fizemos e com o atraso também — comenta Marcio.

Eu olho para Lígia, que está do meu lado e também ouve a conversa. Seu semblante se desanuvia de pronto ao ouvir o que Marcio está dizendo. Parece que tudo faz sentido agora, ainda mais porque tínhamos escutado um *get out of here*. Ao ouvir a história de Marcio, em nossa cabeça, o diretor estava nos apressando porque nossa equipe já tinha atrasado muito. Além disso, eu penso que aquele "*media*" dito por ele, logo depois de verificar que éramos o carro de imprensa, atestava que tínhamos autorização para estarmos onde estávamos. Talvez tivesse pensado que nossa van também fosse de ciclistas e não de imprensa, até perceber o adesivo na lateral da lataria.

Depois de ouvirmos Marcio, Lígia se aproxima de mim e diz:

— Wagner, não vamos mais falar desse assunto com ninguém. Só vamos saber se houve penalidade ou não mais pra frente e, pelo jeito, se houve mesmo, a culpa não foi nossa. Vamos evitar o assunto.

...

À beira da estrada, vejo os ciclistas fazerem as trocas. Entre as equipes, reconheço os alemães que são da mesma categoria que nós. Os ciclistas usam um uniforme rosa, preto e branco bastante bonito e chamativo. Eles largaram bem antes da gente.

A expectativa pela chegada de Leone cresce entre nós. Debaixo de um céu azul praticamente livre de nuvens e de um sol abrasador e seco, Kim espera a chegada de Leone já em cima da bike e no acostamento da estrada. Leone surge em nossa alça de mira e vem com pedaladas vigorosas. Ele chega bem. A primeira troca é feita. Kim parte. Leone desce da bicicleta cercado por integrantes da equipe e por seus familiares que o acompanharam apenas até esta primeira troca, depois voltarão a San Diego e seguirão viagem turística pelos EUA. Quando avista Marcio, Leone grita:

— Passei quatro [adversários], Marcião!

Marcio ri. Claramente, Leone não seguiu a orientação de Mr. Milan. Pedalou sem cautela. Naquele momento, porém, a "desobediência" parece não ter importância. Leone se mostra bem disposto. Afirma, aos risos, que está se sentindo muito bem; fica um tempo fora da van se recuperando do pedal, tira as sapatilhas, troca de roupa, descansa um pouco e depois vai para a van para seguir viagem.

Nosso carro também pega a estrada para tirar umas fotos de Kim e não é preciso muito tempo para perceber que a relação entre nós da imprensa não será um mar de rosas. Lígia, ao volante, tem dificuldade em entender e atender as demandas de Machado. Ela reconhece a própria insegurança e diz abertamente para nós que está com dificuldades.

— Mas vou pegar as manhas — completa.

Dirigir para a imprensa não é fácil. Às vezes, um plano pictórico se revela do nada aos olhos de Machado e é necessário que a motorista responda rápido, coloque o carro no acostamento possível para que o fotógrafo possa clicar. Mas nem sempre o tal acostamento é possível, muitas vezes sequer existe acostamento. Não tem jeito: em alguns momentos, o fotógrafo terá de lidar com a frustração de perder a cena e, noutros, o motorista terá de sair da zona de conforto e fazer um esforço arriscado. Mas, até que os dois lados se entendam, será necessário um tempo de convívio cheio de conflitos. Lígia se recusa a parar em trechos em que Machado pede a parada. Ela alega que não dá, é arriscado demais. Ele se irrita e não esconde de ninguém.

— Assim não vou conseguir trabalhar — diz.

Eu estou em um dos bancos de trás da van da imprensa — a única que preservou sua disposição interna original — e procuro colocar panos quentes.

— Calma, ela 'tá pegando as manhas, Machado.

Eu também lembro a Machado que Lígia ainda não tinha sido chamada por Marcio para a RAAM quando fizemos o simulado em São Paulo. Ela não treinou essa dinâmica em momento algum até aquele instante. Mesmo na primeira perna de prova feita por Leone, não foi possível executá-la, havia muitos ciclistas e equipes aglomeradas, inviabilizando o trânsito da imprensa. Imagino que essa perna de uma hora e meia de Kim servirá de preparo, ajuste e entendimento entre Machado e Lígia para que as fotos sejam benfeitas quando Marcio estiver no pedal.

...

Às 16h20, num posto de troca em frente a um belíssimo e imenso lago chamado Henshaw, atrás do qual se veem pequenas montanhas pardas, levemente salpicadas de verde por arbustos, Kim finaliza seu pedal para Guto continuar.

Eu vou para a van de Marcio, acompanharei seu preparativo e sua entrada na pista. Minha ideia é estar com ele em sua primeira e última perna de pedal da prova. Eu vou sentado em um banquinho estofado, pequeno e leve, que pode ser carregado a qualquer lugar. Sem os bancos originais e com as camas no lugar, a van dos ciclistas é bem desconfortável para o visitante. Afinal, a troca dos bancos pelas camas foi feita para que os ocupantes da van, que não estão na cabine, viagem deitados, descansando.

No banquinho estofado, embora eu fique bem vulnerável aos solavancos e balanços da van, pelo menos não preciso curvar as costas nem baixar a cabeça pra não batê-la no teto, como aconteceria se eu tivesse de me sentar em uma das camas que tenho à disposição. São duas as camas que poderia usar no momento: a de Guto e a outra, agora cheia de mochilas, para o membro do estafe que quiser dormir na van em vez de ir para o *motorhome* 2.

Marcio está sentado na sua cama, a mais baixa das três, o que também lhe permite não precisar baixar a cabeça por causa do teto da van. Marcão, que, como eu, ganhou um crucifixo de Marcio e o está usando, é o motorista da van no momento. Gayotto navega. Wagner está no *motorhome* 2 descansando. Serão sempre dois em ação e um em descanso no estafe da van dos ciclistas.

Com o *motorhome* 2, o descanso do estafe ganhou qualidade. Quem estiver fora da escala de trabalho poderá descansar com mais conforto e silêncio num veículo usado, principalmente, para esse fim. Os ciclistas que quiserem também poderão

T429B
S-WORKS
SPECIALIZED
S-WORKS

Kim aguarda a chegada de Leone para realizar a primeira troca da equipe na prova e, assim que o companheiro chega, ele parte. Leone desce, cumprimenta Mr. Milan, diz a ele que ultrapassou quatro ciclistas...

...e depois é recepcionado por seus familiares, que, a partir daí, deixarão de acompanhar os ciclistas na prova e seguirão viagem turística pelos EUA

usá-lo. Em todos os outros anos, ciclistas e estafes podiam dormir no *motorhome* 1, mas a disponibilidade dele e o conforto não chegavam ao mesmo nível que o *motorhome* 2 agora oferece. Isso porque o *motorhome* 1 tem inúmeras outras funções. É, por exemplo, a cozinha da equipe.

Porém, mais do que os ciclistas, os estafes usarão a novidade este ano. Marcio, mesmo, não usará o *motorhome* 2 para descansar. Ele gosta de dormir na van. Sua cama é a mais simples, fica na parte de baixo de uma estrutura que lembra um minibeliche. Ele se acomoda no cantinho, organiza todos os remédios e apetrechos de que precisa (lentes de contato etc.). É difícil ser organizado na van, mas Marcio não abre mão. Para os seus parceiros, sua organização é boa, porque otimiza o uso do espaço, mas ele também exige organização dos demais. Nesse sentido, Marcão ajuda bastante, sabe como é Marcio e faz o máximo para que tudo esteja na mais perfeita ordem.

Enquanto Guto pedala, Marcio está de olho na van, vendo o que pode ser melhorado para facilitar sua vida ao longo da jornada. Considera a possibilidade de trocar de cama, mas logo muda de ideia. Depois apanha um gel guardado em uma de suas mochilas.

— Vou fazer meu pedal tranquilo. Agora, vou passar meu gel pra aquecer — e vai passando o produto nas pernas enquanto fala.

De repente, eu vejo atrás de Marcio, amarrado pelos braços na alça do cinto de segurança da van, o mesmo macaquinho que estava pendurado na porta do seu quarto no hotel em Oceanside. Se não o havia questionado a respeito antes, agora sou impelido a perguntar:

— Esse macaquinho tem algum significado?

— Sim. É um presente do Marcão... Conta pra ele, Marcão?

Marcão explica...

— Uma vez eu escalei uma montanha bem difícil de subir. Depois, eu e o resto do pessoal que conseguiu subir a montanha comentamos que, pra escalar ela, tinha de ter a "pegada do Gorila". Marcio não foi, mas eu comprei o macaquinho para dar de presente a ele porque eu sei que ele tem a "pegada do Gorila".

Resumidamente, estava explicado, então, porque o ilustre bichinho de pelúcia, reforçando o espírito que não pode faltar a quem disputa a RAAM, fazia-se onipresente.

...

Logo que Guto assumiu o pedal, nós ficamos um tempo no posto de troca do Lago Henshaw enquanto ele se distanciava pedalando sozinho. Ao pegarmos estrada, levamos uns cinco minutos para alcançá-lo. Nós ainda não podemos fazer seu *following* — acompanhar o pedal com a van colada ao ciclista —, mas Marcão aproxima a van rapidamente atrás dele, pega o microfone, fala alguma besteira sobre a bunda de Guto arrebitada no selim e depois pergunta se está tudo bem e se precisa de alguma coisa. Guto faz que não com a cabeça. Quando o ultrapassamos, Guto está com uma expressão de esforço, mas segue num ritmo bom, cada vez mais próximo do ciclista do quarteto alemão de uniforme rosa fluorescente. O trecho é chato, um aclive que o levará ao topo da The Glass Elevator[35], nome da montanha onde começa o Anza-Borrego Desert State Park, uma espécie de Mojave montanhoso.

Na subida, ainda não é possível ver deserto nenhum. Há muitas árvores. Em um trecho bem arborizado e com mais pontos de "esconderijo" para o xixi, Marcio pede para parar a van; precisa fazer um "*pit-stop*". Aproveito a deixa para fazer o meu também. Enquanto tiramos água do joelho, Guto e o alemão passam na estrada. Eles estão numa disputa acirrada. Guto parece andar mais forte que o alemão na subida. O mais irônico é que, no dia 13, depois da solenidade de abertura, ele me disse que seu tendão-de-aquiles da perna direita tinha um descolamento de 25%. Disse-me que precisava operar para colar o que havia descolado, mas, por causa da RAAM, resolveu adiar a cirurgia. Segundo ele, a lesão não o impedia de pedalar, porém...

— Dói um pouco na subida — contou-me na ocasião.

Deve estar doendo agora então. Ele e o alemão pedalam para alcançar uma altura de 4.224 pés, algo como 1.300 metros. Enquanto voltamos para a van, depois do xixi, comento com Marcio sobre a disposição de Guto no pedal.

— A gente 'tá há uma semana esperando esse momento — diz Marcio.

Para participar dessa RAAM, Marcio pedalou ao longo de sete meses, em treinos, pouco mais de 9.000 quilômetros. Seus companheiros, Guto e Leone treinaram perto de 6.500 quilômetros. Kim pedalou 9.500.

De volta a van e à estrada, Marcio, ironicamente e de forma bem-humorada, cumprimenta Marcão por ter saído do acostamento sem dar solavancos no carro. Quem está atrás na van sofre com essas saídas rápidas...

No trecho em que estamos agora, Marcio observa a beleza da paisagem árida e descampada da Califórnia, mas ainda não desértica. Elogia, diz que ali devem ter sido gravadas aquelas propagandas de cigarro, com *cowboys* e cavalos miniaturizados pelo cenário grandioso. Gayotto está com o celular de Marcio, vendo um e-mail que lhe foi enviado do hotel onde nos hospedaremos em Annapolis. A mensagem é da gerente do hotel dizendo que aguarda nossa chegada. Marcio pede a Gayotto que responda, "por favor", e dita o texto em português para que Gayotto traduza para o inglês.

Marcio observa bem o trecho em que estamos, pega a caramanhola, coloca água, isotônico e depois rapadura. Já está preparando o que beberá durante o pedal. Essa

[35] O Elevador de Vidro

receita, com o toque todo especial da rapadura, "para dar mais energia", Marcio aprendeu com Chiquinho.

— Estamos chegando à descida onde eu peguei a maior velocidade da minha vida em cima de uma bicicleta: 86,9 km/h. É na descida de Borrego Springs...

Fico espantado ao saber a velocidade alcançada.

— Cara — ele continua —, é tanta subida que, quando pinta uma descida, tem de arriscar. É a hora de ganhar um tempinho.

Marcio dá uma deitada na cama, de costas, apoiando-se nos cotovelos. Fecha os olhos e assim fica um bom tempo. Está dormindo, penso...

— 'Tô só relaxando — responde, como se tivesse ouvido meus pensamentos.

Por um instante, ele me convence de que só relaxa, mas, de repente, sua respiração fica pesada e não me resta dúvida de que cochilou. Só abre os olhos ao ouvir Marcão falar com Guto pelo alto-falante quando o reencontramos na estrada. Marcão diz a ele que mais à frente terá de pegar uma saída à direita, depois o anima a continuar na captura do alemão que, nesse momento, num trecho mais plano, abriu um pouco.

— Quando eu estiver pedalando à noite, quero música. Não quero nem saber — diz Marcio, que em seguida pede para Marcão aumentar o som do rádio da van. Agora não me lembro qual era a música que tocava.

O rádio da van pode tocar também pelo alto-falante externo, usado para comunicação com o ciclista. No caso de Marcio, caberá à van 1, de Kim e Leone, colocar-lhe o som. À noite, assim como em rodovias interestaduais, em qualquer horário, o *following*[36] é obrigatório e quem o realiza é a van dos ciclistas que estão descansando, a não ser em casos excepcionais. A van dos atletas em ação, à noite, com rara exceção, apenas troca os ciclistas na pista.

Durante o dia, nas estradas vicinais, quando e onde o *following* é proibido, a van da dupla da vez é responsável por fazer o *leapfrog*[37], uma espécie de marcação do pedal a distância, sempre mantendo o atleta ao alcance da vista para que, caso ocorra algo com ele, seja possível socorrê-lo[38]. Por não poder seguir o ciclista de perto (*following*), a van, de dia, ultrapassa o atleta, ganha distância e para no acostamento, aguardando a passagem do ciclista na estrada. Assim que ele passa, ela volta para a estrada, ultrapassa-o novamente, toma distância e para no acostamento de novo. Faz esses "saltos de rã" até

---

[36] Acompanhamento.

[37] Salto da rã.

[38] A principal finalidade de ambas as técnicas de acompanhamento é dar segurança ao ciclista. O comboio aumenta o risco de acidente, como engavetamento com consequente choque do carro contra o ciclista. O próprio *following* é perigoso, por isso só é usado em situações especificas: à noite, para que a van ilumine o caminho para o ciclista e o ilumine para os demais carros da estrada; e em interestaduais, como uma forma de aumentar a abrangência física do ciclista e protegê-lo de outros carros. Ainda assim, há muitos riscos de acidente. Já aconteceu, por exemplo, de, durante um *following*, o motorista da van pegar no sono e atropelar o ciclista, que não resistiu aos ferimentos e morreu.

o momento de realizar a troca dos ciclistas e, depois de realizá-la, reinicia a dinâmica até a nova troca. Esse ciclo se repete até a hora de descanso da dupla. Enquanto essa dinâmica acontece, a van dos ciclistas em descanso fica livre. Ou seja, na maior parte do tempo, de dia, o ciclista pedala solitário, encontrando a van de passagem, parada no acostamento e nas trocas.

Neste ano, porém, os atletas estarão menos solitários por causa da van da imprensa, que tem assegurado pelo regulamento até o direito de emparelhar com o *biker* e clicá-lo lateralmente, em pleno pedal. Mas essa é uma forma de trabalho bastante arriscada; muitas vezes é preciso usar a contramão da estrada para isso, o que faremos algumas vezes. Na maior parte do tempo, porém, caberá ao carro da imprensa ultrapassar o ciclista, dar uma boa distância e encontrar o melhor lugar possível para Machado descer e fazer as fotos do ciclista na passagem pela estrada. Ou seja, a dinâmica da van da imprensa, para o trabalho de Machado, será também, em essência, o "salto da rã".

...

A subida do lado oeste d'O Elevador de Vidro pela estrada de Montezuma Valley acaba e, com ela, acaba também o que havia de verde à beira da estrada. Se ainda era possível sentir a umidade das sombras das árvores e ver o verdor dos arbustos na porção oeste da montanha, a leste, temos um descampado de areia que nos revela uma paisagem marcial. Do alto do Elevador se vê, abaixo, pequenas montanhas que parecem vagas num oceano de deserto.

Não demora muito para o pequeno planalto se transformar numa descida bastante íngreme. Guto parece inseguro sobre a bicicleta, ele tem dificuldade para mantê-la estável, joga o corpo de lado para opor resistência ao vento, cuja força se pode medir pela poeira do deserto. Sua bicicleta anda diagonalmente, como uma motocicleta de competição em curvas, mas obviamente não tão inclinada. Marcio não pegou essa ventania quando desceu o Elevador e alcançou quase 90 km/h. Se as condições fossem a que temos agora, ele correria seríssimo risco de ser alçado para os desfiladeiros que se apresentam quase sempre à nossa direta.

O momento é tenso, o que nos deixa menos apreensivos é a experiência de Guto e sua compleição. Por ser mais pesado, é mais difícil para o vento aprontar algo pior a ele do que já está aprontando. Eu também me preocupo com as fotos. Não vejo o carro de imprensa. Acredito que aquele era um dos melhores lugares para se fotografar os ciclistas. Porém, o trabalho da motorista naquele trecho seria insano e altamente arriscado, senão impossível. Em primeiro lugar, a pista é de mão dupla, repleta de pontos cegos por causa das curvas e dos recortes da montanha. Segundo, porque praticamente não há pontos de paradas nem acostamentos. Querer que Lígia ou qualquer um realize um *leapfrog* naquele ponto é uma loucura. A van 2 mesmo não faz *leapfrog*, em virtude da dificuldade em ultrapassar. Faz, de fato, um

Kim pedala um trecho duro, de subidas e com sol forte, na Califórnia. Num cenário belíssimo, que tem o lago Henshaw ao fundo, ele passa o pedal a Guto, que inicia a perna da dupla 2

CAUTION BICYCLES AHEAD
T429
RACE ACROSS AMERICA

KASH
T429C

trabalho de *following*, protegendo Guto de carros de passeio um pouco mais ousados e do próprio vento. Não há risco de punição a essa manobra, porque os organizadores sabem da dificuldade do trecho. Mesmo que o *following* não esteja formalmente liberado nesse trecho, é uma questão de bom-senso.

Ao chegarmos ao pé d'O Elevador de Vidro, pegamos uma planície imensa e parda. Avançamos um pouco e chegamos a Borrego Springs. Não entramos na cidade, mas vemos a fachada do Borrego Art Institute, localizado numa praça grande, forrada de uma grama verdinha que contrasta com a aridez da terra em volta. Nossos dois *motorhomes* e a van 1 estão parados lá. Seguimos adiante, ultrapassamos Guto, abrimos distância e, mais alguns metros adiante, em frente a uma casinha que parece uma relíquia preservada do Velho Oeste, paramos o carro para preparar Marcio.

— Aqui é uma delícia de pedalar — Marcio me diz, olhando a solitária Borrego Springs Road.

Ele já pôs o capacete e o pessoal está tirando sua bicicleta do suporte instalado na traseira do veículo. Marcio sai da van com incrível desenvoltura e anda sem dificuldades. Pergunta que horas são e alguém responde: 17h30.

— Até aqui fomos 15 minutos mais rápidos que no ano passado — observa Marcio enquanto desce da van.

Guto pedalou uma hora e dez, 25 minutos a mais do que o previsto. Isso porque não houve como parar na descida do Elevador, onde os 45 minutos de pedal dele se completaram. Mas essas imprecisões são normais e acontecerão aos montes ao longo da RAAM. Ora Marcio pedalará mais, ora Guto, que, neste momento, surge como um pequeno ponto móvel no horizonte pardo de Borrego, mas que ganha volume e tamanho conforme se aproxima.

— Caramba, esqueci de pôr a sapatilha! — se surpreende Marcio — Eu 'tô vendo que 'tá muito fácil andar — ele está de tênis.

Às pressas, o próprio Marcio se encarrega de correr para pegar as sapatilhas na van e colocá-las, sentado no degrau de saída do veículo. Eu já estou fora da van e confesso que ansioso pela chegada da van da imprensa. O problema é que não há nem sinal dela. Guto já está há poucos metros. Quero que esse instante seja registrado em foto. Marcio, de sapatilhas postas, corre para a bicicleta, como se pisasse em ovos por causa da sapatilha. Gayotto, que havia se esquecido de pegar a água dele, também vem correndo para colocar a caramanhola no suporte. Guto chega com Marcio se acomodando na bike. Ele passa por Marcio, que parte, não sem antes trocar palavras de incentivo com o companheiro.

Guto está ofegante e eu frustrado. A van 3 não aparece, nem sinal de vida.

— O calor 'tá insuportável, é o próprio demônio.

As palavras saem da boca de um Guto quase afônico. Está visivelmente cansado. O calor o incomodou mais por causa do capacete, que, apesar de bonito, preto e semelhante àqueles que vemos homens-balas usarem em circo, deixa pouco respiro para a cabeça. Ele diz que no próximo pedal irá com outro capacete. Mas não é só o calor que o incomoda. Segundo ele, a pista está muito "crespa" (estriada), a garganta secou demais porque não dava para tirar a mão do guidão para pegar a água na descida da montanha...

— Sem contar que a desgraça do vento 'tava me jogando pr'o precipício... Aí, quando a gente pega o trecho plano e dá pra beber, a garrafa, a água, 'tá tudo cheio de areia. Tomei água com *crisp*[39].

A vida de Marcio, agora na pista, não é tão problemática quanto à de Guto, porque as subidas e descidas que pega são bem mais amenas. De qualquer maneira, o vento lateral, que, como ele gosta de dizer, é o inimigo número um dos ciclistas, segue incomodando bastante; é perceptível para nós que o acompanhamos da van. Mas, de repente, o vento dá uma trégua e Marcio aperta no pedal, até porque nossa equipe continua na briga com a equipe alemã, que abriu um pouco por causa do tempo gasto na troca dos nossos ciclistas.

— Quando dá pra acelerar, tem de acelerar, é a hora de ganhar terreno e tempo. Não faltam trechos difíceis de pedalar. Nesses, você alivia; não vale a pena fazer tanto esforço neles. São sete dias, cara, não se pode ignorar isso. É preciso se poupar — Guto me diz.

Em seguida, ele apanha seu celular para ver e-mails. Eu peço a Marcão o celular da van para ligar para a van 3 e saber o que está acontecendo. Lígia atende, eu pergunto o que houve e ela diz que eles aproveitaram o motorhome 1 parado em Borrego para jantar. Eu digo que Marcio já está na pista e que deveríamos ter acompanhado a troca. Não era hora de jantar. Tínhamos de acompanhar Marcio e, só depois, jantaríamos. Observo que está escurecendo e perderemos as fotos do pedal dele neste primeiro trecho da prova com sol. Reitero o que fora previamente combinado e desde sempre me pareceu óbvio: a prioridade é estar com Marcio quando ele estiver na pista.

...

Marcio volta à van e Guto reassume o pedal da dupla. Passa das 18h e, a partir das 18h30, teremos todos de usar colete refletivo, sob pena de sermos enquadrados pela organização e recebermos algum tipo de punição. Porém, meu colete está na van 3, que ainda não apareceu, embora Lígia tivesse me dito que estavam a caminho.

---

[39] Crocante

Machado usa o resto de luz do fim da tarde na Califórnia para clicar os ciclistas da dupla 2, Marcio e Guto, no primeiro trecho de pedal

— Nos primeiros 15 minutos de pedal, eu padeci. Depois o vento lateral deu uma trégua e eu consegui colocar um ritmo bem legal.

Marcio parece ainda mais cheio de vida e gás depois do primeiro pedal do que antes dele. Estarmos nos encaminhando para os arredores de Salton Sea, cidade que fica 56 metros abaixo do nível do mar, a menor altitude de toda a prova e a maior pressão atmosférica. Isso não quer dizer muita coisa. Pior mesmo é morro acima, quando a pressão atmosférica diminui e o ar fica ralo, sem sustância, com menos oxigênio. Marcio percebe que estou apreensivo e corta caminho na conversa.

— Cadê a van 3?

— 'Tá a caminho. Falei com a Lígia agora há pouco e ela me disse que eles 'tavam a caminho. Vou ligar de novo.

— Não liga, não. Já ligou, agora espera. Cada um tem de ter consciência do seu trabalho.

— É, mas eu preciso do colete da noite, 'tô sem o meu aqui.

Marcio está deitado em sua cama, com o uniforme de prova e as sapatilhas calçadas. Só não veste o capacete. Seus olhos estão fechados.

— Cara, esse vento com areia é horrível para a minha lente de contato — comenta.

RACE ACROSS AMERICA
WRS-1046

Finalmente, a van 3 aparece e começa a fazer o *leapfrog* para tirar fotos de Guto. O sol está se pondo e eu estou torcendo para que ele ainda esteja brilhando, mesmo que um pouco, quando Marcio voltar ao pedal. Também aproveito a chegada deles para ligar para Lígia e pedir que, em uma das nossas paradas no acostamento, alguém me traga o colete. Assim, na primeira oportunidade, é feito. É a própria Lígia quem traz o colete, enquanto Machado fotografa. Adilson está ao volante. Lígia está com um semblante preocupado.

A essa altura do campeonato, a van 1 já está conosco e fazendo o *following* dos ciclistas da van 2. Guto pedala com o suporte dela. Ricardo é quem a está dirigindo. Nós seguimos a dinâmica de *leapfrog*. Marcio volta para pista às 19h para fechar o revezamento da van 2. Ele pedalará uma hora, em vez de 45 minutos. Machado clica a troca entre os dois, aproveitando o que há de sol, mas não é muito. Eu saio da van 2 e vou para a 3.

Entro quieto e procuro não demonstrar minha irritação, mas acho que não sou bem-sucedido. O constrangimento é evidente. Lígia não resiste ao silente desconforto e começa a dizer que não pode ser responsável pelas decisões relativas ao trabalho que eu e Machado estamos realizando. Lígia me diz que ela e Adilson estavam à disposição de Machado para seguir em frente se ele desejasse. Diz que jantar naquele momento não foi ideia dela. Eu digo a ela que não se preocupe porque esse problema era algo a ser resolvido entre mim e Machado. Nem Lígia, nem Adilson tinham a obrigação de saber quais eram as prioridades do meu trabalho e do de Machado.

Depois de clicar Marcio sob o resto de sol daquele princípio de noite e voltar para a van, Machado me pergunta se Marcio reclamou da ausência deles. Eu digo que não, mas que ele também não precisava reclamar para a gente saber como devia fazer nosso trabalho.

Na cidade de Brawley, ainda na Califórnia, Marcio encerra a perna de pedal da sua van e Leone reassume. É hora de eu desacelerar e me preparar para o sono antes de voltar à labuta de madrugada. Marcio pedalará da 1h às 6h e eu quero acompanhá-lo. Ligo no *motorhome* 1 e pergunto se posso ir comer lá. Minha ideia é comer e, depois, ir para o *motorhome* 2 dormir um pouco.

Ainda em Brawley, deixo a van 3 e vou para o 1. Machado me acompanha. Quer conversar comigo. Chiquinho nos recebe e nos serve uma macarronada à bolonhesa. Machado mesmo começa o papo, dizendo que o clima na nossa van está ruim. Afirma que Lígia está muito tensa por não conseguir dirigir do jeito que precisamos e que, por isso, eles tiveram alguns desentendimentos quando eu estava fora. Ele me pede para pegar leve com a questão de termos perdido o primeiro trecho do Marcio para não piorar ainda mais a situação. Eu repito que a dificuldade de Lígia já era esperada, porque ela não fez nenhum treino conosco antes. Também digo que o problema não foi a dificuldade dela em dirigir, mas, sim, termos perdido as fotos da primeira pedalada de Marcio na prova.

— E isso não é responsabilidade da Lígia, nem do Adilson. Eles não têm de saber o que é prioridade pr'a gente na prova, Machado.

Digo que Lígia e Adilson estão na RAAM para nos ajudar, para viabilizar nosso trabalho e que nós é que temos o ônus da decisão.

— Quando apenas um de nós estiver na van, cabe a quem estiver decidir.

— Então vai ficar tudo nas nossas costas?

— Do nosso trabalho, sim. Se você dissesse "Não vamos jantar agora, vamos acompanhar o Marcio que é o mais importante", tenho certeza que iam entender...

Machado balança negativamente a cabeça:

— 'Cê que sabe — diz.

Na verdade, eu entendo a decisão de parar para comer naquele momento. Ninguém havia almoçado, estávamos todos à base de tira-gostos e já passava das cinco da tarde. Se o clima já não era dos melhores, com o acréscimo da fome, ficava ainda pior. Machado devia estar bem desgostoso por não conseguir as fotos do seu jeito. Ele me disse inúmeras vezes, antes do início da prova, que estava disposto a fazer, na RAAM, o melhor trabalho de sua vida.

Naquele momento de frustração, talvez não atinasse direito para o fato de que fazer o melhor trabalho de sua vida não envolvia apenas conseguir as melhores imagens do ponto de vista técnico, mas também conseguir as mais representativas no aspecto simbólico e no contexto da narrativa que ilustraria. Era isso que eu queria lhe dizer enquanto conversávamos, embora, talvez, eu não tivesse uma consciência clara desse conceito. Disse a ele, algumas vezes, antes e durante a prova, que não faríamos ali o melhor trabalho de nossas vidas sem sacrifício e privações.

Enquanto conversamos e comemos, Chiquinho escuta tudo e participa tacitamente, com movimentos afirmativos de cabeça. Quando encerramos nossa conversa, ele me pergunta se sei quando Marcio vai comer. Eu me surpreendo ao saber que Marcio ainda não comeu, nem recebeu a comida. Chiquinho também está irritado, porque fica às cegas, sem saber a que horas as pessoas vão comer. Tem de ficar o tempo inteiro em alerta à espera do chamado para esquentar a comida e preparar o prato.

— Quem pede quer na hora, não tem paciência de esperar. Tem de pedir com antecedência, então, senão eu fico aqui, que nem bobo, sem saber o que vai acontecer, se vai ou não comer. O Laurindo tem de descobrir logo como é que nós vamos fazer — diz, cobrando o chefe da equipe, que, neste momento, está ao volante do *motorhome*.

O veículo, aliás, está bem silencioso, mais do que eu esperava. Além de Chiquinho, lá estão Cambará, que no momento dorme num compartimento acima da

Por volta das 21h, vou para o MH1 (*motorhome* 1) jantar e Machado me acompanha. Lá, enquanto Chiquinho esquenta nossa comida, conversamos sobre as falhas na dinâmica do carro da imprensa para a realização das fotos nesse primeiro trecho

cabine do motorista, Palito, que dorme na cama no fundo do *motorhome*, Laurindo e Cortez, que navega. Não ouço, em momento algum, a voz de nenhum dos dois que estão acordados na cabine de direção, nem depois que Chiquinho cobra de Laurindo informações de Marcio e de quando ele irá jantar.

Ao fim da conversa com Machado e Chiquinho, encontramos o *motorhome* 2 e a van 3 num acostamento. Estamos fora de qualquer perímetro urbano nesse momento e é possível ver o deserto sob a luz da lua. Nessa hora, mais do que durante o dia, o deserto parece reviver seu passado de mar, com um horizonte sem fim e bastante misterioso. Eu vou para o *motorhome* 2 dormir. Machado vai para a van 3 para trabalhar como navegador de Lígia. Adilson dormirá também, mas na van, para depois, comigo, pegar o turno da madrugada.

No *motorhome* 2, a cama dos fundos está ocupada por Ernandes, Péricles está dirigindo e Dadinho o auxilia, na navegação. No compartimento superior está Ricardo. Além das camas ocupadas, sobra-me um sofá estreito e curto, bem desconfortável. O compartimento de cima, onde está Ricardo, é espaçoso e cabem duas pessoas com sobra. Subo e me acomodo. Ricardo percebe minha chegada e me dá mais espaço. Eu deito e levo um bom tempo até pegar no sono, um sono intermitente. Acordo inúmeras vezes. Não consigo dormir muito bem.

Capítulo 9

Para o vale monumental

À 1h45 da manhã Marcio, faz a troca com Guto e inicia seu primeiro pedal da madrugada. A equipe já soma 13 horas de pedal. Pela internet do *smartphone*, descubro que estamos em sexto lugar, na penúltima colocação de nossa categoria. Os alemães, que chegamos a acompanhar, se distanciaram e agora estão em segundo. O nome da equipe deles é Der Feller. Os primeiros colocados, no momento, também são alemães, da Forever-Ghost. Em terceiro está um quarteto canadense. Em quarto e quinto, quartetos norte-americanos. Na sétima posição, está um quarteto dinamarquês.

Nossa velocidade média é de 32 km/h. Os líderes pedalam a 35,5km/h e os vice-líderes a 35,1 km/h. Do terceiro para trás, estão todos em ritmos bem parecidos com o nosso.

Saímos da Califórnia há pouco e, agora, estamos no Arizona, onde o fuso horário, em relação a Washington, é de menos duas horas. É possível ver inúmeras vans e ciclistas na estrada, numa imensa fileira. Imagino que alguns possam ser nossos adversários. Marcio e Guto, nesse início de perna, já ultrapassaram dois ciclistas, um deles tinha a bandeira norte-americana no uniforme. Quem sabe não é um dos nossos adversários.

A madrugada está enluarada e cheia de estrelas. Confesso que estava ansioso por uma noite dessas e pela possibilidade de ver o céu do deserto com mais calma e tempo. A cada parada que fazemos no acostamento, enquanto aguardo a passagem de Marcio ou de Guto, eu aproveito para dar uma olhada no horizonte plano do deserto prateado pelo banho de lua.

Na van da imprensa, durante a noite e a madrugada, independentemente de quem seja o pedal, dois dormem e dois seguem acordados. De dia, todos ficam acordados, geralmente. A não ser que haja alguém muito cansado. Nesse caso, a pessoa descansa durante o pedal de Kim e Leone. Durante as pedaladas diurnas de Marcio, é importante estarmos todos despertos. Nessa primeira madrugada no Arizona, Machado e Lígia dormem; eu, na navegação, e Adilson, ao volante, seguimos despertos.

Por causa dessa divisão, meu trabalho de apuração jornalística dentro da van 2 fica condicionado a trechos mais simples de navegação, dos quais Adilson possa dar conta sozinho na van 3. Quando esses trechos ocorrem, eu peço a ele a autorização para ir para a van 2. Farei isso com relativa frequência ao longo da prova e Adilson nunca se oporá.

Porém, nessa primeira madrugada, eu ainda estou receoso. Por isso, passo a maior parte do tempo na van 3. Procuro apurar o máximo que posso nas trocas de ciclistas. Só perto do meio da perna da dupla da van 2, por volta das 3h da manhã, que eu me encorajo a ir para o veículo de Guto e Marcio. Em uma troca de ciclistas, Adilson para nosso carro alguns metros à frente da van 2, eu desço e vou até ela. Marcio acaba de voltar à estrada e passa por mim, pegando embalo. Guto encerrou seu segundo pedal.

— Porra, Gayotto — escuto Guto dizer enquanto me aproximo. — 'Cê falou que a altimetria desse trecho era boa, eu sentei o pé no começo, mas não demorou, comecei a só pegar morro. Quase não consigo terminar o pedal, perdi rendimento. Quer me matar?

Nesse momento da prova, estão Gayotto e Wagner dos Santos no estafe da van. Marcão está descansando. Gayotto insiste a Guto que o trecho não era tão ruim. Mas, na verdade, mesmo a altitude sendo de no máximo 130 metros acima do nível do mar, Guto pegou dezenas de subidinhas íngremes. Na frieza do desenho do *route book* parece pouco, mas no pedal, depois de pouquíssimas horas de sono, numa madrugada seca, gelada, desértica, uma altimetria "boa" com certeza não é aquela. Seria "boa" se fosse um imenso planalto ou um declive "sem fim" e suave em que o ciclista pudesse deslizar calmamente.

Marcio não enfrenta um trecho tão acidentado quanto o de Guto durante seu pedal. Em compensação, entra numa cidade chamada Parker que, àquela hora da madrugada, parece entregue aos fantasmas. Vejo, às vezes, pessoas sentadas em cadeiras de praia nas esquinas da cidade. Usam coletes refletivos e só não chegam a ser assustadoras porque estão em ruas relativamente iluminadas. Depois Marcio me dirá que são fiscais de prova, gente da própria cidade que resolve participar voluntariamente da RAAM.

Embora tenha bem menos aclives, o trecho que Marcio pega, principalmente na saída de Parker, será de subida permanente, mas gradual, imperceptível para quem não está pedalando, embora desgastante para o ciclista. Em seus 45 minutos, ele nos leva de 130 metros de altura para quase 300. Parece estar num bom ritmo. A equipe que ultrapassamos há cerca de uma hora está ficando para trás.

Leone, na manhã de 15 de junho, pedala trechos complicados, com subidas, no Arizona

...

A partir do terceiro pedal de Guto, que começa às 4h da manhã, para garantir que a distribuição de tempo na estrada entre os ciclistas será igual, eles passam a pedalar meia hora cada, como gosta Marcio.

Apesar do bom desempenho (velocidade média acima de 30 km/h), essas primeiras horas de prova são especialmente cansativas. O leitor pode achar que, por ser o início da competição, os ciclistas devem esbanjar saúde, mas o princípio de prova também é um momento crítico, em que o organismo do ciclista está se adaptando a uma nova condição. Mesmo que se treine duro para a RAAM todos os dias, a exigência da prova é muito maior do que o do período preparatório.

Então, é justamente por ser só o início da prova que o cansaço, às vezes, atinge níveis similares ao que o ciclista sente na segunda metade da prova, porém, por razões diferentes. Enquanto, no início, o cansaço se deve à súbita mudança à qual o organismo precisa se adaptar, no fim, o organismo já está, de fato, debilitado pelo longo período submetido a um esforço difícil de ser mantido por um longo período.

Isso ajuda a explicar porque depois de seu penúltimo pedal, por volta das 5h da madrugada, eu encontro Marcio na van 2, entusiasmado, mas visivelmente debilitado.

— Pedalei superbem antes desse último pedal, cheguei a fazer ultrapassagem, mas agora senti o cansaço. Queria ter pedalado mais forte — diz.

Ele olha a estrada pela janela e vê que há muitas vans e ciclistas na mesma reta e que continuam a guardar entre si pouca distância.

— Não me lembro de ter visto nenhuma RAAM tão equilibrada até este trecho.

Pela velocidade média, as duas duplas alemãs devem estar a uma distância que não nos permite enxergá-los, mas as duas duplas norte-americanas — quarta e quinta, respectivamente —, nós e os dinamarqueses devemos estar bem próximos.

O pedal de Guto passa rápido e Marcio se prepara para voltar à pista. Pela sua expressão, não me resta dúvida de que, naquele momento, se pudesse escolher, iria dormir. Até aquele momento da prova, parece-me que está no ápice de seu cansaço, mas não tenho dúvidas de que ainda hão de vir cansaços maiores nos próximos dias. Porém, ele está de bom humor e isso é o mais importante. Antes de subir na *bike*, à espera de Guto, mas já posicionado no acostamento da estrada, ele olha para mim, com um sorriso maroto, e me diz:

— 'Tô ficando velho.

Guto chega e ele parte. Eu volto para junto de Adilson. Marcio faz um pedal forte, de impressionar. Parece querer levar seu cansaço à exaustão. Nada mais apropriado; depois ele terá, em tese, perto de cinco horas de descanso... Quando encerra o pedal, eu desço da van da imprensa para pegar algumas de suas impressões daqueles 30 minutos. Ele parece satisfeito com o desempenho.

— Agora 'cê 'tá me vendo cansado, mas depois que eu dormir, vou estar inteiro. Preciso só de três horinhas.

Agora são pouco mais de 6h da manhã. O dia já clareou, mas ainda assim é possível ver Vênus brilhar intenso a leste. Eu volto para a van da imprensa e tento ver no site da RAAM qual é nossa posição. Estamos no TS5 e as colocações devem ter sido atualizadas. Porém, não consigo acesso à internet. Acho que esgotei o limite de tempo de uso do 4G do plano que comprei ainda em Washington. Desisto de saber em que posição estamos. Estou morto de cansaço também. Depois pergunto sobre as posições a alguém que tenha a internet funcionando.

Machado e Lígia assumem navegação e direção, eu e Adilson vamos descansar um pouco, na própria van.

...

Um sutil sacolejo no ombro seguido de um "Wagnão!", em tom baixo, para não me assustar muito, desperta-me. Não sei onde estou. Surpreendo-me de estar num dos bancos traseiros de uma van da Ford com o dia bravamente luminoso entrando pelas janelas do veículo. Juro que, naquele momento, pensei que estivesse na minha cama e na minha casa, no Brasil. Tenho a sensação de que dormi um outono inteiro e acordei no verão, mas não demoro a perceber que foi bem menos; a visão de Machado e o peso da cabeça me revelam a verdade.

— Bicho, desculpa te acordar, mas é que chegamos a um lugar em que a direção da prova disponibiliza banheiro com chuveiro e tudo. Não sei quando a gente vai poder tomar banho de novo, então achei que você ia querer ser acordado.

Diante da escassez de oportunidades como esta ao longo dos próximos dias, ponho-me de pé rapidamente, embora essa atitude me doa na alma. São por volta de 7h30 da manhã. Descansei, se muito, uma hora, mas prefiro o banho a continuar o descanso, diferentemente de Adilson, que vai ficar na van, deitado com o motor e o ar-condicionado ligados. Estamos em Congress, Arizona, em um motel[40] alugado pela organização da RAAM.

Apesar de estarmos no comecinho da manhã, o sol é escaldante e ardido; combinado ao solo arenoso e ao cheiro de poeira, eu quase me sinto um beduíno. Do lado de fora de um dos quartos do motel, na fila para o banho, encontro Marcio, com ar exausto. Sua expressão é de poucos amigos. Imagino que a minha não seja melhor, por mais que me esforce. Não é nada pessoal, mas com o sono entrecortado, é impossível ser feliz.

A fila do banho anda a muito custo. As pessoas aproveitam o que provavelmente não terão pelos próximos seis dias de prova. Não me incomoda esperar. A

---

[40] Nos EUA, os motéis são como nossas pousadas e não como nossos motéis.

O sol abrasivo e mais subidas também exigem bastante de Kim, na manhã do dia 15, no Arizona

compreensão de que a minha vez vai chegar dilui toda a minha ansiedade. Marcio usa o banheiro, outras duas pessoas que estavam à minha frente também. Antes d'eu entrar, a equipe de limpeza lava o banheiro, o que me faz sentir privilegiado. Eu entro e aproveito ao máximo a oportunidade. Saio contente e encontro Marcio, acompanhado de Lígia, comprando *souvenirs* nas tendas de lona instaladas pela organização da prova.

Eu volto para a van. Adilson, que desistiu de descansar, está limpando o carro. Eu o ajudo. Lígia chega e finalizamos o trabalho juntos. Subimos ao veículo. Machado, que estava atrás de mim na fila do banho, não demora a se juntar a nós. Tudo pronto e limpo, com exceção de Adilson. Pegamos a estrada para fotografar o pedal dos ciclistas da van 1.

...

— A boca começou a formigar no meio do pedal. Tive de parar — diz Guto, tomando Isotônico. — Precisava comer. Agora que comi, já, já melhora.

Já é quase meio-dia, faz uma hora que a dupla da van 2 voltou à pista e estamos num trecho de montanha no centro do Arizona, a região do Prescott National Forest. Guto pedalou, há pouco, uma subida que nos levou de 1.200 para 1.700 metros de altitude, indo de Kirkland em direção a Iron Springs. Apesar de duro e sinuoso, o trecho é lindo e tinge de verde o mapa do desértico estado. Encontraremos mais áreas assim no Arizona, para minha alegria. No meio do caminho ainda chegaremos a um vale, o Prescott Valley, que devolverá à região seu aspecto avermelhado, ao menos por um instante.

Numa das paradas do *leapfrog* da van 2, eu aproveitei para sair do carro da imprensa e embarcar no dos ciclistas. Não vi o momento exato em que Guto interrompeu seu pedal por causa da hipoglicemia, eu já o encontrei parcialmente recuperado, deitado em sua cama na van. Seu mal-estar ocorreu nalgum instante que a imprensa perdeu de vista a van 2. Isso acontece com frequência, por causa da impossibilidade de fazer comboio.

Marcio está na pista, agora, enfrentando um trecho difícil, de subida. Conversando com o pessoal da van 2, descubro que os ciclistas decidiram, a partir dessa perna de cinco horas, alternar suas entradas de meia em meia hora. A mudança começa a valer a partir do retorno de Guto, já que Marcio está estendendo em 20 minutos esse seu pedal para dar tempo à recuperação do colega.

— Já posso voltar — diz Guto à equipe, que não demora muito a se posicionar para a troca.

Já no acostamento, devidamente paramentado, sobre a *bike* e à espera de Marcio, Guto recebe o companheiro com agradecimentos pela "cobertura". Isso tudo acontece rapidamente, enquanto Marcio freia e perde o embalo e Guto inicia o pedal e tenta embalar na subida. Marcio está rindo e retribui os agradecimentos com palavras de estímulo. Leve, ele caminha até a van dizendo que está superbem. Seu bem-estar não é só físico. Claramente está orgulhoso da própria capacidade de compensar o contratempo vivido pelo parceiro.

— Uma mão lava a outra. Aqui tem de ser assim. Ele segurou bem na decida de Borrego. Agora foi a minha vez.

O trecho da Prescott National Forest exige bastante dos ciclistas. Depois da decida do Prescott Valley, Marcio e Guto sobem em direção a Haywood Canyon, alcançando mais de 2.100 metros de altitude. A maior parte da subida cai no colo de Marcio que, ao subir bem a ladeira, faz jus ao macaco de pelúcia que Marcão lhe deu. Do alto dessa linda montanha, temos uma vista deslumbrante de *canyons*. Porém, mais uma vez, acompanhar os ciclistas e fotografá-los é impossível. Os riscos a nós, aos ciclistas e aos carros da mão contrária na estrada são imensos.

Machado me parece cada vez mais desestimulado com tantas impossibilidades. Seu semblante não esconde. Ele me dá impressão de achar que nos falta empenho para viabilizar suas fotos. Coloco no plural porque eu assumi o volante, há algum tempo nesse trecho da jornada, na tentativa de fazer valer, na prova, o que simulamos em São Paulo e em Oceanside. É bastante complicado realizar essa tarefa, mas tenho certeza de que vamos consertar isso.

A descida da Haywood Canyon fica para Guto, que desta vez não tem de lidar com a poeira do deserto, nem com os ventos laterais que enfrentou ao descer a The Glass Elevator, em Borrego. A velocidade que ele pega é tamanha, que não conseguimos acompanhá-lo, só o encontraremos no pé do morro. No meio da descida, contudo, temos a felicidade de encontrar uma linda cidadezinha encravada nas encostas abismais da montanha vermelha. Jerome é seu nome, parece um vilarejo, fica à beira da estrada e, por um instante, não sei por que, sinto inveja das pessoas que moram ali, como carneiros da montanha.

Ao descer o morro, chegamos a Cottonwood, a 3.333 pés, cerca de 1.000 metros de altitude, um oásis planáltico que serve de prenúncio ao que encontraremos no caminho para Flagstaff, um planalto verdejante há 7.000 pés, quase 2.000 metros, e ainda mais oásico que Cottonwood.

O clima que encontramos na região central do Arizona não é de deserto, é bem mais fresco do que na Califórnia. Sem dúvida, esse fator suavizou o desafio de Guto e Marcio neste trecho acidentado, mas, ainda assim, é impossível terminar esse alpinismo sobre duas rodas sem estar exausto. Imagino o que não virá logo mais à frente, no Colorado. Marcio e Guto encerram o pedal — com o perdão da gíria — só o pó. Nem disposição para um bate-papo Marcio tem. Assim que encerra os trabalhos e me encontra no acostamento da estrada, educadamente, diz que não quer falar. Vai direto para a van descansar.

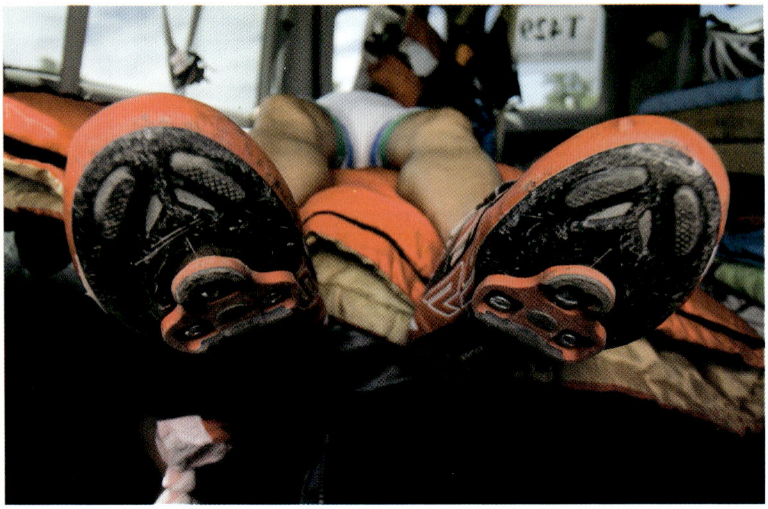

Na sequência, é a vez Marcio e Guto seguirem a trajetória ascendente, no início da tarde do dia 15. Guto chega a ter hipoglicemia em uma das subidas do Prescott National Forest, no Arizona, e Mr. Milan não esconde o cansaço após um difícil trecho de pedal

SHARE
THE
ROAD

...

Depois de muitas passagens pela van de Guto e Marcio, agora acompanho Kim e Leone. São 16h5 da tarde. Leone está no pedal, prestes a encarar o trecho mais duro da prova até esse momento: uma serra interminável e íngreme a ser percorrida em uma rodovia interestadual, a I-17N. Assim que entra na interestadual, a própria van 1 se aproxima para o *following*. As trocas nesta rodovia também não podem ser feitas em qualquer ponto ou acostamento. Há setores preestabelecidos em áreas de escape na estrada para diminuir os riscos de acidente.

Depois de pedalar entre dez e quinze minutos num terreno relativamente plano, Leone começa a subida. Ele tem dificuldade para ultrapassar 8 km/h e tem 45 minutos de pedal pela frente. O problema é que a ladeira tem 22 quilômetros de estrada, quase 1.000 metros de morro, e o primeiro ponto de parada está a 11 quilômetros de distância — 540 metros de inclinação. Considerando a velocidade média que ele tem alcançado, terá de pedalar um pouco mais de uma hora, talvez uma hora e quinze minutos até o primeiro ponto de troca.

Enquanto Leone sobe com muito esforço, eu e Kim conversamos na van. Kim parece estar assistindo à televisão na sala de casa, tamanha a tranquilidade que mostra em viver aquela loucura chamada RAAM.

— Loucura foi a minha primeira [disputada em 2006], quando vim pra cá sem nem saber o que me esperava, às cegas, completamente, e com quase nada de preparo. Mesmo assim eu fiz a prova.

Fez por causa da insistência de Marcio.

— Comecei a pedalar por causa dele. É o responsável por isso. Falava com tanta paixão, que resolvi ver como era.

Se sua primeira participação foi quase um ato de irresponsabilidade, Kim veio, para esta RAAM, preparado como nunca. Sua preparação foi digna de um profissional, como ele mesmo diz. Nem em 2006, nem em 2007, nem em 2008, quando pedalou por outra equipe, nem em 2010 e nem em 2012, quando foi campeão com a Vencendo Desafios, ele esteve tão na ponta dos cascos, como em 2014. A presença de Bruno, ex-ciclista e osteopata de formação, não deixa dúvidas quanto a isso. Kim está magrinho, 64,7kg, e, durante o período de treino, focou as subidas. Por isso não se assusta com a encrenca que Leone, agora, está tendo de superar.

— A maior diferença é de clima. Minha preparação é feita, sobretudo, no inverno europeu. Aqui, pegamos o verão. Mas estou acostumado. Da primeira RAAM que fiz para esta, eu diria que a diferença é enorme, zero pra dez.

Descalço, de bermuda e camiseta fina, Kim atende ao telefone e conversa com a esposa pelo celular, enquanto a filha, Kika, mostra-se atuante no microfone da van, dando instruções a Leone. Ela navega, enquanto Bruno, que tem um filhinho de dez meses a sua espera em Portugal — a própria Kika é quem me revela —, dirige. Ele diz estar com saudade do menino, aquela saudade boa, que deixa um riso incontido no canto da boca. Bruno é daquelas pessoas engraçadas por natureza. Acho que Leone, um corintiano roxo, ensinou a ela alguns gritos da torcida alvinegra e, para animar o ciclista, cujo trabalho não está sendo nada fácil, vez ou outra, Bruno pega o microfone e solta uns "vai, Corinthians".

Kim, ainda ao telefone, diz à esposa qual é nossa localização neste momento na prova. Ela deve estar na internet do computador de casa, em Portugal, porque lhe passa a informação de que nossa equipe continua em sexto lugar, à frente dos dinamarqueses, atrás dos norte-americanos e a uma velocidade de 29 km/h.

Kika pega o celular da van e liga para o *motorhome*. Pede para falar com Cortez, seu marido. Pergunta se está tudo bem, se ele se medicou... Cortez é diabético e, além de controlar a alimentação, tem de tomar, com frequência, injeção de insulina para controlar a glicemia.

...

É curioso observar como a van 1 é diferente da 2. Não se vê nela o mesmo asseio que Marcio faz questão de conferir à van 2. Tampouco Joaquim demonstra a mesma preocupação com essas questões.

— Eu divido a RAAM da seguinte forma: 40% são preparo físico; outros 40%, psicológico, e 20% são questões de estrutura. Uma coisa influencia a outra. Por isso, sem um bom ambiente é difícil se manter equilibrado física e psicologicamente.

Ele olha para Leone pedalando à frente da van. Eu pergunto se Leone forçou demais no começo. Ele diz que talvez.

— O deserto está muito quente neste ano. O ideal é fazer esse primeiro trecho a 70% de sua capacidade, é o que tenho feito, para ter gás pra suportar trechos como este. Além disso, sobra mais pra o meio e pra o final da prova. Agora, o melhor remédio pra vencer trechos difíceis é pensar que os adversários também precisam passar por eles.

Kim comenta que, no descanso que tiveram antes de iniciarem este pedal, pouco dormiram.

— Se descansamos meia hora, foi muito.

Diferentemente de Marcio, que tem opções de cobertores e edredons na van, Kim usa apenas um saco de dormir e diz que é a melhor opção para a prova, a mais prática, que não é necessário mais nada. Em seguida, fora do saco de dormir, ele embarca num cochilo, mas é despertado, no susto, ao ouvir o tom de voz de Kika subir numa expressão do tipo "Ah, meu Deus". Ela acaba de perceber que há algo de errado, que passamos pela área de escape onde a troca devia ter sido feita e não há mais como voltar. O pior é que a próxima área de escape e troca está a 15,2 km dali. Leone, até o momento, pedalou mais de uma hora. Pedalar mais 15,2 km seria colocar-lhe nas pernas, possivelmente, uma hora e meia de pedal a mais. Esse é o resultado do cálculo que fazemos no caso d'ele manter esse ritmo.

Na realidade, é impossível Leone continuar. É visível o seu desgaste. Joaquim diz que devemos parar. Manda avisar Leone e em seguida começa a se trocar. Diz que devemos parar no acostamento da interestadual mesmo e rezar para que nenhum fiscal nos pegue. Leone é avisado e, confuso, para a *bike* no acostamento. A van estaciona, Kim já uniformizado desce, calmo, mas célere. Bruno corre para colocar a *bike* de Kim à sua disposição. Kika recolhe Leone, que está mais perdido que cego em tiroteio.

— O que aconteceu, por que paramos aqui e desse jeito? — Ele pergunta.

A equipe não lhe responde de pronto, ocupada em ser rápida ao prender a bicicleta de Leone no suporte e liberar o início do pedal de Kim. Então, eu mesmo resolvo contar a ele.

— Perdemos o ponto de parada. 'Cê tinha de ter parado antes. Aqui é proibido.

Leone faz sinal de negativo com a cabeça. Bruno diz que vai esvaziar o pneu da *bike* dele para dizer que paramos ali por causa de um pneu furado, caso alguém da fiscalização nos questione em razão do tempo parado no acostamento naquele trecho da estrada. A direção de prova controla os movimentos dos ciclistas e das equipes pelo rastreador. Kim sobe na bicicleta e inicia seu pedal. Eu entro na van e ajudo Leone a entrar também. Ele está claramente debilitado, com as mãos trêmulas. Bruno e Kika reassumem seus postos. Partimos.

— Não imaginava que era tão difícil, cara — Leone me diz. — Se eu terminar essa porra, 'tô feliz. Desde que eu comecei a pedalar na vida, minhas pernas nunca tremeram tanto, nem em treino, nem em competição nenhuma.

Leone é outro depois do pedal. O ímpeto competitivo que o levou a gritar a Marcio que havia passado quatro ciclistas ao fim da primeira perna da equipe na prova, no dia anterior, deu lugar a um atleta forçosamente mais realista. Estirado em sua cama, olhando para o teto da van, ele tenta se revigorar e relaxar a musculatura. Parece evidente que ele subestimou o poder da RAAM. Ainda em São Paulo, disse-me, com todas as letras, que a RAAM era uma preparação para o *Ironman* que disputará em 2015. Marcio cansou de avisá-lo que a RAAM era muito mais complicada que um *Ironman*.

— Você vai chorar na RAAM. Vai ter vontade de pedir pra sair — vi Marcio lhe dizer, algumas vezes, quando percebia o desdém ingênuo de Leone em relação à prova.

O fato é que Leone não está chorando, pelo menos não pelos olhos...

— 'Cês 'tão malucos que iam esperar o próximo posto de troca. Não ia aguentar nunca...

O pouco tempo deitando e relaxando devolve rapidamente a Leone seu bom humor.

— Só quero que o Joaquim pedale nessa subida a 54 km/h e não me deixe mais nada pra subir. 'Tá louco. Vou rezar, vou pedir a Deus por isso. Pai, atenda meu Pai-Nosso... Me livra dessa subida, Pai, empurra o Joaquim pra cima.

Leone diz isso porque, de acordo com as informações que nos passa Kika, lendo o *route book*, ainda temos 54,4 km de subida. Na verdade, Leone subiu perto de 600 metros em 16 quilômetros de estrada. Isso significa que subiu a maior parte do morro, que tem 22 quilômetros. Resta a Kim por volta de 390 metros, o equivalente a seis quilômetros da estrada. Felizmente, na próxima perna de Leone, não haverá subida. Tenho a impressão de que qualquer coisa diferente disso poderia comprometer a condição física dele para o resto da prova.

...

Joaquim terminou de subir o morro e já se encontra em um planalto lindíssimo, de um verde onírico, frio úmido e revigorante. Os imensos campos de feno nos colocam num cenário de filme ou desenho de cavalos. Sem dúvida, o Arizona é encantador, diverso e convidativo. Guarda ilhas de verdor e climas temperados que, por estarem cercadas pela vermelhidão desértica, parecem mais verdes e frescas que qualquer outra. Leone olha a paisagem e o planaltão pelo qual Kim pedala confortavelmente; queixa-se de ter pego quase toda a subida, enquanto seu colega segue suave, na estrada, feito cavalo que se diverte no pasto extenso daquelas paragens.

— Deixa um pouco pra mim, Joaquim — grita Leone, da van, em tom de brincadeira.

Estamos próximos à área de escape, ou *ramp* (rampa), onde a troca deve ser feita. Será uma troca lenta, já que o pneu de Leone tem de ser enchido. Felizmente, ninguém da organização nos procurou para contestar algo sobre uma suposta parada irregular da equipe, mas o pneu está murcho do mesmo jeito. Pegamos a rampa, paramos, preparamos Leone, *bike*, pneu e, enquanto recolhemos Kim, vemos Leone pedalar em direção à interestadual sem esperar nosso *following*.

Leone não pode entrar na estrada sem que estejamos atrás dele, sob risco de penalidade à equipe. Kika berra para ele parar, mas ele a ignora solenemente. Está com fones de ouvido, provavelmente escutando Kid Abelha. Lembro-me de tê-lo ouvido passar por mim e Machado enquanto o fotografávamos no simulado feito em março cantando "Fazer amor de madrugada...". Como não nos escuta, o melhor é sermos rápidos e partirmos atrás dele antes que entre na interestadual. É o que fazemos.

Kim está bravo, diz que Leone sabe que não pode fazer isso. Porém, provavelmente nem parou para atinar que a van não está em seu encalço. O que fica claro para mim, de toda essa história, é que a passagem da equipe pelo Flagstaff está marcada por um erro de estratégia das lideranças: precisávamos das duas vans nesse trecho para que não se perdesse tanto tempo nas trocas e para impedir problemas como o que acaba de acontecer e como o ocorrido na primeira troca desta perna. Mais tarde, Ricardo, líder da van 1, reconheceria isso. Porém, à essa altura, "Inês é morta". É preciso seguir em frente.

Apesar de todos os contratempos já experimentados na perna que durará quatro horas da van 1, tenho a sensação de que, por pior que sejam os incidentes, seus integrantes têm uma natural tendência a conviver de forma harmônica. O erro que deixou Leone mais tempo na pista íngreme e a saída desavisada dele em direção à interestadual sem o suporte da van, nada disso resulta numa reação desmedida e de conflito continuado. Ao alcançar Leone, quase entrando na interestadual, Kika pega o microfone e, num sotaque bem português, dá uma dura no ciclista:

— Fabio... Você não pode entrar na estrada sem que estejamos atrás. Tem de esperar, entendeu? Tem de esperar.

Fabio faz um sim com a cabeça e segue a pedalar. Joaquim, já bem acomodado na van, de novo, olha tudo com sua peculiar serenidade. Comento com ele que Leone chegou morto da primeira hora de pedal, ao que me responde:

— Cansei de avisá-lo que teríamos muitas subidas nesse primeiro trecho. Até passar do Colorado, será assim, temos de nos desgastar o mínimo no início pra vencer bem esses trechos... O primeiro dia é festa, depois é preciso capacidade de sofrer. Mais do que nunca, daqui pra frente, é a cabeça e não o corpo quem tem de mandar.

A tese de que depois do temporal vem a bonança se confirma para Fabio. Se Kim dividiu sua hora de pedal entre o resto da difícil subida e o lindo planalto de Flagstaff, Fabio, que só havia subido, agora flana na linda paisagem de pinheiros, feno e cavalos. Com vento a favor e descida suave, ele cruza, em 50 minutos, 52 km de umidade e frescor.

Perto das 19h, já fora da interestadual (*highway* 17), entramos numa área belíssima, o campus da Northern Arizona University (NAU). Faz um frio tremendo e descobrimos isso quando o pneu de Leone fura, de fato, e descemos para trocá-lo. Ele se encaminha para o fim da hora de pedal, faltam menos de 10 minutos para concluí-la. Para perder menos tempo, o estafe decide colocar logo Kim na estrada e recolher Leone. Como Leone só voltará à pista em seis horas — depois de Kim, Marcio e Guto voltarem a pedalar —, é melhor deixar para Palito arrumar o pneu depois, quando as coisas estiverem mais calmas.

Assim, Kim retoma o pedal no campus da NAU e logo descobrimos que as diversas curvas e ruazinhas tornam o trecho um tremendo desafio para o navegador. Não demora para Kika dizer que está perdida, pois o GPS não conversa mais com o *route book* e ela não sabe qual orientação seguir, até porque sequer encontra nas ruas as referências dadas pelo *route book*[41]. Kika fica bem irritada e pouco receptiva às sugestões de Bruno. Ela liga para Ricardo que, a distância e por causa da tensão de Kika, pouco ajuda. Bruno diz para seguirmos o GPS, já que nos perdemos do route book, mas Kika sabe que o *route book* é mais confiável. Meio desalentada, quase em desespero, ela resolve seguir o GPS, como sugere Bruno. Dá certo.

Na verdade, em momento algum estivemos tão seriamente equivocados como as reações de Kika dão a entender. Olhando posteriormente o *route book* e comparando com o mapa viário do Google Maps, percebi que estávamos certos, desde sempre, a partir do momento que saímos do campus da universidade. Acontece que a US 89 N, via que o *route book* nos orientava a seguir depois do campus, mudava de nome em sua extensão algumas vezes. Kika não percebeu isso e tampouco o *route book* lhe dava todos esses detalhes. Mas não era só uma questão de déficit de informação do *route book*. Kika estava exausta e com sono. Ela já devia ter sido substituída há duas horas, mas, em razão do erro de estratégia que afastou as duas vans dos ciclistas, estava há quase 12 horas trabalhando na navegação.

Ao chegarmos ao TS9, no estacionamento de um grande centro de compras com inúmeras opções de *fast-foods*, Kim sai do pedal, Guto assume e Kika, bastante desgastada e um pouco irritada, é substituída na van por Ricardo. Ela come e vai descansar no *motorhome* 2. A van 1 segue na estrada fazendo *following* para os ciclistas da van 2.

Eu também aproveito o *motorhome* 1 parado e janto. Estou exausto. Fazia parte do roteiro da minha apuração passar, pelo menos, uma perna de pedal na van 1, só não esperava ficar ilhado do restante da equipe, nem que tanta coisa aconteceria. Valeu a pena, mas o problema é que não terei tempo para descansar. Já é preciso sair no encalço de Marcio e Guto. Seguiremos Marcio até 1h da madrugada.

...

O pedal noturno de Marcio e Guto pelo norte do Arizona não tem nem metade dos contratempos experimentados à tarde por Leone e Kim. A lua nos brinda com seu brilho champanhe o tempo todo e eu e Adilson marcamos os passos da dupla de perto, enquanto Lígia e Machado dormem na van.

O clima no carro da imprensa não melhorou nas últimas horas. Machado mantém a expressão fechada. Acho que, além da dificuldade em fotografar, irritou-se com a cobrança que fiz por termos perdido as fotos da entrada de Marcio na prova. Apesar das dificuldades, que me parecem normais para esse início de RAAM, a montagem do

---

[41] Para que seja possível navegar pelo *route book* com segurança, é necessário a cada *time-station* zerar o hodômetro do veículo. Isso porque as coordenadas do *route book* se baseiam nesse modelo de referência. Assim, qualquer desvio de rota resultará em divergência entre as coordenadas do livro de rota e a localização real do veículo. Nesse caso, o GPS funciona como "estepe" de navegação.

Vista do Prescott National Forest, nas proximidades da cidade de Jerome, que fica encravada nas montanhas da região

time de imprensa com quatro pessoas é excelente para a realização do trabalho. Essa formação nos permite revezar os sonos nos períodos noturnos e concentrar o trabalho, meu e de Machado, concomitantemente, durante o dia. Assim, todos nós conseguimos dormir à noite. Não digo que cinco horas, porque não é fácil desligar, mas umas três horas, geralmente. Numa noite, Machado e Lígia pegam o sono da madrugada, da 1h às 6h; na outra, eu e Adilson ficamos com o horário nobre.

Tendo em vista a minha necessidade de estar sempre com Marcio, quando ele estiver na pista, minhas madrugadas insones coincidem com as do pedal dele. Não importa a cor do céu, se Marcio estiver na pista, preciso sempre estar com caneta e caderno na mão. A função de Machado não respeita obrigatoriamente essa regra, já que o trabalho de fotógrafo fica limitado à noite, quando as imagens fotografáveis são bem menos abundantes e as dificuldades técnicas bem mais. Assim, com raras exceções, à noite cabe a Machado, se não estiver dormindo, trabalhar ao volante e na navegação.

Agora, porém, estamos, eu e Adilson, acompanhando os ciclistas e auxiliando a navegação da van 2, responsável pelo *leapfrog*. Não fazemos isso de propósito, mas logo percebemos que, ao nos anteciparmos, encontrando acostamentos e áreas de escape antes da van 2, facilitamos o trabalho de seu estafe. Por vezes, ajudamos também os ciclistas e a van 1, que faz o *following*, ao pararmos do lado e na mão certa de uma esquina, indicando que ali é necessário virar para cá ou para lá. A van do *following*, pelo microfone, avisa ao ciclista qual é o caminho a seguir, mas nossa presença e posicionamento correto é um componente informativo extra, que dá mais confiança ao ciclista.

Apesar desse útil papel desempenhado, a princípio, sem pretensões estratégicas deliberadas, nosso trabalho principal é outro. Por isso, sempre que possível e desejável, dou o já habitual pulo na van de Marcio para conversar um pouco sobre suas impressões. Quando não vou para a van 2, asseguro o acompanhamento *in loco* das trocas de ciclistas. Desço da van e converso com Guto quando está prestes a partir para o pedal e, com Marcio, quando chega. Ou com Marcio, quando está prestes a partir e, com Guto, quando chega. Será assim até o fim.

Embora eu já tenha visto Marcio cansado e indisposto durante a prova, na perna desta noite do dia 15, ele está um pouco mais. Seu humor piorou, talvez porque não conseguiu repousar como gostaria depois do complicado e acidentado trecho entre Prescott e Cottonwood. Antes de entrar na pista pela terceira vez naquela noite, eu consigo passar meia hora com ele na van 2. Conto como foram as quatro horas na van 1 e ele me escuta não muito entusiasmado. Gosta somente quando falo de Leone, da subida hercúlea, de seu cansaço e das piadas que fez da própria condição.

— Eu falei pra ele que ele não tinha ideia do que era a RAAM — diz.

Depois de ouvir tudo o que lhe conto, ele fica em silêncio por um instante, até que me pergunta:

— Então você não descansou à tarde e agora 'tá aqui me acompanhando... 'Cê não 'tá cansado, não?

— Por enquanto 'tô ligado, mas, quando terminar seu pedal, devo capotar de um jeito que não consegui capotar até agora nessa prova.

— Eu acho que 'cê devia ter descansado. Lembra do que eu te disse: aqui não tem lugar pra super-homem. Respeita seus limites.

Estamos num trecho da prova bom para o pedal. É uma descida contínua e prolongada, não muito íngreme, bem administrável. Aqui, sim, a altimetria é boa. Até o próximo *time-station*, o 10, que fica em Tuba City, ainda no Arizona, Guto e Marcio pedalarão pouco mais de 115 quilômetros. De Tuba City em diante, contudo, a dupla iniciará uma forte subida e entrará na terra dos índios navajos, pedalará mais cerca de 40 quilômetros, deixando por volta de 80 para a dupla da van 1 completar o trajeto que liga o TS10 ao 11, Tuba City a Kayenta.

A conversa que tenho com Marcio se dá na única vez em que consigo entrar na van dele nesta perna de cinco horas. Tento outras vezes, mas ele me diz que quer descansar nos intervalos de suas pedaladas. Eu sigo com Adilson, assistindo as vans dos ciclistas e cobrindo as trocas até 1h da madrugada.

...

Pouco antes das 6h da manhã do dia 16 de junho, sou novamente despertado por Machado:

— Dá uma olhada nisso... — ele me diz.

Eu ergo meu tronco do banco e do sono para olhar pelo vidro dianteiro da van. Vejo um planalto de terra de gigantes, chapiscada de montes desenhados pelo tempo, pelo vento e pela água. Os picos parecem esculpidos por um artista original, disposto a dar formas únicas à sua obra, que, ainda assim, é capaz de encontrar eco no inconsciente de todos que veem sua beleza. Estamos na região de Monument Valley, há pouco mais de 1.000 metros de altitude, ainda no Arizona e a pouquíssimos quilômetros de Utah. O primeiro pico que vejo é possivelmente o mais famoso da região: Agathia (Agathia Peak[42]).

— Wagnão, pra você não ficar preocupado, foi o próprio Marcio que pediu pra gente parar aqui e fazer essas fotos. O pessoal da van dele ligou pra gente, eu falei com eles e me disseram que o Marcio estava pedindo. A gente parou num posto para esperar a manhã se aproximar e chegar aqui quando desse pra fotografar a região. Eu acho que eles estão mais de uma hora na nossa frente. Quando passaram por aqui, estava escuro, não adiantava a gente acompanhar, não ia sair nada.

---

[42] Pico de Agathia

A argumentação de Machado faz mais do que sentido. Claro que, ao ver o horário, preocupei-me, porque Marcio estava prestes a entrar na pista. Mas se tudo fora previamente combinado entre eles, eu acredito que não seria prudente deixar passar batida aquela paisagem, mesmo que nosso ciclista não estivesse ali, em primeiro plano, emoldurado pelos picos monumentais daquele vale esplêndido.

Ainda assim, preocupava-me o tempo gasto para realizar as fotos, até porque, se eles estavam muito longe, corríamos o risco de pegarmos só metade desta perna de pedal da dupla, mesmo acelerando forte atrás deles. Paramos algumas vezes em pontos diferentes para pegar ângulo e iluminação diversa de um mesmo pico ou de outros. Gastamos quase uma hora nessa dinâmica. Quando, às 7h, entramos em Utah e logo chegamos a Mexican Hat (TS12), um povoado simples, mas muito bem localizado à beira de um rio delgado e de águas diáfanas chamado San Juan, decidimos não parar mais até encontrar a van 2.

Imagino estarmos a uma hora e meia dela, já considerando a velocidade do carro em relação à da bicicleta. Pelos meus cálculos, eles passaram pelo TS12 há uma hora e meia. Adilson, de volta ao volante, acelera o máximo que pode e, para minha surpresa, a paisagem ainda é belíssima naquele trecho, guardando alguns tímidos, mas oníricos picos. Se eu soubesse que os resíduos do Monument Valley se estendiam por tanto tempo e estrada, preservando beleza parecida com a de seu trecho de maior esplendor, teria acelerado a seção de fotos lá atrás, mesmo que com pouca esperança de encontrar Marcio pedalando nesse cenário. Não seria o Agathia Peak, mas ainda teríamos uma bela amostra.

Estamos justamente no ponto em que os organizadores da prova informaram que era preciso ter cuidado com cachorros selvagens. Tento avistar algum, mas nem sinal. O que encontro, para minha surpresa, é Marcio, pedalando o trecho acidentado. Não são nem 7h30. De pronto constato que ele e Guto inverteram a ordem de pedal. Desta vez ele iniciou. Estou contente de tê-lo encontrado tão antes do que previa e acho que ele vai ficar contente em saber que fizemos as fotos do Monument Valley e já o alcançamos para seguir nosso trabalho. Só não fico mais entusiasmado ao vê-lo porque os picos esculpidos, mesmo os resíduos, desapareceram desde a penúltima curva que fizemos na estrada. Infelizmente não dá para pedir que ele volte e pedale naquele trecho.

...

Adilson o ultrapassa e iniciamos o *leapfrog* da imprensa. Porém, dessa segunda meia hora de pedal de Marcio, só é possível uma foto, feita no instante em que ele se aproxima da troca com Guto, em meio a uma subida difícil, já debaixo de um sol escaldante. Além de Machado fotografando, eu também estou fora da van, uns 20 metros atrás de Machado. Ao se aproximar de mim e de passagem, em pleno pedal,

Marcio olha na minha direção, com cara de poucos amigos e dispara uma pergunta cujo complemento me surpreende:

— Onde 'cês'tavam, porra?!

No susto, eu respondo o que, na minha cabeça, ele já sabe:

— Fazendo foto do Monument Valley, como você pediu.

— Eu pedi de mim! (...) Era pra tirar foto de mim na paisagem!

Estou completamente perdido, mas disposto a entender o que está acontecendo. Vou para a van dele, não sem antes trocar olhares com Machado, que se aproxima de mim querendo saber o que disse Marcio.

— Disse que era pra gente fotografá-lo no Monument Valley, não fotografar o Monument Valley, simplesmente.

Machado meneia a cabeça negativamente e, se havia restabelecido o humor no cenário encantado dos monumentos de barro, agora parece o mesmo do dia anterior, o semblante se fecha novamente.

— Vou falar com o Marcio agora. Não entendi essa cobrança — digo a Machado.

Entro na van 2, onde Marcio já está, e tenho a impressão de que, se ele tivesse tijolos à mão, iria jogá-los em mim.

— Não quero nem falar sobre isso — diz Marcio.

Não entendo isso como um pedido para sair da van, entro e fecho a porta traseira. Wagner e Gayotto já se sentaram à frente. Gayotto dá a partida no veículo para fazer o *leapfrog* de Guto. Quero entender o que aconteceu, qual foi o mal-entendido. Mas não digo nada, espero Marcio falar...

— É quando a prova vai avançando que a gente vê quem é quem, as pessoas colocam seus interesses e suas necessidades pessoais acima da equipe e do trabalho. O que você estava fazendo quando eu liguei na van?

— Dormindo.

— O que o Machado disse pra você?

— Que você havia pedido pr'a gente fotografar o Monument Valley. Que era para esperar o dia clarear, porque a equipe passaria pela região ainda de noite.

— Eu estava aqui e ouvi o que os meninos [Wagner ou Gayotto] disseram, do jeito que eu tinha pedido. Eu pedi pra vocês estarem perto de mim quando entrasse na pista pra pegar a paisagem de fundo.

— Mas quando 'cês passaram pelo Monument Valley não estava escuro ainda? Não era o Leone e o Kim nesse trecho? Quando nós chegamos à região, ainda estava meio escuro e a gente chegou depois deles. As imagens ficaram boas de tirar uns 20 minutos mais tarde depois da nossa chegada. 'Cês passaram por ali bem antes da gente, pelo menos foi o que a Lígia e o Machado disseram. No horário em que 'cês passaram, não daria boas fotos.

Cruzamos o inconcebível Vale dos Monumentos (na foto, o Pico de Agathia), o rio San Juan e o vilarejo de Mexican Hat em busca de Mr. Milan. A ideia era fotografá-lo nesta monumental paisagem, mas nossos ciclistas, pelo menos em tese, teriam passado pelo trecho antes de o sol nascer

— Dava pra fazer. 'Cês tinham que ter vindo, não ficado lá.

As histórias não batem, não fazem sentido na minha cabeça. Pela lógica temporal do relato de Machado, a equipe passou pela região do Monument Valley quando estava tudo escuro. De fato, quando chegamos à região, havia o lusco-fusco da manhã em nascimento. Estava meio escuro e não havia sinal de ciclistas na imensa reta que se estendia à nossa frente, a perder de vista. Pela imagem que vi, a narrativa de Machado era pertinente. Porém, levamos bem menos tempo para encontrar a equipe depois das seções de foto, no máximo 30 minutos. É verdade que Adilson andou bem forte. Em nenhum outro momento eu estive num carro tão veloz durante toda aquela viagem.

Confesso que é complicado saber se minha lógica, baseada nas palavras de Marcio e Machado, está em seu perfeito juízo. Estava dormindo e tudo ainda parece um pesadelo. Pergunto-me se Marcio não passou a Machado justamente o que Machado entendeu, mas, ao iniciar seu pedal num trecho ainda fotogênico, não achou que já devíamos estar ali, mesmo dando carta branca para fazer as fotos do Monument. Talvez tenha achado que daria tempo de fazer as duas coisas: as fotos do vale e as suas ainda num trecho cheio de símbolos bem ilustrativos da RAAM.

Não me resta dúvida, agora, de que devíamos ter gasto menos tempo com as fotos do vale. Até porque, por outro lado, a "carta branca" que Machado disse ter recebido de Marcio talvez não fosse tão branca assim e a vontade de devassar aquele imenso planalto levou Machado a entender o que seu coração de artista queria ouvir. Ou não, Machado pode ter simplesmente errado a conta da relação espaço e tempo, o que era perfeitamente justificável depois de uma madrugada em claro. Tenho certeza que Machado seria o último a abrir mão de fotografar Marcio naquele cenário.

Nesse labirinto mnemônico, em que o engano e o autoengano são mais frequentes que a precisão, fica difícil saber quem está certo. Talvez os dois estejam certos e errados ao mesmo tempo. Houve um erro de comunicação, apenas. Não me resta dúvida de que ficar preso a esse tema não nos levará a lugar nenhum. Além disso, estou particularmente incomodado com o que me pareceu uma crítica de Marcio ao meu sono na madrugada durante o pedal de Leone e Kim. Tive a impressão de que ele deu a entender que eu devesse estar acordado no momento do telefonema do qual se originou todo o mal-entendido. Suas palavras me pareceram trazer como subtexto que, se eu não estava acordado, era porque estava colocando meus interesses e necessidades pessoais acima do meu trabalho.

— Marcio, eu não perdi um pedal seu até agora. Eu dormi no pedal do Leone e do Kim. Você mesmo disse: "É preciso descansar". Afinal, "na RAAM não tem lugar pra super-homem". Se fosse de outro jeito, seria irresponsável. Outra coisa, posso te assegurar que, mais do que você, eu queria que fossem feitas fotos suas no Monument

Valley. Seria perfeito pr'a ideia que tenho do livro em termos de imagens. Então, pode ter certeza que não tenho outra razão aqui a não ser fazer o melhor pr'o livro.

Marcio me observa, parece mais calmo, mas não convencido das minhas palavras.

— Quando eu disse que as pessoas, em dados momentos, colocam seus interesses em primeiro lugar, não me referia a você. Só quero dizer que isso é mais comum do que a gente imagina e se acentua muito aqui, por causa das privações e do cansaço. As pessoas não fazem isso porque são más, é natural, mas a proposta dessa prova é justamente vencer essas fraquezas, esses comportamentos... A equipe e o que é justo pra ela devem ser colocados à frente de tudo...

Além da nossa ausência, Marcio também precisou ceder 15 minutos do início de seu pedal à dupla 1, que lhe solicitou esse tempo no finalzinho do trecho dos vales dos monumentos. O atraso para dar início ao seu pedal não o agradou e, imagino, aumentou sua expectativa pela chegada da imprensa e pela realização das fotos. Sem contar que perder 15 minutos naquele trecho significava, também, perder belíssimos panos de fundo para fotos dele na estrada. Isso, claro, se nós o estivéssemos acompanhando de perto.

...

Marcio reassume o pedal, Guto vem para a van e descansa. Em uma das paradas do *leapfrog* da van 2, que coincide com a seção de fotos de Machado, peço para descer e volto para o carro da imprensa. Lá, sou bombardeado de perguntas por todos. Digo tudo o que aconteceu, falo do teor da conversa com Marcio. Machado, aparentando chateação, comenta:

— Olha, eu 'tô tranquilo. Fiz o que tinha de ser feito, o que foi combinado. Sinceramente, não sei o que fazer. Da próxima vez, passo o telefone pra Lígia e ela conversa, já que o problema sou eu.

— Pessoal — diz Lígia —, 'cês'tão fazendo um ótimo trabalho. O Marcio 'tá nervoso com outras coisas. Ele deve estar num momento de baixa no gás e isso afeta o humor. Isso tudo é normal, não tem a ver com vocês necessariamente, nem com mais ninguém, é dele mesmo.

O episódio, momentaneamente, parece nos unir, mas eu estou bastante incomodado. Não é possível que, em tão pouco tempo, tanta coisa já tenha dado errado e o clima na nossa van esteja no pé que está. Apesar de tudo, o dia 16 de junho, que já começou lindo no Vale dos Monumentos, está ensolarado, azul e colorido por montanhas que, cada vez mais, ganham vegetação, vestindo de verde o deserto pelo qual passamos.

Às 8h30, ainda em Utah, mas já a poucos quilômetros do Colorado, Guto volta ao pedal. Na rápida passagem que fiz pela van 2, notei que Wagner estava exausto. Na realidade, havia chegado a hora de Marcão substituí-lo, porque seu turno de 10 horas

já tinha expirado. Enquanto conversava com Marcio na van, percebi que Gayotto, ao volante, e Wagner, na navegação, às vezes se embaralhavam com o caminho.

Além do cansaço, do desconforto e outros tantos aspectos extremos, a maioria das pessoas que convive intimamente ali, na RAAM, mal se conhece. A antipatia ou a simpatia mútua é descoberta no curso da jornada. Se o jeito de um não bate com o do outro, não é possível simplesmente se afastar e cada qual ficar no seu canto. Tem de trabalhar junto, trocar ideias, compartilhar decisões e suportar idiossincrasias que, em condições normais, simplesmente não se suportariam. Nessas horas, eu lamento ser um só. Imaginem o que acontece em cada um dos veículos? São universos em

Marcio pedala na árida paisagem da fronteira entre Utah e Colorado, sob um sol inclemente e um céu vivo, de tão azul. Já no Colorado, é substituído por Leone e orienta o colega sobre a necessidade de esperar a troca no acostamento

movimento cruzando os EUA. Com menos de um terço de prova, os problemas, e também as soluções — por que não? —, já enchem mais de cem páginas de um livro de letras não tão grandes. De uma coisa não tenho dúvida, até o fim da prova, muita erupção acontecerá nessas relações humanas, testadas sob condições de temperatura e pressão bem desfavoráveis.

Na metade do terceiro pedal de Guto, por volta das 8h45, a equipe alcança o TS13. Vemos a van 1 e o *motorhome* 1 parados em um posto de combustível, mas nada do *motorhome* 2, que deve estar a caminho para fazer a troca de Wagner por Marcão. Em nossa van, Lígia e eu estamos no banco de trás, Adilson dirige e Machado navega. É Machado que percebe, olhando pelo retrovisor, que Guto passou reto quando tinha de ter entrado à esquerda. Nós havíamos tomado a frente da van 2 e de Guto e saímos da SR 162 E para entrar na Ismay Trading Post Road, como indicava o *route book*. Paramos um pouco além da esquina, achando que ali ainda era possível ao ciclista nos ver. Porém, Guto não nos viu. O correto seria a própria van 2 ter avisado Guto pelo microfone, com antecedência, que a tantos quilômetros ou metros seria necessário pegar a saída à esquerda. O cansaço de Wagner deve tê-lo traído. Não se ateve a essa mudança de rota, tanto que a van 2, depois de alguns segundos da passagem de Guto, também passou reto pela entrada, seguindo na mesma direção equivocada do ciclista.

— Eles passaram! — gritou Machado. — Vamos atrás. Vamos avisar que 'tá errado — diz a Adilson, que dá meia volta e pega novamente a SR 162 E.

Mais uma vez, Adilson acelera e os alcança rapidamente. Emparelhamos com a van 2 e avisamos que estão no caminho errado, que perderam uma entrada à esquerda. Na sequência, Adilson acelera atrás de Guto. Nós o paramos e pedimos para voltar. Tomamos a frente dele e, depois, da van 2 e os levamos até o caminho correto.

— Olha, depois dessa, o Marcio não vai mais poder reclamar da foto — diz Lígia.

A verdade é que se Guto se estendesse por muito tempo na direção errada, o prejuízo à equipe seria considerável.

...

Pela bucólica Ismay Trading Post Road, nós entramos no Colorado, onde muitos dos veteranos me diziam que encontraríamos as mais belas paisagens da prova. De cara, o verde já parece mais vivo e o clima se torna mais fresco e úmido. Tenho a impressão de ver parreiras plantadas nas montanhas e, posteriormente, pesquisando, descubro que, no sul do Colorado, o cultivo de uvas viníferas tem crescido. É mais uma das inúmeras regiões produtoras de vinhos do Novo Mundo. A estrada sinuosa e rústica se embrenha pela montanha folhada. As árvores maiores, que às vezes se debruçam sobre a estrada, conferem ao caminho natureza bastante acolhedora. Nós subimos em direção às altas cidades do sul do estado. Vamos para Cortez, para o TS14. Agora, estamos a pouco mais de 1.500 metros de altura.

Eu estou de volta à van de Marcio. Marcão já substituiu Wagner. Guto está relaxando; não voltará mais à pista. Marcio faz seu último pedal desta perna e está bem mais calmo. Lígia tinha razão. Marcio gostou da maneira como corrigimos o erro de navegação de Guto e até conversou com Laurindo, depois do ocorrido, para que todos os veículos da equipe, inclusive os *motorhomes*, ficassem atentos e, sempre que possível, auxiliassem os ciclistas na navegação. Marcio chegou a me perguntar quem estava navegando em nossa van no momento do erro.

— Machado — respondi.

Ele fez um sinal de positivo com a cabeça...

— Então, todo mundo navega na van de vocês?

— Sim. Todos.

Eu e Machado navegamos mais do que dirigimos, senão não sobra tempo para o livro. Nossa dinâmica na imprensa visa não sobrecarregar ninguém. Eu e Machado fazemos o nosso trabalho, mas Adilson e Lígia têm de ter períodos de descanso, mesmo quando não dormem.

Logo depois dessa conversa, Marcio volta à estrada para pedalar. Eu fico na van.

— Hilário — Marcão me chama —, 'cê viu como a paisagem mudou de repente quando a gente entrou no Colorado. Incrível como é diferente, não? Olha como tem mato aqui!

Eu concordo e digo a ele que, se olharmos bem pelas brechas da folhagem, vemos que as características geológicas do Colorado lembram as dos *canyons* de Utah e do Arizona. Digo a Marcão que essas montanhas parecem *canyons* cabeludos. É a relva que dá aspecto completamente diferente ao Colorado. Claro que mais para o norte e nos trechos mais altos, aos quais chegaremos, as montanhas devem ser mais rochosas e menos argilosas.

...

O celular da van 2 toca. Marcão atende. É Kika, para dizer que Leone entrará 15 minutos depois do pré-estabelecido, já que Joaquim pedalou 15 minutos a mais no Monument Valley, na ocasião da última troca de duplas. Marcão aproxima a van de Marcio, que sobe a ladeira pedalando com esforço, e dá a notícia. Marcio balança a cabeça negativamente, não deve ser fácil receber uma notícia dessas nesse contexto, mas segue firme no pedal para completar os 15 minutos restantes, colocando nas pernas o máximo de força de que dispõe.

Ao aproximar-se do ponto onde será substituído por Leone, ele mostra preocupação ao ver o colega de equipe, à sua espera, sobre a *bike*, desavisadamente, andar em círculo no meio da estrada, invadindo inclusive a contramão. De longe, enquanto pedala na ladeira para alcançar Leone, Marcio grita que aquilo não pode. Quando chega, gesticula para Leone, que, usando fones de ouvido, parece não se dar conta do incômodo do colega. Enquanto Leone segue em frente, Marcio desce da *bike* dizendo que aquilo não é permitido e que, se a fiscalização pega, a equipe é penalizada. Marcio vai para a van contrariado. Quando entro no veículo para acompanhá-lo até o próximo TS, na cidade de Cortez, ele volta a falar sobre a importância de, na RAAM, estar-se atento ao todo e reitera que o ciclista, na troca, deve esperar a chegada do outro no acostamento, não na pista.

T4290

Capítulo 10

No topo da RAAM

Marcão agora está bem melhor que há quatro dias, quando, sem saber ao certo o que havia lhe acontecido, tendo apenas as informações que a dor lhe dava, imaginou o pior. Ainda usa uma faixa na coxa esquerda, mas já não precisa de muletas para caminhar. Manca, mas também não há como não mancar, depois de tudo. Até ontem, ninguém da família dele, no Brasil, sabia o que tinha acontecido, ele não quis contar, não quis preocupá-los. Tudo aconteceu no dia 20 de junho, em Ohio, há mais ou menos um quarto do fim da prova.

Agora, estamos no dia 24 de junho. Marcio faz compras em uma loja de tênis localizada na M Street North West — Georgetown, Washington, D.C. Trata-se de uma rua comercial e cheia de árvores coloridas, calçadas largas bem cuidadas e muitas construções antigas e bem preservadas onde funcionam várias lojas de artigos diversos. Washington é daquelas cidades que nos enchem de vontade de morar, moderna e antiga, de uma harmonia atemporal.

Apesar de debilitado por causa de uma sinusite e sem grana para compras, o passeio me agrada bastante. Fico menos dentro das lojas com Marcio, que compra com a mesma empolgação que pedala, do que do lado de fora, pegando o sol gostoso das 15h. Há uma praça acolhedora na extremidade da rua. As plantas estão bem aparadas. Não há paredes pichadas. Porém, como minha jornada não termina depois da linha de chegada, vez ou outra, eu dou um pulo nas lojas para falar com Marcio e os demais membros da equipe, colher mais informações.

— 'Cê avisou sua esposa sobre o que aconteceu? — pergunto a Marcão.

— Avisei hoje.

— E aí?

— Ah, ela ficou muita brava. Eu disse o que tinha acontecido e ela xingou pra caramba... Ele tinha de ter respeitado os próprios limites. Não aguenta, avisa, troca. Não dá para ser super-homem.

A irritação que Marcão atribuía à esposa é a dele mesmo em grande medida. Desde o dia em que tudo aconteceu, ele não esconde de ninguém que, em sua opinião, há um responsável principal pelo susto que vivemos. Para mim, mesmo naquele momento, em que o trauma ainda ecoa em quase todos da equipe, é difícil eleger um responsável. Na RAAM, como na vida, num segundo somos vilões, no outro, heróis. Ela traz à tona muito da contradição que somos a todo tempo, mesmo não gostando. Por mais que nos agrade ser só herói, somos, quase sempre, na mesma medida, também vilões. "Não dá para ser super-homem." Geralmente, ao agradar um, desagradamos outro. A um só tempo, somos os opostos; depende de quem nos observa e de seus interesses.

A essa altura da viagem, muita gente já foi embora. Leone e a família foram para Nova York. Os portugueses também partiram. Gayotto foi visitar uns conhecidos na Flórida e Dadinho, que ainda está conosco, está se despedindo, vai seguir para o aeroporto e embarcará de volta para a Califórnia. Ficará um tempo na casa de amigos, antes de retornar ao Brasil. Eu fico atento para ver como será a despedida entre ele e Marcio. Depois de tantos desencontros entre os dois desde o início daquela difícil jornada, nada mais justo do que saber qual será o desfecho.

Ao se aproximar de Marcio, Dadinho me parece compreender a delicadeza da despedida e procura dizer algo reconciliatório, mas Marcio sabe que aquilo não precisa de mais um capítulo, não precisa de remédio, porque já está remediado. Ao notar as intenções de Dadinho, interrompe-o antes de concluir a frase, estende-lhe a mão e diz:

— Dadinho... tudo bem. Vai com Deus e boa viagem.

É só. Dadinho faz um sinal afirmativo com a cabeça, aperta a mão de Marcio e parte.

...

Até a manhã do dia 16 de junho, a pessoa da equipe sobre quem menos eu tinha informações era Gayotto. O tempo que passo na van de Marcio, pouco antes de chegarmos ao TS 14, em Cortez, no Colorado, serve para que eu o conheça melhor. Logo depois de Leone substituir Marcio na estrada e os ciclistas da van 2, cansados do pedal daquela manhã, pegarem no sono, eu, em vez de voltar para a van 3, fico na van 2. Marcão quer abastecer o veículo e fazer uma faxina geral. Por isso, para num posto de combustível em Cortez, o primeiro que encontra. Ali, enquanto tira as mochilas da van, limpa o isopor e esfrega a lona do assoalho do carro, eu converso com Gayotto.

Marcio e Guto continuam imersos num sono profundo e ignoram solenemente o barulho da faxina de Marcão. Gayotto me fala um pouco de sua vida; reflete comigo sobre a educação dos filhos nos dias de hoje, fala até de linha pedagógica e diferenças geracionais. É um sujeito bem educado, demonstra ter um bom conhecimento geral: seus assuntos, além da educação dos filhos, vão de bolsa de valores, cotação do dólar a filosofia contemporânea. Até me indica a leitura e alguns vídeos de palestras na internet do filósofo brasileiro Clóvis de Barros Filho. Segundo Gayotto, Barros Filho tem como principal tema de suas reflexões a felicidade. Fico interessado...

Quem não me parece muito feliz com esse papo, nem interessado nele porque quer ajuda e envolvimento na limpeza é Marcão. Não demora muito, ele nos interrompe e pede a Gayotto que lave, no banheiro do posto, algumas caramanholas com restos de suplementos. Gayotto não impõe nenhuma resistência, mas tenho a impressão de que Marcão está incomodado com a distração do colega. Talvez deseje mais proatividade. Eu me proponho, então, a ajudar também, de alguma maneira, mas Marcão diz que não é necessário.

Logo em seguida, saímos do posto de combustível e encontramos a van da imprensa e o *motorhome* 1 parados em outro posto. Ali, almoço e volto ao carro da imprensa.

...

São quase seis horas da tarde; o dia 16 de junho, nas estradas do Colorado, tem sido um dos mais belos e ensolarados desta jornada até aqui. Estamos pedalando em direção ao TS 17, que fica em South Fork. No momento, o céu não está escuro, mas já esteve mais limpo ao longo do dia. Há pouco tempo, ao passarmos pelo TS15, em Durango, onde é feito um balanço parcial do desempenho disciplinar da equipe, descobrimos que não tínhamos recebido nenhuma penalidade. Felizmente, não estávamos irregulares na largada, como temia Lígia, tampouco as trocas atabalhoadas da van 1, perto de Flagstaff, tinham sido registradas pela organização.

Marcio e Guto assumiram o pedal entre Durango e Pagosa Springs às 16h. Guto voltou a ser o primeiro da dupla a pedalar nesta perna. Ele e Marcio pegaram parte da subida ao topo da Baldy Montain e curtiram a rápida descida sob um sol tépido e agradável, numa paisagem cheia de imensos rochedos e muito verde. Agora, quando nos aproximamos das 18h, eles se encaminham ao ponto mais alto da prova, o Wolf Creek Pass, a 3.310 metros de altura. É aí que as nuvens começam a surgir, o frio aumenta, mas o lugar, ainda assim, é bastante agradável. Apesar de Guto e Marcio serem os mais velhos do quarteto, o comportamento deles nos trechos de subida não deixa a desejar a ninguém.

No momento, estão no estafe da van 2 Marcão e Wagner. As coisas parecem bem tranquilas por lá, mas pouco antes de ser reincorporado ao carro, perto das 16h, Wagner levou um susto daqueles de gelar a barriga.

— Porra! Como é que pode?! Esqueceram o cara — Marcio me disse, com uma risada tensa, apontando para Wagner assim que eu entrei na van 2, pouco depois das 16h e ainda perto de Durango.

Nessa perna da dupla de Marcio, esse instante inicial em que conversei com ele, foi o único em que eu estive na van 2, o que valeu bastante a pena. Isso porque, poucos quilômetros antes, na área urbana de Durango, o *motorhome* 2, que procurava a van 2 para fazer a troca entre Wagner e Gayotto, parou em um lugar que, pela memória de Wagner, parecia um posto de combustível.

— Não sei se era. Acho que era... Mas, enfim, eu tinha acabado de acordar. Péricles e Marcio [Ernandes] me disseram que a van 2 estava estacionada ali e que era para eu descer. Eu vi a van e achei que era a 2. Desci, mas no meio do caminho, vi a Andreia [Kika] sair da van e percebi que era a van 1. As vans são parecidas, né? Eu voltei pr'o lugar onde o *motorhome* 2 tinha me deixado, achando que ele ia estar lá [até porque, teoricamente, o *motorhome* 2 não podia sair sem Gayotto]. Mas, quando cheguei, ele já tinha ido embora. Questão de segundos, pensei: "vou com a van 1". Corri pra van 1, porém, nisso, ela já estava indo em direção à estrada. Resultado, fiquei no posto, sozinho e sem carro. Fiquei gelado, cara, agoniado mesmo...

Wagner tentou ligar para o celular de Laurindo, mas não conseguiu, não tinha sinal. Achou que o problema era do seu celular. Foi até uma concessionária da Nissan que havia ali perto. Disse a um dos funcionários o que estava acontecendo e o americano, de pronto, emprestou-lhe o celular para que ligasse a Laurindo. Nada de sinal. Para seu espanto, o homem perguntou para que direção a equipe estava indo. Wagner disse e o americano se prontificou a levá-lo até algum carro da equipe.

— Fiquei impressionado. O cara interrompeu seu dia de trabalho com a maior solicitude! A gente foi, mas, no meio do caminho, ele se deu conta de que gasolina podia não ser suficiente. Disse que precisaríamos voltar até encontrar um posto de combustível, já que, pra frente, o próximo posto estava muito distante. Depois de abastecer, ele voltaria a procurar algum carro da equipe comigo. Mas como a gente estava perto de um ponto de apoio da organização da prova, eu disse que ele podia me deixar por lá, que a organização arrumaria maneira de entrar em contato com a equipe.

E foi assim que a organização da prova avisou Laurindo, que avisou o *motorhome* 2, que voltou para buscar Wagner e fazer o trabalho direito, deixando-o na van 2 e levando Gayotto, que a essa altura, devia estar moído de cansaço e sono.

— Foi tudo muito rápido. Dei uma sorte danada — disse Wagner, na frente de Marcio, que balançava a cabeça, negativamente, e ria como se não acreditasse no que tinha acabado de acontecer.

Possivelmente, Péricles e os demais integrante do *motorhome* 2 esqueceram que, tanto quanto deixar Wagner na van 2, eles precisavam levar Gayotto. Vale lembrar que o trabalho desse *motorhome* não é tão simples. Como carro-dormitório, tem de deixar ora um, ora outro em diferentes vans e, dependendo da estafa do motorista e do navegador, uma desatenção dessas é perfeitamente possível. Além disso, o

motorhome 2 é o que tem o menor contingente: três pessoas; Dadinho, Péricles e Ernandes. Péricles concentra a maior parte do tempo ao volante — além de gostar de dirigir, é o mais experiente —, mas todos ali têm como dever navegar e dirigir.

Depois de ouvir a história de Wagner e perceber meu espanto com o ocorrido, Marcão resolve me provocar:

— 'Tá vendo. 'Cê não 'tá acompanhado as coisas direito. 'Cê sabia que, na madrugada de ontem para hoje, ainda no Arizona, uma menina de um quarteto feminino americano sofreu um acidente, caiu de boca, se ralou inteira e a equipe dela pediu

Se na Califórnia, ainda no primeiro dia, chegamos a altitudes negativas, no dia 16 de junho, no Colorado, ultrapassamos os 3.000 metros de altitude. Coube a Mr. Milan pedalar a maior parte das subidas desse trecho, o mais alto da prova

ajuda ao nosso *motorhome* 2, que estava passando por ali justamente no momento. Foi o pessoal do nosso *motorhome* que ligou pra organização da prova que, depois, passou as informações sobre o hospital mais próximo pra onde a menina seria levada.

— Mas a menina se machucou muito feio? — Pergunto.

— Ela quebrou os dentes da frente, mas braço, perna, essas coisas, parece que não.

Mais tarde, porém, alguém me diria que, depois de passar pelo hospital, fazer os curativos e receber algumas recomendações, a menina voltou a pedalar na prova.

...

Quase 200 quilômetros à frente de Cortez, nós estamos iniciando a sinuosa e deslumbrante subida da rodovia US 160 E, que nos levará a Wolf Creek Pass. Apesar do cenário favorável e de termos conseguido mais imagens de Marcio e Guto do que vínhamos conseguindo até ali, Machado segue casmurro. Eu tento envolvê-lo nas conversas, quebrar-lhe o gelo, mas fracasso. Meu humor também está deteriorado por tudo o que já aconteceu em nossa dinâmica de trabalho e em razão do cansaço natural. Mas não quero dar motivo para mau-humor de mais ninguém. Também não quero mais o mesmo problema que na primeira perna de Marcio no Monument Valley. As palavras de Marcio, pela manhã, incomodaram-me e ainda incomodam.

Por isso, embora o pedal, agora, seja da dupla Marcio-Guto, depois de seguir na van 2 na primeira meia hora, eu tomei a liberdade, de novo, de dirigir o carro da imprensa. Assim, com a ajuda de acostamentos melhores — nas estradas do Colorado encontramos mais áreas de paradas —, procuro fazer do nosso carro uma verdadeira linha de produção de fotos. Enquanto dirijo, observo o cenário e, quando avisto algum trecho que me parece mais fotogênico numa possível composição com o ciclista, paro e "sugiro" a Machado que fotografe. Ele está visivelmente incomodado com a minha ostensiva e invasiva atitude. O constrangimento é inevitável e vai se acumulando conforme ganhamos altura em direção à garganta do lobo[43].

Minha grande missão nessa jornada é este livro, mas é evidente que também tenho minhas provações. Se Machado quer mostrar a si mesmo ser capaz de maior disciplina, eu quero mostrar a mim mesmo ser capaz de maior autocontrole, não precisando, assim, arrepender-me de nada depois. O autodomínio e a brandura não são meus fortes e eu levei quase três décadas para reconhecer isso. Minha intempestividade é um grande problema e eu não tenho dúvidas de que, se conseguir suportar à RAAM sem me destemperar, alcançarei uma enorme vitória íntima. Porém, a essa altura do campeonato e da montanha, minha provação íntima corre perigo de ser reprovada.

Por bem ou por mal, as fotos vão saindo e, a cada troca de ciclistas da van 2, eu procuro estar presente. Desço e pego as impressões de Marcio, que, coincidentemente, tem ficado com os trechos mais difíceis da subida. Apesar disso, ele não parece estar nem um pouco incomodado, pelo contrário, sua expressão é de satisfação, parece encarar como uma bênção a possibilidade de superar a maior montanha da prova. Mesmo cansando, ao passar por nós, faz gestos de força e, quando consegue, também sorri.

Lígia comenta comigo que aquilo é o elixir da juventude de todos os ciclistas que estão ali. Subidas como essas são, literalmente, o ponto alto da jornada particular deles, o momento pelo qual esperam todo o tempo:

---

[43] A tradução literal de Wolf Creek Pass é Passagem da Angra do Lobo. Mas tomei a liberdade de mesclar o nome da passagem com o contexto narrativo

— Todos eles vêm pra cá pra ser o leão-da-montanha. Eles adoram isso — diz Lígia.

A poucos quilômetros do ponto mais alto da prova, chegamos a um trecho que nos permite ver de cima a estrada pela qual passamos. A imagem revela a sinuosidade do trajeto. Seria legal se tivéssemos ido àquele ponto antes para pegarmos Marcio de cima, pedalando pelas curvas da estrada. Mas Marcio já passou por ali. Ainda assim, acho interessante o registro da paisagem. Paro o carro e Machado desce contrariado. Ele faz as imagens e eu corro de volta para o carro porque não quero correr o risco de perder o fim do pedal de Marcio e da van 2, que acontecerá justamente no topo da RAAM, na Wof Creek Pass, já que nos aproximamos das 20h. Para minha surpresa, porém, Machado, acintosamente, pelo menos aos meus olhos, diz que não vai voltar para o carro agora, só depois de fumar um cigarro. A mais de 3.000 metros de altura, a cabeça demora mais a oxigenar. Eu saio da van, bato a porta e vou em direção a Machado.

— 'Cê não vai fumar porra de cigarro nenhum. Entra no carro, vamos fotografar o fim do pedal do Marcio.

Machado está visivelmente assustado, mas consegue manter a calma que, no meu caso, está por um triz.

— Velho, vamos conversar... 'Cê pode falar um minuto?

Eu respondo que sim e ele, virando-nos de costas para a van, onde estão Lígia e Adilson, e de frente para um desfiladeiro, abre o jogo comigo...

— Cara, 'cê viu o que 'tá fazendo? 'Cê 'tá acabando com a minha liberdade, com a minha autonomia profissional. Você assumiu o volante e, de 50 em 50 metros, me obriga a fotografar o ciclista onde você acha que ele deve ser fotografado. É exaustivo e desrespeitoso. Não respeita o meu olhar. 'Tá todo mundo na van incomodado com a sua postura. Eu sei que eu 'tava reclamando que não conseguia fotografar como queria porque não paravam onde eu pedia, mas isso que 'cê 'tá fazendo não resolve nada. Desse jeito vai ser impossível a gente fazer o trabalho e conviver bem.

O tom de Machado me desarma e me faz recobrar a razão, que estava na iminência de se perder. Mais calmo, mas ainda um pouco irônico, eu contra-argumento:

— Olha, 'cê me desculpa. Não queria fazer isso, não queria invadir seu espaço criativo, mas aqui não tem lugar pra estrelismo. 'Cê 'tá muito estrela, Machado...

— Você não sabe o que é um fotógrafo estrela, 'cê nunca trabalhou com um.

— Eu também pensei que nunca tinha trabalhado com um.

— Eu não sou estrela.

— Sempre acreditei nisso, mas não é o que 'tá parecendo.

Machado balança a cabeça indignado com o que eu lhe digo, eu continuo...

— O que acontece é o seguinte, Machado: estou vendo onde é possível parar.

Não quero tolher sua liberdade, sua autonomia profissional. Me desculpa, de verdade, se fiz isso. Te chamei pra esse trampo porque confio no seu olhar de fotógrafo e não quero substituí-lo. A única coisa que eu, Adilson e Lígia queremos é atender à sua demanda, mas não posso fazer loucura. Não posso esperar você se decidir e perceber que não poderei fazer sua vontade porque é impossível parar na hora que você quer. Até porque, depois, você vai dizer que a gente não te ajuda. Quem dirige precisa da sua compreensão, tanto quanto você da nossa. Estou parando a todo instante porque acho que os lugares são bons e porque sei que ali será possível parar o carro. Mas ainda assim, você fica com essa cara de tacho. Você só 'tá vendo seu lado. 'Tá todo mundo se esforçando pra te deixar mais animado, pra permitir que você faça seu trabalho, mas quanto mais a gente tenta te agradar, mais agrado você quer e menos agradado fica. Não vim aqui pra mimar ninguém...

— E eu não quero ser mimado.

— [...] Eu 'tô aqui pra trabalhar e você também. Vamos fazer o que é possível pra ter o melhor material. As condições são essas... E aí, vamos ficar com cara feia o tempo todo ou vamos achar solução?

Machado pensa por um instante. Ele, de fato, escuta o que eu digo, talvez mais do que eu o tenha escutado:

— Eu sei que tenho defeitos, mas não sou o único da van que tem defeitos — ele me diz.

Conheço Machado há alguns anos. Da revista em que trabalho, ele é, aos meus olhos, o melhor fotógrafo. Mas o meu convite a ele para participar da RAAM nesse projeto não é só de ordem profissional: gosto da sua companhia. Nossa relação profissional sempre se deu sem níveis hierárquicos. Nunca fui seu chefe, mesmo na posição de cliente. A palavra certa é parceria. Acho que isso sempre esteve claro para ele.

Na RAAM, porém, embora nosso vínculo também não tenha nenhuma natureza hierárquica, pela premência da realização, pela responsabilidade que assumi e pela expectativa que faço do conjunto da obra, meu lado general aflora como uma espécie de manifestação natural da minha personalidade para alcançar um objetivo. Só agora, observando retrospectivamente, vejo isso com clareza. Talvez Machado se referisse a isso ao dizer: "não sou o único da van que tem defeitos". Em outras palavras, eu era bem menos legal do que me achava.

— Claro que não. — Respondo. — Todo mundo tem defeitos e eles aparecem, têm aparecido. Vamos, então, fazer o melhor pra relação ser boa e pr'o trabalho também ser bom. É só isso.

Enquanto falávamos, lembrava-me do que Machado disse na primeira travessia e nas proximidades do Novo México sobre não guardarmos insatisfações; tenho a impressão de que essa discussão da relação será importante para melhorar o clima

Mr. Milan inicia ascensão do Wolf Creek Pass, montanha cujo topo fica a 3.310 metros de altura

na van para o resto da jornada. Também em meio à discussão, Machado acendeu seu cigarro e começou a fumar. Assim que achamos que o papo tinha terminado, ele apagou o cigarro, mesmo restando um bom tanto a ser fumado. Voltamos para a van rapidamente. Temos de ir atrás de Marcio.

...

Mesmo no verão, há neve, pouca, mas há, em Wolf Creek Pass. A altura que alcançamos, inevitavelmente, joga a temperatura para baixo e a região ainda é úmida. É a primeira vez que vejo neve e, mesmo assim, não é aquela experiência apoteótica. São pequenos flocos num ponto relativamente distantes e mais para bege que para brancos. O calor deixa a camada de neve bastante exangue e os flocos acabam por absorver um pouco da terra, o que os deixa bege. Essa tonalidade diferente e a distância fazem Machado duvidar que aquelas manchas claras na montanha sejam neve. Mais tarde, porém, eu e Adilson, com um frio dos diabos, correremos até os flocos, pisando na terra mole, úmida e fria da montanha, pegaremos um punhado e mostraremos a neve a Machado.

Estamos em uma área de acostamento imensa, onde está parado um caminhão, nosso *motorhome* 1 e a van 1, com Leone já se preparando para substituir Marcio no pedal. Trata-se de um ponto turístico. Há lugar para sentar e um mapa da região afixado em um painel de madeira, coberto com um telhadinho modesto, para protegê-lo das chuvas e da neve. Machado se dirige ao ponto de onde Marcio irá despontar, com a van 2 atrás em *following*. Não deve demorar muito para que isso ocorra. Primeiro, Machado se coloca do lado da mão oposta, a de quem desce, para fotografar Marcio sob nova perspectiva. No caso, possivelmente a melhor, já que deslinda um horizonte de outras montanhas ao fundo. Ao fotografar da mão de quem sobe a estrada, o que também fará, terá de fundo o paredão rochoso marrom-escuro, feito a cor da pelagem de um lobo.

Finalmente, Marcio desponta. Vem arrancando de si o que lhe resta de energia e, provavelmente, alguma coisa extra de fonte desconhecida. Está em pé, não é possível pedalar aquele trecho sentado. Muitas pessoas da nossa equipe acompanham sua chegada e reconhecem o tamanho do desafio que acaba de superar — mas, é bom que se diga, não será o único no Colorado. Lígia e Chiquinho gritam palavras de incentivo, muitos batem palma, até que Marcio termina e Leone inicia a descida.

Acompanho Marcio até a van, ele não tem condições de falar. Seu organismo dedica-se, nesse momento, quase que exclusivamente, a respirar. Mas isso não é preocupante, todos encaram com naturalidade aquele momento de fadiga do atleta. A felicidade é maior que o cansaço. Mesmo sem palavras, a expressão de Marcio é de alegria, daquelas que não se quer, nem se pode conter. Guto faz reverência a Marcio quando ele chega à entrada da van.

— Sensacional! Do caralho! Pedalou demais! — Diz.

Marcio responde um tácito obrigado com os olhos, entra na van e se deita na cama. Sem perceber, com a mão esquerda, segura o "gorila" da montanha que Marcão lhe deu. Machado registra o momento.

...

Em todas as conversas que precederam nosso embarque aos EUA, Marcio sempre destacou o Colorado como um dos trechos mais lindos e desafiadores da RAAM. A beleza é flagrante e o desafio também. A passagem pelo estado das montanhas durará pouco mais de um dia, mas sua intensidade é proporcional às alturas que atingimos inúmeras vezes e às quais eu jamais havia alcançado na vida. Wolf Creek Pass é o ponto mais alto da prova, mas a madrugada está chegando e, com ela, novas montanhas não menos desafiadoras.

Pelo que vejo no *route book*, Leone e Kim deram sorte — ou azar, dependendo ponto de vista; eles não pegaram nenhuma heroica subida no Colorado. Eles desceram da Wolf Creek Pass, passaram por South Fork, onde está o TS17 e seguiram para Alamosa (TS18). Pegaram uma altimetria bastante "favorável", daquelas para relaxar as pernas dos trechos íngremes que enfrentaram na tarde do dia 15, ainda no Arizona, rumo a Flagstaff. Coloco o favorável entre aspas porque descer, como o leitor já pôde perceber, nem sempre é fácil. E no caso de Wolf Creek Pass, não foi; pelo menos não para Leone.

Wagner dos Santos me contaria depois que a van 2 fazia o *following* dele na descida da maior montanha da prova quando seu pneu estourou.

— 'Cê sabe como o Leone é. Ele gosta de competir. Estava no meio de uma disputa com outro ciclista quando o pneu estourou. A gente [da van 2] 'tava atrás e viu bem o esforço dele pra segurar a *bike* até conseguir parar. Ele 'tava numa velocidade boa.

Era a segunda vez na prova que Leone tinha problemas com o pneu. Wagner achava que, neste segundo caso, tinha a ver com as mudanças nos níveis de pressão da câmara em razão das oscilações de altitude. Felizmente, nada de mais sério aconteceu e, depois de descer Wolf Creek Pass e iniciar a subida em direção a La Veta Pass, terceiro ponto mais alto da prova, a 2.826 metros de altitude, a dupla da van 1, à 1h da madrugada, passou o "bastão" à dupla da 2.

...

A madrugada no Colorado é bastante gelada e os ciclistas usam uniformes de mangas compridas e calças em vez de bermudas. Marcio usa, por sob o capacete, uma toca cujo material me parece lã. A trajetória é ascendente e, mesmo quando se desce um pouco, não se vai a menos de 2.000 metros de altura. Desde que começamos a cruzar a cadeia de montanhas do Colorado, nenhum ciclista da equipe pedalou à altitude inferior a esta. Em média, o pedal se dá a 2.300 metros de altitude. O

riso afônico de Marcio ao finalizar o pedal-escalada de Wolf Creek Pass tinha uma boa dose de altitude.

Assim que a van 2 assume, à 1h da madrugada, eu e Adilson iniciamos o trabalho de acompanhamento. Apesar de estarmos em uma subida, a primeira meia hora não apresenta tantos desafios e Guto cumpre bem seu papel. Marcio também não tem grandes dificuldades para pedalar seu trecho e a tranquilidade vai à garupa dos

Os ciclistas superam a ascendente e sinuosa estrada que os levará ao ponto mais alto da prova

ciclistas por enquanto. É assim, pelo menos, que tudo se encaminha até a finalização do quarto pedal da dupla, o segundo de Marcio.

Enquanto ele se encaminha para o fim do pedal, seguido pela van 1, a van 2 se adianta mais do que de costume e encontra o *motorhome* 1 numa ampla área de escape. Adilson, para que não tenhamos três carros da equipe parados na mesma área, para a van 3 um pouco antes. Eu vou a pé até o MH1 e a van 2. Palito está reparando a luz traseira de sinalização da *bike* de Guto. À noite, o acessório é fundamental e obrigatório. Palito fixa a luz de sinalização antes de Guto voltar à pista, o que acontecerá assim que Marcio chegar ao ponto onde estamos agora.

Feito o reparo na bicicleta, Palito segue viagem com o MH1. Marcio chega, em seguida, e Guto inicia seu terceiro pedal que terminará a 2.826 metros de altitude, em La Veta Pass. O estafe recolhe a *bike* de Marcio e eu o acompanho até a entrada da van 2. Ele está bem mais disposto que na noite anterior. Pergunta-me se irei com ele na van 2, mas não posso: logo à frente teremos um trecho de navegação complicada e Adilson não pode ficar sozinho. Ele fica preocupado com o fato de o trecho ser difícil de navegar. Na van 2, agora, estão Wagner e Gayotto. Eles têm tido dificuldade para se entender em trechos complicados como o que teremos pela frente. A sorte é que Marcão retornará de seu descanso dentro de meia hora, no máximo. Enquanto isso, eu e Adilson tomaremos a dianteira e vamos auxiliá-los na navegação da van 2 e do ciclista.

Às 3h30 da madrugada, Guto chega a La Veta Pass e encerra seu pedal. Está exausto. Nas proximidades do topo da montanha, um vento gelado ganhou força e o atrapalhou consideravelmente. Se já não bastasse o tendão-de-aquiles descolado, o frio úmido, impregnável, e a subida, agora as montanhas do Colorado também têm vento. Mas a expectativa é de que seja algo passageiro e, no fim, só reste a subida e o frio, que já são obstáculos naturais mais que suficientes.

Marcio retoma o pedal e eu — agora que teremos uma navegação fácil pela frente — vou para a van 2. Lá, colho as impressões de Guto sobre o último pedal. Obviamente, depois do vento gelado jogando contra, ele não está nada feliz...

— Como é que 'cê 'tá, Guto?

— 'Cê eu disser que 'tô bem, 'tô mentindo. Não tem como 'tá bem depois de pedalar esse morro nessa ventania.

...

Ao fim do pedal de Guto, a ventania não foi embora. Pelo contrário, ganhou força. Marcão já voltou para a van no lugar de Wagner. É ele quem dirige o carro agora, enquanto Gayotto navega e Guto observa, pela janela, os humores assustadores do vento.

Além das ameaças que sopram do lado de fora, a van, por dentro, também não se encontra em suas melhores condições. A verdade é que, conforme o tempo passa, a van vai ficando menos habitável. Em trechos frios, como este, em que o veículo fica de janelas fechadas, a impressão é ainda pior. O cheiro de suor, misturado ao de lenço umedecido, suplementos e alimentos, doces e salgados, que às vezes respingam no chão, promovem uma mixórdia aromática não muito agradável. É um cheiro agridoce, nada convidativo.

Estamos atrás da van 1, esperando a melhor hora para ultrapassá-la e continuarmos a realização do nosso *leapfrog*. Na escuridão da estrada sinuosa, a luz do farol da van 2 ilumina a van 1 que, branca, se destaca aos nossos olhos. Neste momento eu percebo que o vento é mais forte do que supunha — e não era pouco o que eu supunha. A van 1 balança sobre as rodas ao sabor do vento enquanto avança. Dou um tempo aos meus olhos pregados na cena para assegurar que não é fruto da minha imaginação. Compartilho minha impressão com o resto dos tripulantes e eles também viram o que eu vi.

Marcio só não está em pior situação porque a van 1 quebra a intensidade com que o vento o atinge, impedindo-o de cair. Seguramente, não é um vento lateral, ele nos atinge diagonalmente e boa parte da sua intensidade se dissipa na van 1 antes de alcançá-lo. Ajuda, neste caso, Marcio gostar que a van do *following* ande bem perto dele, como ocorre agora.

— Aqui não costuma ser assim, não. No Kansas, tudo bem, mas aqui... 'Tô preocupado com o que a gente vai encontrar no Kansas — diz Marcão.

Uma prova extensa e que passa por territórios de naturezas tão diversas é imprevisível. Às vezes, uma hora a mais ou a menos fazem a diferença para pegar ou não uma ventania destas. É evidente que o prejuízo competitivo trazido por uma adversidade climática conta. Como disse Joaquim, a adversidade não conta quando é para todos. Mas quando é para poucos, conta. Nem todos os participantes da RAAM pegaram ou pegarão essa ventania nas montanhas.

Mas não há choro, nem vela. A condição está aí e é preciso vencer todos os contratempos para alcançar a costa leste. Guto que o diga; neste momento, às 4h da matina, ele está do lado de fora da van, pronto para voltar à estrada... A troca é feita. Marcio volta para a van, visivelmente debilitado. Marcão parece bem preocupado com ele. Depois de colocar a *bike* no suporte da traseira da van rapidamente, Marcão entra no veículo e pergunta:

— 'Tá tudo bem, Marcio?

Com o que lhe resta de ar, Marcio responde:

— 'Tá, sim. Só preciso do meu broncodilatador.

Devidamente medicado e com ar nos pulmões, Marcio se põe a falar com uma empolgação inacreditável. A brincadeira perigosa dele é uma fonte de excitação das mais improváveis. Embora suas palavras pareçam ser de queixa, está visivelmente animado com a situação de risco que ele e Guto estão enfrentando.

— Isso aqui 'tá pior que o Kansas. Eu nunca peguei um vento desses aqui. Pedalei a um por hora com o vento me jogando pra trás [...] Olha só, Hilário, isso é um treino pra vida, em todos os sentidos, principalmente profissional. Bons profissionais são os que sabem lidar com os imprevistos. Eles não só superam os imprevistos, mas

Ao entrar no período noturno, a partir das 18h, os atletas ganham a companhia da van, que passa a escoltá-los

tiram proveito deles. Aqui [na RAAM] fica mais evidente se o sujeito tem ou não essa capacidade.

...

Depois de falar bastante, Marcio agora relaxa, de olhos fechados, preparando--se, por alguns poucos minutinhos, para encarar mais meia hora de pedal e vento. São por volta das 4h20 da manhã, a dupla ainda tem uma hora e meia de pedal pela frente e uma montanha cujo pico se encontra a 2.982 metros de altitude, o Cucharas Pass, segundo ponto mais alto da RAAM e, com o vento que sopra no momento, possivelmente o mais desafiador.

— Sabe por que, de noite, acontecem mais problemas? — Marcio me pergunta.

Eu respondo que por causa da escuridão, mas ele segue seu raciocínio e eu percebo que era uma pergunta retórica.

— Porque ninguém costuma trabalhar à noite, ainda mais nesse tipo de atividade. Não estamos preparados. Ninguém está naturalmente preparado pra esse tipo de situação. É tudo diferente. 'Cê não sabe o que tem pela frente, não consegue antecipar.

Nesta madrugada, o tempo parece correr mais, ao sabor do vento. Já são 4h30, hora de Marcio voltar à estrada. Do lado de fora da van, pisando com sua sapatilha o mato molhado que exala agradável cheiro de uma manhã úmida de sereno invernal, ele aguarda a chegada de Guto.

— Não pegamos chuva até agora na prova — ele me diz —, mas se prepara, ela vai chegar hoje de manhã... Olha como 'tá úmido.

No local onde estamos, venta forte. Marcio está animado porque venta a favor. Mas ao olhar adiante, ele percebe que há uma curva em 90º à direita e que o vento a favor, em poucos metros, será lateral.

— Puta que pariu! — Depois de dizer isso, ele ri sozinho e emenda, olhando para mim. — Cara, 'tá doendo tudo, principalmente a lombar.

Guto chega e Marcio ganha a estrada outra vez.

...

Não me recordo a razão, mas, neste pedal de Marcio, a própria van 2 faz seu *following* por um determinado período. Antes de Marcio finalizá-lo, obviamente, a van 1 irá retomar o acompanhamento. A experiência de estar numa van realizando *following* à noite, eu ainda não havia tido na prova, mas estava nos meus planos. No entanto, talvez não houvesse momento mais apropriado para estar nessa situação do que na subida a Cucharas.

Marcão, ao volante, cola a van na traseira da *bike* de Marcio. Não demora muito, voltamos a enfrentar trecho de subida bem íngreme. O ponto em que Marcio substituiu Guto, por volta de dois quilômetros atrás, era um respiro planáltico curto. De volta ao pedal-escalada, com a van 2 a menos de um metro de Marcio, eu compreendo melhor o que ele quer dizer com pedalar a 1 km/h por causa do vento contra. Às vezes, tem-se a impressão de que dará marcha à ré. Para mim, apesar do *glamour* da "garganta do lobo", a subida de Cucharas já é a mais difícil da prova.

Mesmo a 1 km/h, o esforço de Marcio prevalece sobre a montanha e o vento frontal, mas, de repente, o éter manda reforços e uma rajada lateral atinge Marcio em cheio. É como se a gravidade e o vento frontal o segurassem para que o sopro lateral, oportunamente, acertasse em cheio a cacetada. Marcio resiste o quanto pode à queda; vira o guidão para a mesma direção que lhe acerta a rajada e é jogado para a direita. Vai parar no acostamento, a poucos metros da parede de rocha. Para não bater de frente nela, Marcio corrige o guidão de volta ao sentido da subida, à sua esquerda, mas a terra fofa do acostamento prende-lhe a roda dianteira e ele cai, lentamente, quase em frente à van. Marcão freia o carro com tudo e todos nós descemos da van para socorrê-lo. Ele se levanta rapidamente, tira a terra da calça, batendo com a mão espalmada, e pega a *bike* para voltar à estrada. Faz sinal de tudo bem com o polegar e, com pressa, volta ao pedal.

A cena impressiona e imagino que a cota de adversidades da madrugada chegou ao seu ponto mais alto nessa queda de Marcio, embora ainda não tenhamos alcançado o topo de Cucharas. Felizmente, nada de pior aconteceu. Desperto, Marcão, mesmo estando bem perto de Marcio, freou com prontidão a van. Um estafe cansado nesse episódio poderia trazer um desfecho diferente.

Às 5h da madrugada, Guto retoma o pedal visivelmente tenso, já que o vento persiste e ainda há um bom bocado de morro para galgar. Converso com Marcio sobre a queda e ele parece satisfeito com a peripécia de menino travesso. Perto das 5h30, e cada vez mais próximos de Cucharas, Marcio retoma o pedal e Guto encerra sua penúltima meia hora com o nariz sangrando. Ele pede um pano ao estafe, entra na van tentando estancar o sangramento e fazendo questão de evitar alarde sobre o ocorrido.

— É a altitude, é a altitude. Já, já melhora.

Eu volto à van da imprensa. Tenho a impressão de que a ventania nos deixou na última meia hora. Mas pode ser apenas torcida minha. Talvez Guto, por ser mais pesado, sofra menos com o vento do que Marcio. Nesse sentido, seria ainda mais complicado se o vento estivesse empurrando Marcio para baixo... Acontece que, mesmo nas estradas que sobem montanhas, há descidas.

Em meio ao *leapfrog* da imprensa, eu e Adilson encontramos uma área de escape boa para parar e esperar Marcio ao fim de uma subida de uns 50 metros, precedida por uma descida em curva com a mesma extensão, aproximadamente. A curva da descida é à direita, sua parte interna é o paredão de rocha da montanha e a parte externa, um desfiladeiro cercado apenas por uma mureta metálica, o *guardrail*.

Há poucos metros do topo da RAAM, Mr. Milan usa seu último fôlego deste difícil pedal

Nós paramos na área de escape, Adilson desce da van e fica olhando para trás, para a descida, de onde virá Marcio. Eu fico na van, olho na mesma direção, mas pelo retrovisor do veículo. Isso é possível porque a escuridão não é mais tão densa; a aurora já começa a se insinuar e eu não estou disposto a encarar o frio do lado de fora. De repente, a luz da van ilumina a curva e a mureta metálica. Deve ser Marcio se aproximando da descida. Num átimo, eu o vejo entrar em alta velocidade na curva em descida e atravessar as duas pistas, aparentemente fora de controle, na direção da mureta metálica e do desfiladeiro. Abro a porta da van e me viro para ver, sem a intermediação do retrovisor, o desfecho do episódio. Mas, nesse interim, tudo já se desenrolou.

— 'Cê viu isso? — Fala Adilson, espantando.

— Ele passou reto, né?

— Passou.

A van 1 está parada no acostamento da contramão iluminando a área onde está Marcio. Alguém desceu para ver se ele está bem. Parece que já está inteiramente refeito e pronto para retomar o pedal da bicicleta. Definitivamente, ele não chegou a cair, senão, depois de sair da van, eu o teria visto pelo menos se levantando. Além disso, na velocidade com que despontou na curva, um tombo, com certeza, traria-lhe algum mal-estar extra. Ainda não sei exatamente como ele evitou o pior. O fato é que, de novo, o vento o atrapalhou. Ao chegar à descida, uma rajada a favor lhe deu mais velocidade do que esperava e ficou impossível fazer a curva.

De volta à mão certa da estrada, Marcio pedala a subida, passa por nós e vai para os últimos quilômetros que o separam de Cucharas Pass e do fim do pedal da dupla da van 2.

...

O pico da montanha está tomado por bruma e o sol começa a despontar, dando-nos uma claridade tímida e ainda menos densa que a escuridão e a névoa. O vento cessou, finalmente, e conosco está o *motorhome* 2, que chegou antes da gente ali. A van 1 também está lá e seu estafe prepara Leone para entrar na pista. A van 2 está fazendo o *following* de Marcio, que desponta nos últimos estertores da subida.

Enfim, Marcio encerra seu pedal. Parece mais inteiro do que depois de subir o Wolf Creek Pass.

— O que foi aquilo na curva? — pergunto ao encontrá-lo.

— Cara, se eu não solto as sapatilhas pra ajudar a frear com os pés, tinha me arrebentado. O pior é que, quando eu percebi que não ia dar pra fazer a curva, eu consegui soltar do pedal só uma sapatilha. A outra ficou presa um tempo; pensei que não ia conseguir tirar a tempo de frear, mas consegui. Dei sorte, cara.

Já sob a luz vigorosa da manhã, com menos nuvens, pouco vento e cenários fantásticos, como o de North Lake, Leone inicia o pedal da van 1 em direção ao Kansas.

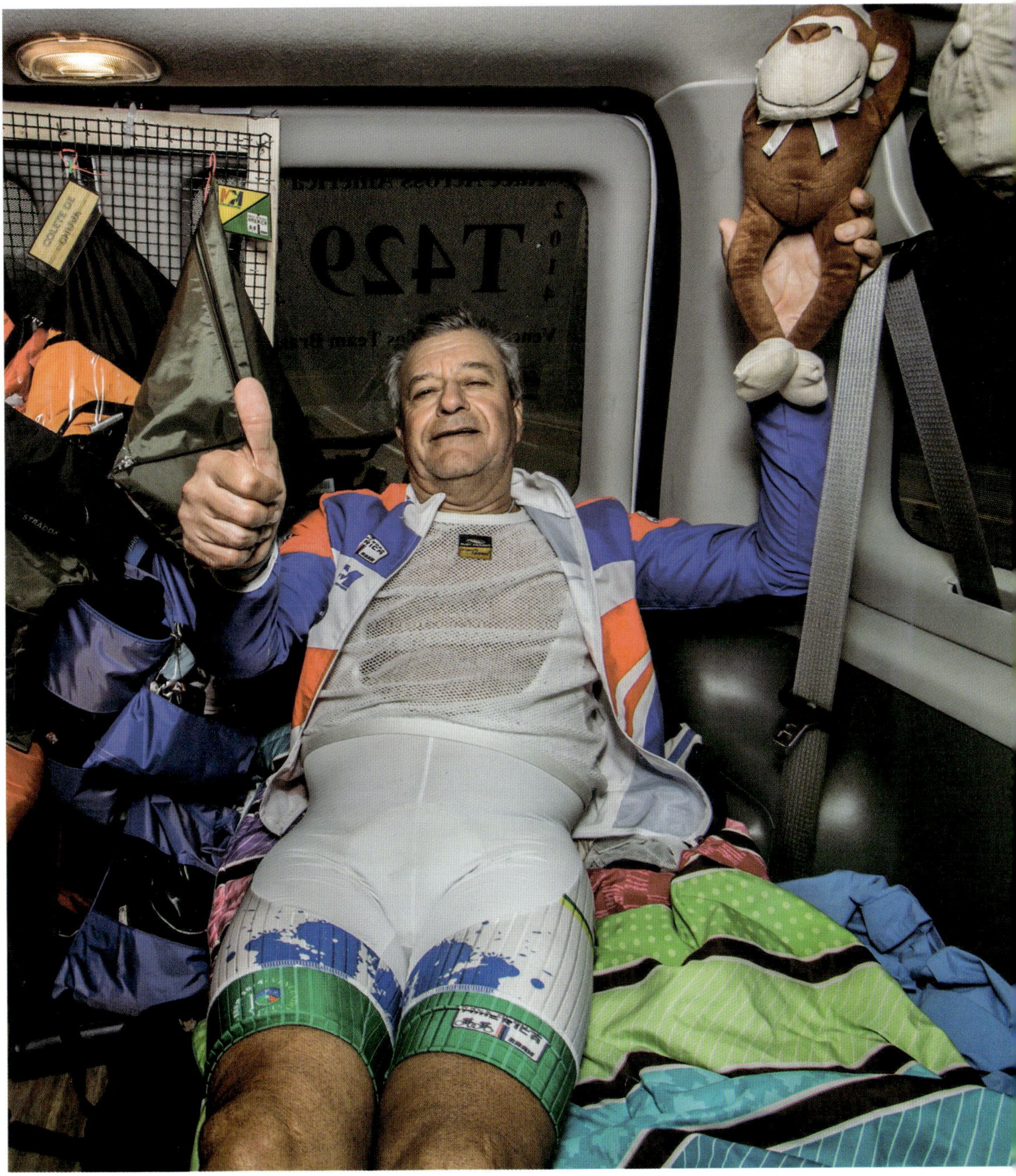

A foto dá uma noção do que significou pedalar o Wolf Creek Pass e chegar ao ponto mais alto da prova. Ao mesmo tempo em que estava visivelmente satisfeito consigo mesmo, Mr. Milan estava exausto. Detalhe para a mão esquerda de Marcio. Ele segura, espontaneamente, o macaquinho de pelúcia que ganhou de Marcão. O bichinho é uma espécie de símbolo de superação para Mr. Milan

Capítulo 11

Meridiano tenso

— Parece que a esposa do Marcão ficou brava com o que aconteceu — comento com Marcio, enquanto ele observa um par de tênis azul, desses bem modernos, que parece proporcionar conforto similar ao que sentimos quando usamos apenas meias.

Estamos na loja, em Washington, em que Dadinho, há pouco, despediu-se de Marcio, no mesmo dia 24 de junho, quando do embarque da equipe de volta para o Brasil, o que acontecerá dentro de poucas horas.

— É? Ele te disse isso? Engraçado, pra mim, ele disse que ela havia ficado preocupada, só, mas entendia tudo.

Fico sem graça e com a clara sensação de que cometi uma gafe. Marcio ri da situação, não parece dar muita bola. É como se compreendesse as razões daquela incoerência. Ainda assim, eu insisto em falar algo, o que só aprofunda a gafe.

— Preciso saber qual é a verdade, então — digo.

— Não precisa, não... — e, olhando-me bem nos olhos, ele completa. — Na RAAM não existe verdade.

As palavras de Marcio me soam enigmáticas e me fazem lembrar o que, algumas vezes, escutei da boca dos mais experientes de RAAM, inclusive do próprio Marcão:

— O que acontece na RAAM fica na RAAM.

É evidente que, se depender de mim, muito do que acontece nesta RAAM não ficará na RAAM. As peripécias vividas por Marcio no Colorado são algumas delas. Mas se dependesse dele, talvez eu não as devesse contar...

— Minha mulher não me deixa mais vir se souber dessas coisas.

Na verdade, não é bem assim. Dona Solange sabe onde Marcio está se metendo quando viaja, todos os anos, aos EUA para participar da RAAM.

— Eu sei que é perigoso. Sei dos riscos que ele corre — a esposa de Marcio me diria —, mas não é justo que eu o impeça. Nosso tempo nessa vida é imprevisível. O importante é que, quando chegar ao fim nosso tempo aqui, a gente parta feliz. O Marcio gosta disso. Ele é feliz pedalando uma prova difícil dessas.

Solange Milan não nega que tem medo e que, se dependesse dela, ele ficaria em segurança o tempo inteiro, mas a liberdade é, em sua opinião, o maior bem do ser humano e deve ser preservada, sempre.

— Você viu que, no jardim da minha casa, há um monte de borboleta [artificial]? — ela me pergunta.

— Vi que há borboletas por toda a casa. Nas paredes da escadaria que leva para o andar de cima há várias. A senhora mesmo 'tá usando uma camiseta de borboletas.

— A única tatuagem que tenho no corpo é uma borboleta também. Sabe por que gosto tanto delas? Porque elas simbolizam a liberdade e a liberdade é resultado de escolhas individuais. Para sair do casulo, as borboletas não podem ter ajuda, precisam sair sozinhas, senão não farão a força necessária para desenvolver as asas e conseguir voar quando estiverem livres do casulo. As pessoas têm de ser livres. Quem é livre acerta muito mais do que erra; é mais forte.

Quando Marcio diz que, se sua mulher souber das peripécias vividas na prova, ela não o deixará mais vir, ele, no fundo, sabe que, na prática, não será assim, mas também sabe que ela ficará incomodada de ouvir ou ler os relatos dos riscos que ele corre pedalando na RAAM. É uma lógica semelhante à da frase que usou para justificar a incoerência de Marcão.

— Não é que não exista verdade na RAAM — Marcio me explicaria depois — [...] Marcão sabia que eu ficaria chateado se me dissesse que a esposa dele 'tava brava e, no fundo, eu sabia que ela 'tava brava. Mas ele tentou amenizar, só isso.

O fato é que, quanto mais quilômetros nós avançamos, mais eu entendo que, na RAAM, é necessário ser "ameno", até porque a prova, por si só, já é suficientemente tempestuosa.

...

Depois de vencer as grandes montanhas do Colorado, os ciclistas da Vencendo Desafios descerão por centenas de quilômetros. A princípio, a descida é íngreme; depois, ligeiramente escarpada. Ainda no Colorado, torna-se suave, quase imperceptível, e se estenderá assim por quase todo o estado do Kansas. Será um imenso planalto no começo. Mais adiante, uma imensa planície. Estamos falando (e entrando) do "Beco dos Tornados", o corredor de ventos norte-americano que tem, aproximadamente, 900 quilômetros de largura e infindáveis quilômetros de comprimento.

Neste momento, Kim e Leone pedalam. O éter sopra a favor e eles conseguem uma média de 50 km/h, levando a equipe de Trinidad até Kim (CO[44]), cuja grafia é essa mesma, idêntica a que uso para o apelido do nosso ciclista português. A chuva profetizada por Marcio não veio; o clima está ameno.

— A noite é dura nas montanhas. A gente se desidrata muito, sem nem perceber, por causa do excesso de roupa. Por isso, há que se poupar também nas montanhas, esperar a hora boa, que chega, é essa: o terreno favorece e o clima também. Se estivermos descansados, faremos a diferença.

O português está visivelmente feliz pelo desempenho alcançado em um de seus pedais. Em cima da bicicleta, parado — Leone já o substituiu na estrada —, ele faz pose para as fotos de Machado.

...

Embora desafiador pelos ventos, as paisagens do "Beco dos Tornados" não é nada inspiradora. Assim que descemos as montanhas, as molduras que elas formam, ao fundo, ainda dão certa beleza à paisagem. Mas conforme nos aproximamos do Kansas, um mais-do-mesmo sem fim vai se desenrolando às margens da estrada e nos cansa a beleza. À frente, logo, logo, surgirão plantações de milho e soja. Porém, ainda no Colorado, o solo parece estéril. Nesse contexto, sol e vento a favor ajudam a suavizar a aspereza da região de terras secas, mas cercadas com pau e arame... A aridez tem dono.

Numa área de escape da estrada nos arredores de Kim, à espera da chegada do ciclista homônimo da van 1, Guto toma banho de sol, sentado no banquinho de madeira estofado, do lado de fora da van. Marcão canta, em total desafinamento, a música sertaneja que toca no alto-falante, Wagner ri e Marcio, dentro da van, apronta-se para iniciar o pedal da dupla 2. Alguns minutos depois das 11h, Marcio volta à estrada. A próxima troca de van, agora, só no Kansas, perto da cidade de Ulysses, onde ganharemos mais uma hora no relógio.

Na primeira meia hora de pedal de Marcio, que, de novo, inverteu com Guto a ordem de entrada na pista, eu vou na van da imprensa, onde o clima entre os tripulantes melhorou muito. Conversamos sobre a importância da sorte numa prova tão longa quanto a RAAM.

— Esporte nenhum independe da sorte. Todo esporte tem um quê de jogo, e jogo é jogo — diz Machado em resposta a um comentário que fiz sobre termos encarado um vento atípico nas montanhas do Colorado e agora estarmos com um cenário bem favorável, quando também não esperávamos.

Os assuntos na van da imprensa são bem diversos. Lígia, por exemplo, está incomodada com o fato de Marcio, nos trechos quentes, pedalar de *collant*, com o macacão aberto, deixando a barriga à mostra. Ela quer avisá-lo de que é melhor fechar o

---

[44] Colorado

macacão, para sair mais bonito na foto. Machado diz que, se Lígia quiser dizer, que diga, ele mesmo não se atreverá. Eu tampouco. Ela decide que vai dizer.

Quando Guto assume o pedal, vou para a van 2 falar com Marcio sobre suas impressões daquela primeira meia hora. Ele está contente pelo vento a favor e diz que chegou a pedalar, por um bom período, a mais de 55 km/h.

— Só abaixei para 45km/h quando o vento começou a me atingir na diagonal, ainda assim deu para forçar bem.

Digo a ele que estávamos conversando na van da imprensa sobre como o imponderável participa ativamente da RAAM. Comento a respeito dos ventos nas montanhas do Colorado. Marcio faz que sim com a cabeça. Enquanto falo, percebo seus olhos se perderem no horizonte descampado da estrada, revelando que sua cabeça está perdida em reflexões...

— São muitas as variáveis pra você chegar ao final bem classificado — Marcio começa a falar. — Por isso, a prioridade tem de ser chegar. Você 'tá vendo o que é a RAAM, não é moleza. Ainda assim, eu sempre acredito que vamos chegar, por isso temos de ter outros objetivos. Melhorar o tempo é o principal deles. Vamos tentar fazer abaixo de sete dias, independentemente da classificação. No momento, a previsão de chegada pra nossa equipe é de sete dias, duas horas e 18 minutos. Fui informado pela organização no último TS [21]. Dá pra melhorar. Precisamos melhorar.

Ele respira um pouco, olha a paisagem, depois prossegue...

— É importante acreditar no planejamento. Não se deve alterar muito ele. Ele é o pilar das nossas ações. Se for mudado toda hora, deixa de servir, deixa de dar segurança.

Nesse momento, a van 2 está ultrapassando um ciclista suíço que não tem o braço esquerdo. Já o tínhamos visto na largada do dia 14 e também no dia 10 de junho, pegando os kits da prova com sua filha. Ele faz a prova em dupla com ela. O nome da dupla deles é Father/Daughter[45], simples assim. Ele se chama Beny Furrer e ela, Corinne Furrer.

Quando passamos por ele, está parado no acostamento. Um dos membros do estafe de sua equipe lhe serve água. Por ter apenas um braço, não consegue pegar a caramanhola enquanto pedala. Marcio fica hipnotizado pela cena, que ganha ainda mais em tons heroicos quando Marcão diz que a filha, Corinne, acidentou-se ontem e está fora da prova. Ou seja, ele vai seguir só.

— E a gente falando de vento na montanha. Olha isso aí, cara. Esse é um herói. Isso, sim, é exemplo. É pra motivar ainda mais e reclamar menos. A gente falando de adversidade e me aparece esse cara pra ensinar — Marcio curva os cantos da boca para baixo e balança a cabeça afirmativamente, num claro sinal de admiração.

---

[45] Pai/Filha

SAXO

Depois de pedalar as montanhas do Colorado, a equipe se aproxima do Kansas. Aproveitando o imenso trecho plano e a rara ausência de ventos na região, os ciclistas aceleram, alcançando, em alguns momentos, médias superiores a 50 km/h. Na imagem acima, está o ciclista suíço que, mesmo sem um braço, pedala a RAAM na categoria dupla

...

Assim que Marcio retoma o pedal, eu volto para a van da imprensa. Estamos cruzando Sprignfield, uma cidadezinha ainda no Colorado. Pegamos um rápido trecho urbano que terminará assim que cruzarmos uma linha férrea, a pouco mais de 700 metros à nossa frente. Também um pouco adiante, mas ainda antes da ferrovia, há um ciclista da RAAM, que não é nosso adversário direto — dá para ver pela numeração do carro de seu estafe. Ainda assim, sua presença instiga a competitividade de quem pedala atrás: Marcio.

O problema é que uma locomotiva, com quase uma centena de vagões embutidos, aproxima-se do cruzamento com a rodovia no mesmo instante em que Marcio também se aproxima. A cena ilustra bem o que, há pouco, discutíamos sobre sorte e azar no esporte. O outro ciclista passará antes do trem, certamente. É possível saber de antemão. Já Marcio... Num primeiro momento, tenho a sensação de que, se acelerar a *bike*, ele conseguirá passar, mas, em seguida, vejo que é arriscado demais tentar. Quando olho para Marcio, porém, noto que ele aumenta o ritmo de suas pedaladas.

A cena não é dramática, mas suscita certa preocupação por causa da velocidade que Marcio alcança. O outro ciclista passa pela ferrovia e Marcio vem forte atrás. De repente, o maquinista buzina. Talvez tenha percebido que aquela arriscada corrida ele já ganhou, mas parece não acreditar que seu concorrente tenha se dado por vencido. No ponto em que já não lhe resta dúvida de que perdeu a disputa, Marcio freia. A bicicleta desliza suavemente com as rodas freadas e Marcio coloca os pés no chão para não cair. O trem está passando feroz com seu barulho de trovão. Marcio o mira de ponta a ponta. Terá de esperar uns cinco minutos até a passagem do último vagão. Nós esperamos com ele enquanto o outro ciclista segue pedalando, distanciando-se, já, na outra margem da linha do trem.

...

Ao chegarmos ao Kansas, já no fim do pedal da dupla da van 2, pouca coisa de extraordinária parece ter ocorrido. A paisagem do "Beco dos Tornados" é monotemática: um oceano de plantações de milho e trigo à direita e à esquerda, um horizonte sem acidentes e, por isso, cansativo, embora não me pareça feio. Teremos ainda o dia e a noite inteiros com esse cenário se repetindo. Não estamos surpreendidos com isso. Os veteranos cansaram de nos avisar que o Kansas é o pior trecho. "O Kansas cansa" é frase óbvia, mas apropriada, que todos usam.

De novo, a situação não favorece o trabalho de Machado, que busca as mais improváveis composições. As casas abandonadas à beira da estrada, por exemplo, salvam as fotos da repetição. Aliás, veem-se muitas casas abandonadas, às vezes, vilarejos inteiros entregues às moscas, pelas estradas norte-americanas. Os veteranos de EUA dizem que aquilo, assim como o grande número de pessoas vivendo em trailers, é reflexo da crise econômica que ainda não foi totalmente debelada.

— A organização da RAAM devia rever essa passagem pelo Kansas. Lugarzinho enfadonho. Joga esse trecho da prova pr'o Canadá, sei lá... Deve ser mais emocionante, ter paisagens diferentes, gelo, essas coisas. Já que os caras que estão aqui querem pedalar mesmo, dificulta, oras — diz Machado, levando Lígia à gargalhada.

No meio do penúltimo pedal de Guto, nós paramos em um posto de combustível para abastecer a van. Nesse momento, somos abordados por uma fiscal da prova, que nos questiona a respeito de algo que não compreendo bem. Dizemos que somos da imprensa e ela percebe que não poderemos ser muito úteis. A sorte é que a van 2 e 1 estão logo atrás, entrando no posto. Ao se dar conta, a fiscal nos agradece e vai em direção a ambas. Primeiro fala algo com Gayotto e Wagner, mas, no fim, é Kika, da van 1, quem fica conversando com ela.

Nós paramos ao lado de uma das bombas para fazer o abastecimento. A van 2 passa, volta à estrada atrás de Guto. Não me lembro quem, mas alguém de uma das vans me explica porque a fiscal procurou nossa equipe: a trajetória irregular do rastreador, com idas e vindas na estrada, e velocidade acima da normal para vans que acompanham o ciclista, mesmo em leapfrog. Acontece que, na última troca de dupla de ciclistas, ninguém se lembrou de passar o rastreador da van 1 para a van 2. Com o rastreador, a van 1 andou como uma van sem ciclistas na pista, o que gerou desconfiança da organização.

A sorte foi que Kika se lembrou do rastreador alguns instantes antes de sermos abordados pela fiscal e fez a troca com a van 2. No momento em que a organização nos aborda, já está tudo em ordem. Porém, mesmo tendo sido só desatenção, podemos ser punidos. Agora, mesmo, Kika está conversando com a fiscal e não sei como irá se livrar da saia justa. Não demora muito, o papo acaba. Encontro Kika na entrada da *general store* do posto...

— Eles não sabem que nós não éramos a van dos ciclistas no momento em que voltamos na estrada e fizemos uma parada mais longa em um restaurante. Eu disse que estávamos acompanhando o ciclista, mas o outro, que estava na van, se sentiu mal e precisou ir ao banheiro. Como não sabíamos quando encontraríamos outro posto à frente, voltamos para o que tínhamos avistado, de passagem, atrás. Ela entendeu. Não teremos problemas.

Além da sagacidade de Kika, nossa sorte é que as vans da equipe estão quase sempre perto uma da outra, o que torna a justificativa dela verossímil. Pode ser até que eles desconfiem da história, mas perceberam que não houve nenhuma fraude e que, no frigir dos ovos, o ritmo médio do rastreador, no momento, está em linha com nosso histórico.

...

Marcio volta à pista para seu último pedal. Nós acompanhamos a troca entre ele e Guto. Lígia para em um acostamento estreito, mais de 100 metros à frente da van 2, porque não havia espaço para o nosso carro onde a van dos ciclistas estava parada. Aos meus olhos, ela parou guardando a justa distância de um metro da faixa do acostamento. Mas quando a van 2 passa por nós, com Marcio à frente no pedal, Gayotto dá uma dura em Lígia:

— Liginha, olha a distância do acostamento, pô! 'Cê é veterana, sabe que não pode. Tem de dar o exemplo.

Nem o "Liginha" salva. A dama da nossa van, que apesar de beirar os 50 anos é uma mulher atlética, leve e aparenta ser bem mais nova do que é, não gosta das palavras de Gayotto. Lígia diz ter sentido uma irritação desproporcional na voz dele. Confesso que eu também. Incomodada ou não, ela segue dirigindo e fazendo seu trabalho para que eu e Machado realizemos o nosso.

O calor é ardido e quase asfixiante, mas geralmente eu desço da van com Machado quando ele se posiciona para fazer as fotos. Numa dessas descidas, ao passar por mim, Marcio aponta em minha direção e diz:

— Wagner, assim que der, quero falar com você.

Eu respondo que tudo bem. Tenho a clara sensação de que Marcio está irritado, mas não acho que é comigo. A princípio, desconfio que tenha relação com o rastreador.

...

Na primeira oportunidade que tenho, pouco depois das 16h, quando a dupla 2 já deixou a pista, eu procuro Marcio em sua van, mas ele diz que não poderá falar naquele momento porque está almoçando. Ele nunca deixa de falar nada por causa do almoço. Desconfio que seja porque não quer que outras pessoas escutem a nossa conversa.

Sendo assim, volto para o carro da imprensa. Eu e Machado decidimos que é hora de ir ao *motorhome* 1. Nós já almoçamos e a minha ideia, neste momento, é simplesmente acompanhar a dinâmica da nave-mãe da equipe. Machado vai instalar a câmera, fazer umas fotos e voltará para o carro da imprensa. Eu ficarei lá por mais tempo, enfrentando um calor bravo, porque o ar-condicionado só refresca a cabine. Chiquinho está cozinhando e haja força no ar para refrescar uma cozinha móvel. Assim, as saídas de ar da parte traseira são fechadas quando Chiquinho está com a mão na massa.

— Aqui é assim, entrega os pratos do almoço e já começa a cozinhar o rango da janta —Chiquinho me diz.

Sem refresco, mas com bom humor, ele continua a conversa mudando de assunto...

— É aqui no Kansas que a prova se decide. Depois das montanhas, se o cabra passa pelos ventos do Kansas bem, psicológica e fisicamente, vai bem no final, que também é um trecho chato, difícil. Mas, se enquanto 'tiver atravessando o Kansas, o ciclista ficar exausto, ferrou, porque, daí pra frente, o cabra não vai ter descanso. Se passar bem pelo Kansas, tem muita chance de ganhar posição no final.

Chiquinho fala com propriedade e experiência.

— Teve uma vez que uns cabras me passaram aqui no Kansas. Eu pensei: "Deixa eles, pego tudo lá na frente". Não deu outra. No final, eles abriram o bico e eu passei... bem no finalzinho.

Já estamos praticamente em Ulysses e a pouco tempo de alcançar o TS 23. Cambará dorme na cama do compartimento sobre a cabine, Palito dorme na cama dos fundos, Laurindo dirige e Cortez navega. O *motorhome* 1 (MH1) é uma paz só, principalmente se comparado ao carro da imprensa. É claro que tem seus momentos de pico, com a multidão de pedidos e solicitações de comida de outros carros; e é claro também que, mesmo silente, ele funciona. Chiquinho é prova disso: cozinha, limpa, tudo em meio ao silêncio pulsante do MH1. Laurindo, além dos trabalhos de estafe, faz ligações para saber como estão as coisas nas vans dos ciclistas e, quando precisa, toma as providências. Agora mesmo, Laurindo estaciona o MH1, liga para a van de Marcio e dá as coordenadas a Gayotto sobre a nossa posição.

— Márcio quer falar comigo — ele me explica. — Já combinei com a van deles num ponto, anteriormente, e eles passaram direto. Liguei e eles disseram que tinham perdido o ponto. Aqui não há como perder.

Estamos num posto com o estacionamento virado para a estrada. Vemos a estrada e quem passa por ela. Kim, ao pedal, acaba de passar seguido, a uns 200 metros, pela van 1. O MH1 está de frente para uma placa na estrada que aponta para a direção de Dodge City...

— Essa cidade é famosa. Foi bem importante no passado e tem todo aquele estigma de Velho Oeste, sabe? — Laurindo me diz.

As coisas mudaram bastante nessa região central dos EUA. Embora Dodge City remeta ao Velho Oeste, depois das conquistas, a cidade deixou de estar a oeste do País para estar no centro. Sua população também não é mais apenas de *cowboys* e mocinhas metidas em vestidos rendados. Hoje é comum encontrar comunidades *Amishes*[46] no Kansas, que, antes, estavam mais restritas ao nordeste norte-americano, principalmente a Pennsylvania, onde se instalaram nos anos de 1730.

Boa parte dessas informações, quem me passa é o próprio Laurindo, sem tirar o olho da estrada, receoso de que, mais uma vez, a van 2 passe reto. Pois bem, é justamente o que acontece, para indignação de Laurindo...

— Pô! Duas vezes! O que 'tá acontecendo nessa van, eles 'tão doidos?

---

[46] Grupo religioso anabatista — contrário ao batismo na infância por achar que a escolha religiosa é pessoal e consciente, ou seja, "adulta" — que segue a Bíblia e é a favor de um modo de vida conservador, que restringe consideravelmente o uso de tecnologias contemporâneas, o que inclui até energia elétrica e água encanada. Os amishes são cristãos dissidentes do catolicismo e do protestantismo e surgiram no início do Século XIV, na Suíça. Foram para os EUA no Século XVI, fugindo da perseguição dos grupos religiosos majoritários da Europa: católicos e protestantes.

Laurindo pega o celular e liga de novo. Eles dizem que não vão parar mais agora e que depois Marcio fala com ele.

— Brincadeira! — Vocifera Laurindo desligando o telefone.

Eu comento com Laurindo que tenho sentido a van 2 tensa, com dificuldade de navegação quando Marcão não está junto, e acho que as coisas pioraram depois da história do rastreador. O chefe diz que essa história pode nos trazer problemas e que, no lugar de Kika, não teria tanta certeza de que tudo foi resolvido no bate-papo no posto.

Depois disso, Laurindo resolve que é hora de voltar à estrada. Antes, contudo, olha no celular pessoal, lê alguns SMS e me traz uma curiosidade: o Brasil acaba de empatar o segundo jogo da Copa, contra o México. A mensagem foi enviada, do Brasil, pela sua esposa.

— Ela falou que o jogo foi ruim de doer — completa.

Como o primeiro, contra a Croácia, já não tinha sido bom, esse empate agora só reforçava a desconfiança em relação à seleção.

Cortez, um sujeito na faixa dos 30 anos e que pouco fala, observa tudo com um olhar simpático e uma expressão amigável, aproveita que o carro ainda não andou e sai da cabine para a parte de trás do *motorhome*. Pega uma seringa, a insulina, e a injeta na coxa. É a dose diária de que precisa como diabético. Tenho a impressão de que já vi o bastante no MH1. Digo a Laurindo que quero ir para a van da imprensa. Assim é feito.

Minha ideia agora é ir para o MH2. A van 3 mesmo me levará. Lígia acha que é uma ótima ideia, diz que eu preciso aproveitar para dormir também. Não diz uma, nem duas, nem três vezes. Diz algumas. A insistência dela me leva a crer que eu devo estar insuportável. Nem sempre percebo quando isso acontece, mas sei que meu tom de voz sobe, eu reajo irônico e ácido com facilidade, fecho a cara e dou mais ordens que de costume. Imagino, por um instante, que posso estar me comportando assim e que ela, de forma bem sensível, notou que um bom sono irá me revigorar.

Pouco depois, já estou no MH2, lugar ainda mais sereno que o MH1 e mais fresco também. Dadinho me recebe com seu tradicional "E aí, Wagnão, beleza?" e segue navegando para Ernandes, motorista no momento. Péricles tenta dormir num sofazinho contíguo à cabine, mas me parece ter dificuldade para embarcar no sono. Puxa assunto comigo e diz para eu aproveitar para tomar um banho, já que o MH2 fará uma parada no posto. Meu último banho foi há mais de dois dias, no Arizona. Não perco a nova chance. Depois do banho, subo no compartimento dormitório sobre a cabine do MH2 e durmo.

...

Devo ter descansado uma hora e meia, se tanto, mas estava precisando. Depois disso, voltei à van da imprensa. Perto das 19h, em uma parada em Pratt, cidade entre

Ciclistas da Vencendo Desafios pedalam na planície do Meio Oeste norte-americano

o TS 24, em Metezuma, e o TS25, em Greensburg, encontramos a van 2 e eu pude falar com Marcio sobre o assunto que ele havia calado no almoço. Vago, sem dar nomes, ele diz:

— O sujeito vem pra cá pra ser voluntário, mas isso não 'tá bem resolvido na cabeça dele.

Marcio está à flor da pele. Não descansou nada nas últimas horas em que esteve fora do pedal e, para piorar, alguém de sua van não está no que ele julga ser o espírito da prova. Eu tento saber quem é e o que fez, mas ele não conta. E é assim, emocionalmente estafado, que ele volta a pedalar, na Ford Ensign Road, já perto da cidade de Ford. Marcio não quer minha companhia nas próximas cinco horas de pedal. Só o acompanho nas trocas. Ele sente o cansaço mais que em qualquer outro instante da prova. Como já passamos do meio do Kansas, tenho receio de que esteja acontecendo o que Chiquinho disse ser normal quando o esforço nas montanhas superou o limite do ciclista.

Enquanto isso, eu e Adilson aproveitamos as paradas para sair do carro e usufruir dos ventos — neste ano, brisas — que minimizam o calor. Seria bacana se a máquina fotográfica de Machado pudesse captar a beleza da noite nas pradarias do Kansas. Não vi noite mais bonita em nenhum outro lugar. Há estrelas de sobra no Kansas... Mas há quem diga que estrelas nunca são demais. Então, no Kansas, estão na justa medida.

Em uma dessas paradas à beira da estrada, contudo, a beleza das estrelas fica em segundo plano. Ao retornamos para a van, constatamos que estamos atolados. O pedal da dupla 2 se aproximava do fim, é quase 1h da matina, e nós temos uma missão: pegar Marcio, levá-lo ao MH1 para tomar uma espécie de banho de mangueira e, depois, levá-lo de volta para a van 2, que já estará fazendo o *following* da dupla 1. Por um instante, o desespero me olhou nos olhos, mas eu disse a ele que não era para tanto e que viesse noutro momento.

Adilson, ao volante, acelerando e eu, do lado de fora, balançando a van para ajudá-la a encontrar aderência foi a primeira e fracassada tentativa de desatolá-la. A essa altura, já me impressiona a tenacidade do sono de Machado e Lígia, dentro da van. Mas a verdade é que, se conseguem dormir conosco em nossa dinâmica maluca de paradas, descidas, conversas etc., por que não conseguiriam agora. Além disso, geralmente para respeitar o metro de distância da faixa do acostamento, deixamos a van numa situação pouco confortável, com as rodas do lado direito na grama ou na terra e num terreno inclinado. É exatamente onde estamos atolados agora. Nossa roda dianteira direita é a que gira em falso na grama, que já virou barro, cavoucada que foi pelo pneu.

Lígia percebe a movimentação atípica e acorda. Ao entender o que ocorreu, prontifica-se:

— 'Cês precisam de ajuda?

Respondemos que não e continuamos o trabalho.

Embora tenhamos encontrado por todos os EUA, no Kansas, essas descaídas de beira de estrada são maiores; são grandes canaletas que separam as estradas das plantações de milho ou de trigo e também servem ao sistema de drenagem das plantações. Por isso, geralmente, estão úmidas. Ainda assim, por serem grandes, extensas, é possível andarmos sobre parte dela com o carro — mesmo o terreno sendo íngreme. É arriscado, mas muitas vezes é a única opção que temos para respeitar o metro regulamentar entre van e faixa de acostamento.

Porém, a extensão das canaletas — há margem para irmos ainda mais ao seu interior — e a força do motor da van levam Adilson a ter a seguinte ideia: virar a van ainda mais para a descaída usando o empurrãozinho da gravidade e distribuindo melhor o peso do carro sobre as quatro rodas, que estarão, todas, na terra agora. Ele faz e, de fato, o carro sai do atoleiro, consegue aderência, avança pelo terreno inclinado e, pouco a pouco, é corrigido para a estrada.

Vamos atrás de Marcio e, assim que os ciclistas da van 2 concluem os trabalhos daquela noite, já à 1h da madrugada do dia 18 de junho, nós o levamos ao MH 1 para o banho, que, na verdade, não é bem de mangueira, é de um chuveiro feito de mangueira. Esse banho é uma tradição. Marcio, sempre que pode, faz e quem prepara a estrutura improvisada que transforma a mangueira em chuveiro é Cambará. Tem sido assim há dez anos.

...

Nos arredores de Maize, ainda no Kansas, mas cada vez mais próximos da divisa com o Missouri, eu e Adilson levantamos — só Deus sabe com que disposição —, às 6h da manhã. A paisagem aqui já mudou bastante. Há mais árvores e bem menos planícies. Estamos em um posto. Vamos fazer aquela higienização básica e depois tomar um café para despertar. Não há nada de muito novo nesse processo, a não ser o fato de que, cada vez mais, somos menos ágeis para realizar essas tarefas elementares. Além do cansaço acumulado, parece-me haver outros fatores que nos emperram.

Na madrugada anterior, depois do banho de Marcio, eu e Adilson fomos incumbidos de levar lanches à van 1. Nós nos incomodamos um pouco com mais essa missão. Já nos aproximávamos das 2h e não valia a pena acordar Lígia e Machado e enchê-los de incumbências, recém-despertados. Optamos por mantê-los dormindo e fazer o que nos havia sido pedido. O problema disso é que só conseguiríamos pegar no sono perto das 3h da madrugada. Foi o que aconteceu. Por isso, talvez, tenhamos acordado particularmente cansados nesta manhã.

Adilson me parece um pouco arredio, algo incomum. Nesta manhã, ele faz tudo num ritmo bem sereno e suave, mesmo sabendo que temos de alcançar Marcio em

Na cidade de Springfield, na saída do Colorado, Marcio se esforça para cruzar a linha férrea antes da chegada do trem, mas não consegue e precisa esperar por cerca de cinco minutos, intermináveis, a passagem dos vagões

meia hora. Eu lanço aquele vago "vamos acelerar", mas não surte efeito. Ele escuta, mas mantém o ritmo. Pela primeira vez, Adilson me dá a sensação de estar de saco cheio. Essa história de ser estafe da imprensa e, ao mesmo tempo, carro de apoio dos ciclistas começa a pegar para ele, imagino. A dupla função, por vezes, prejudica o trabalho da imprensa, principalmente o do fotógrafo. Nem sempre dá para conciliar as duas finalidades. No meu caso, até enriquece, porque me oferece novas perspectivas da prova e das relações, mas cansa.

Saímos do posto atrás de Marcio já quase às 6h30. Cinco minutos antes, Marcio nos ligou para saber onde estávamos. Lígia conversou com ele...

— O Marcio quer que a gente alcance ele e ajude a navegar. Disse que a van 2 'tá perdida.

Depois de voltar à estrada, não demoramos a chegar a um trecho urbano, chato de navegar, e que me parece ser o centro de Maize. Machado gosta da paisagem e diz que temos de encontrar maneira de fazer as fotos também, mas Adilson e Lígia retrucam que não dá para fazer as duas coisas ao mesmo tempo naquele trecho e que a prioridade é o pedido de Marcio. Eu defendo que temos de encontrar uma maneira de conciliar e fazer as duas coisas. Adilson retruca que não vai dar, eu defendo que devemos tentar. Machado está uma pilha, diz que não tem cabimento uma coisa dessas. Há uma van responsável pelos ciclistas e, dentro das atribuições dela, está a de orientar a navegação deles. Mas, como disse Marcio, o livro não é o mais importante. A verdade é que eu e Machado teremos de nos virar para encontrar soluções para fazer nosso trabalho.

Assim que encontramos Marcio, nós o ultrapassamos e, na primeira oportunidade, Machado pede para pararmos num acostamento: ele descobriu um baita plano pictórico. Desce rapidamente da van — o que não costuma acontecer, Machado é naturalmente lento — para aproveitar a paisagem urbana de Maize. Eu vou junto. Não demora muito para eu entender a pressa de Machado. Assim que retornamos à van, ele me mostra, feliz da vida, a imagem que fez: Marcio pedala uma linda via, beirada por gramados e, ao fundo, é possível ver, lustrosos, ônibus escolares amarelos, típicos dos EUA, daqueles que habitam a memória cinematográfica de todo mundo.

Enquanto passava por mim e, pouco antes de ser clicado por Machado, Marcio aproveitou para desabafar, agora dando o nome de quem o está incomodando por não fazer direito o trabalho de estafe de van:

— O Gayotto não entendeu, não entendeu o que é a RAAM!

Assim que Marcio termina sua perna de meia hora, eu estou à beira da estrada. Já deixamos o centro de Maize e paramos em frente à porteira de uma fazenda. Guto segue o pedal da equipe. Gayotto e Wagner arrumam os equipamentos e eu converso com Marcio, perto da porteira, onde cachorros latem.

— O Gayotto não entendeu o que é ser estafe na RAAM; isso aparece no trabalho, na navegação [...] Pô, a gente tem um route book justamente pra olhar pr'a frente e evitar erros. O *route book* é pra prever, antecipar [...] Sem isso não tem resultado.

...

São pouco mais de 8h da manhã e estamos na US 54 E, indo de El Dorado a Yates Center. No momento, não há nenhum vilarejo, cidade ou mesmo posto à vista. Há, sim, propriedades rurais aos montes e as áreas de parada, geralmente, ficam na frente de porteiras. Os contratempos que incomodam Marcio não são poucos: cansaço, insatisfação, desentendimentos e, a essa hora da manhã, quando retorna de seu segundo pedal, fome...

— Cadê o *motorhome*? — Pergunta Marcio.

Estamos com a van parada, de novo, em frente à porteira de uma propriedade rural, desta vez sem cachorros latindo.

— Eu avisei que precisava comer às 8h, no máximo. São 8h e nada do café da manhã.

Marcio precisa da comida também para tomar seu remédio de controle de pressão, mas tem hora certa para tomá-lo. Ele pede para ligar para o MH1 e descobre que seu café está longe. Vai para o pedal sem comer, sem remédio e, quando volta à van, perto das 9h, o MH1 está chegando. Chiquinho desce e traz pessoalmente os lanches dos ciclistas. Sobra para ele...

— Seu Chico, 'cê quer me prejudicar?! — Marcio fala alto.

Claro que Chiquinho nega essa intenção e diz que não tem culpa do atraso. Cambará se aproxima e também leva:

— Então é você que quer me prejudicar?

No fim das contas, Marcio quer saber por que tanta demora e onde está Laurindo. Cambará explica que ele, Chiquinho e Palito vieram correndo e sozinhos. Disse que os demais tripulantes do MH1 estão tomando banho num posto da prova, mais atrás, e que depois irá buscá-los.

— Laurindo 'tá tomando banho, então? — Marcio balança a cabeça afirmativamente, mas sua expressão é de contrariedade. — O banho do chefe é mais importante que a comida dos ciclistas? Cacete! As pessoas precisam entender que os ciclistas são prioridade. A prova não para. Então, não dá pra parar pr'o chefe tomar banho.

Depois do desabafo, ele se cala. Apenas come metade do lanche, mas não toma o remédio, porque já não resolve seu problema tomar àquela hora. Guarda a outra metade do lanche e diz, bem mais calmo, que vai comê-la ao longo dos próximos pedais dessa perna.

...

Em Yates Center, a dupla 1 assume o pedal em direção a Fort Scott e Nevada — as duas últimas cidades do Kansas em nosso itinerário. Com Kim e Leone no pedal,

SCHOOL BUS
SCHOOL BUS
SCHOOL BUS
STOP

Na manhã do dia 18, em Maize, ainda no Kansas, mas já com outra paisagem, bem menos plana e mais arborizada, Marcio pede a ajuda do carro da imprensa para auxiliar em sua navegação, já que aquele trecho, urbano, se mostrava complicado

a Vencendo Desafios chega ao Missouri e, entre Dederick e El Dorado Springs, às 16h, a dupla 2 assume e dá prosseguimento à marcha.

Na “última fronteira antes do Velho Oeste”, como era conhecido o Missouri dois séculos atrás, quando os norte-americanos ampliavam seu território, a dupla da van 2 sente que não será fácil se acostumar à topografia do estado, completamente diferente da do Kansas, assim como o clima, bem mais quente e úmido. O verde da vegetação no Missouri me parece mais denso e escuro que nos estados do oeste. Às vezes, a mata é fechada. O estado do meio leste se parece com Virginia e West Virginia.

Ao terminar um de seus primeiros pedais, Guto se dirige a mim e pergunta se estamos em Virginia. Eu digo que não, que estamos no Missouri.

— É verdade. É que se parecem; as casas e o sobe-desce da estrada também é parecido.

Marcão escuta a conversa e entra no papo.

— A partir daqui, a prova trunca. É um sobe-desce íngreme. Mais pra frente, é ainda pior.

Sobe-desce, calor, umidade... O Missouri é mais baixo que o Kansas, onde pedalamos boa parte do tempo a uma altitude de 700 ou 800 metros. No Missouri, a altitude média é de 200 ou 300 metros. Ou seja, mais abafado.

Não sei se os norte-americanos abandonaram suas casas e se mudaram para algum lugar ou se estão dentro delas, fugindo do calor, mas dificilmente vemos alguém nas ruas, sequer nos gramados das casas, nem nas plantações que encontramos. Imagino que devam trabalhar à noite, em temperaturas mais amenas. Enquanto vou fazendo minhas observações, Marcio pedala no novo terreno. Ao terminar um de seus pedais, ele me diz:

— O Missouri é completamente diferente de tudo o que pedalamos até aqui. O organismo leva tempo a se adaptar. Tudo parece mais difícil no começo.

Apesar dessa constatação, tenho a impressão de que ele está mais contente no novo estado do que estava no Kansas. Dos quase 5.000 quilômetros de prova, mais de 3.000 já foram pedalados. Mesmo com o inevitável cansaço, ali, no Missouri, já se começa a farejar o cheiro da linha de chegada. A perspectiva de realização de mais uma RAAM funciona como injeção de ânimo.

No meio do caminho de Weaubleau para Camdenton, onde iremos alcançar o TS 32, a van 2 encerra seu pedal, mas não sem antes uma imagem ilustrativa. Uma águia-de-cabeça-branca, símbolo dos EUA e da Equipe Vencendo Desafios, sobrevoa, por um breve período de tempo e na mesma direção, a cabeça de Marcio, em pleno pedal. Estamos iniciando uma descida quando a cena acontece. A estrada é ladeada de mata densa. O sol não se pôs, mas se aproxima do ocaso. Ainda assim, o que nos deixa de luz é mais que suficiente para ver a ave, que, até aquele instante, eu só tinha visto na TV Cultura ou na TV a cabo.

...

Apesar do terreno escarpado e das mudanças trazidas pela natureza mais Atlântica da região, a passagem da equipe Vencendo Desafios pela noite do Missouri se dá sem significativos sobressaltos. Ainda com a dupla da van 1 no pedal, passamos pela cidade de Jefferson, capital do estado, onde há um lindo capitólio, parecido, mas menor que o de Washington. Tenho a impressão de que é uma réplica do principal.

Na perna da madrugada do dia 19 de junho, Marcio desempenha bem, embora sinta mais o sobe-desce do que havia sentido à tarde. Ele não sabe dizer qual é a causa desse mal-estar, mas levanta algumas suspeitas. Uma delas é a massagem que fez logo depois do pedal que terminou às 20h. A outra é não ter tomado o remédio de controle de pressão na manhã do dia 18, ainda no Kansas. Por via das dúvidas, ele me diz que dali para frente pedirá para Ernandes só fazer agulha[47].

Pouco antes da chegada à cidade de Washington, ainda no Missouri, no TS34, a dupla 2 encerra o pedal. Kim e Leone assumem e, duas horas depois, às 8h da manhã, chegam a West Alton, cruzam o Rio Mississippi, deixam o Missouri e entram em Illinois, estado que, embora pequeno em extensão territorial, é importantíssimo, não só pela pujança econômica — é um dos mais industrializados do país —, mas também por ser o quinto mais populoso, o que lhe confere muita força política. Sua capital é Springfield, mas a cidade mais famosa, populosa e industrializada é Chicago, que fica ao norte. O trajeto da RAAM passa pelo sul do estado.

Talvez isso explique porque, nas vias pelas quais estamos passando, o ambiente seja tão rural. Aqui também pululam plantações de milho. É justamente em meio a essas plantações, indo para a cidade de Greenville, que nos deparamos com cena bem inusitada.

Estamos, pela primeira vez na prova, num trecho *off-road*[48], em vias estreitas de terra batida. É um trecho de navegação difícil. As áreas de escape, aqui, são recuos que dão em porteiras de plantações. É num recuo desses que encontramos o MH2 parado. Do lado de fora, estão quase todos os tripulantes. Embora nada chegue aos nossos ouvidos, Marcão fala com a boca e com a mão, de forma enfática, para Dadinho, que responde da mesma maneira. Um pouco atrás deles, com cara de menino bravo, Ernandes nos observa passar pela estrada. Péricles está apreensivo, escutando a conversa, que é áspera. Há mais pessoas do lado de fora, agora não me recordo quais. Uma delas ri. Parece cena de cinema mudo.

---

[47] Acupuntura

[48] Fora da estrada e longe do asfalto

Quanto mais a leste vamos, mais árvores encontramos. A partir do Missouri, os ciclistas têm pela frente um terreno acidentado, cheio de escarpas íngremes e um clima úmido e quente, dando-lhes uma sensação extenuante de abafamento. Porém, à beira da estrada, é comum encontrar casas grandes, com jardins bonitos e encantadores gramados

Percebendo que algo não vai bem, nós diminuímos a velocidade da van e abrimos a janela. Marcão pede que não paremos, faz sinal para tocarmos em frente, não quer plateia para aquele filme. De imediato, todos em nossa van pensamos: "deu merda". Devem ser umas 10h30 da manhã e Kim está no pedal, logo à nossa frente, acompanhado pela van 1. Estamos curiosos por entender que diacho houve, porque estavam discutindo de forma tão inflamada. Só temos a cena muda para tentar decifrar e, pelo que vimos, Marcão está exaltadíssimo, ralhando com Dadinho, que se justifica.

Nossa van segue seu rumo. Quando paramos, para eu fazer um *pit stop* às margens da estradinha, a van 2 desponta, vindo em nossa direção. Consigo tirar a água do joelho antes da chegada da van 2, que para atrás de nós. Marcão já foi incorporado ao carro. Quando passamos por ele e Dadinho, durante o bate-boca, estava no fim de seu descanso. Creio que, logo depois da nossa passagem, a van 2 chegou, deixou Gayotto e levou Marcão.

Vou até a janela da van dos ciclistas e pergunto a Marcão, sentado no banco do carona, o que houve. Com cara de saco cheio, ele me conta:

— Dadinho e o massagista discutiram. Quase que o massagista perde a cabeça.

— Como assim? Por quê?

— Por causa da navegação...

[...] Ernandes estava ao volante e Dadinho navegava. Ernandes achava que o MH2 tinha, até pela dificuldade do trecho, de se preocupar em fazer seu trabalho, preservando sua autonomia. Dadinho achava que, naquele trecho, a prioridade era servir de apoio à navegação do ciclista. Nenhum deles quis ceder e Dadinho começou a se valer do poder do livro de rotas. Ernandes perguntava em que direção tinha de ir, se virava à direita ou à esquerda, e Dadinho não dizia, tentando, com seu silêncio, fazer Ernandes parar o MH2 até a aproximação do ciclista. Quando o ciclista se aproximava, Dadinho liberava as informações a Ernandes. O massagista ficou bravo, mas, num primeiro momento, deu jeito no problema de forma pacífica: passou a olhar para o livro no colo de Dadinho e se autonavegar. Mas Dadinho não queria perder a disputa de poder e escondeu o das vistas de Ernandes. Aí, sim, o massagista ficou furioso e tentou tomar, na marra, o livro de Dadinho.

Vale esclarecer que nem todas as informações colocadas no parágrafo acima foram dadas por Marcão. A maioria delas, eu apurei com Dadinho e Ernandes em conversas posteriores, na continuação da jornada. O fato é que foi assim que eles foram parar do lado de fora do MH2, naquele trecho de milharais, em Illinois, com Marcão já intervindo e tomando o partido de Ernandes, sob o argumento de que o navegador navega para o motorista do seu carro, não para o dos outros.

— Isso só quando é muito necessário — me diz Marcão.

...

Por volta do meio-dia e meia de 19 de junho, a temperatura em Illinois, nas cercanias de Greenville, é possivelmente a segunda mais alta que já enfrentamos nessa jornada. Devemos estar perto dos 40º C. Apesar disso, Marcio me parece mais disposto. Na pista desde as 11h, ele me informa já ter pedalado 504 milhas — 811 quilômetros. Se multiplicarmos por quatro, considerando que os demais ciclistas pedalaram aproximadamente a mesma coisa, já foram percorridos mais de 3.200 quilômetros. Porém, é possível que Kim e Leone tenham pedalado mais, já que a maioria dos trechos de menor velocidade da prova, no Colorado, principalmente, caiu com a dupla 2. Ou seja, acredito que a equipe acumule, no momento, um pouco mais de 3.500 quilômetros de pedal.

Marcio, obviamente, já está sabendo do que ocorreu no MH2. Não parece muito surpreso, afinal, ele mesmo disse que as confusões são normais na RAAM. Àquela altura do campeonato, eram poucos os que não tinham perdido a estribeira com algo ou alguém. O próprio Marcio era prova disso.

À noite, no Missouri, ele e Wagner se desentenderam. Ao tentar proteger Kim, que a todo o tempo jogava a *bike* para a estrada, Wagner colocava a roda da van nas ranhuras da faixa de acostamento, o que faz um barulho infernal para quem está dentro da van. Essas ranhuras servem para acordar o motorista que pega no sono e perde o controle do carro, mas, na RAAM, também acorda o ciclista que está descansando na parte de trás da van. Marcio perdeu a paciência com o toque-toque--toque do inferno que a manobra de Wagner criava. Nervoso, ele gritou com Wagner, que respondeu, até que um "cala boca" fosse dito por Marcio. Logo em seguida, ambos se desculparam pelos excessos e, poucas horas depois, estavam falando da história, um na presença do outro.

Porém, o mesmo entendimento entre eles não se replicava na relação de ambos com Gayotto. Estavam bravos com o colega de van e a reclamação era a mesma: falta de foco na prova. Para piorar, Gayotto tinha feito algumas propostas que não soaram bem aos ouvidos de Marcio.

— O Gayotto me procurou nas últimas horas. Primeiro, ele me pediu que tirasse o Wagner da van 2, pela dificuldade de entendimento entre eles. Depois, junto com o Dadinho, ele me pediu a dissolução da van 3 como carro de imprensa pra transformar ela em carro de apoio à navegação, só. No caso, ele e o Dadinho passariam a comandar a van 3.

Depois de me dizer isso, Marcio me pede para não levar essa história adiante, diz que negou os pedidos e que estava tudo resolvido. Confesso que a história me irrita um pouco, mas se Marcio assegurou a continuidade da van da imprensa, não tenho porque me incomodar.

— Agora, Wagnão, o ideal pra equipe e pr'os ciclistas é a Lígia vir pra cá e o Gayotto pr'a imprensa. A gente precisa que você se prontifique a aceitar isso — Marcão me pega de surpresa com essa "proposta".

Eu quero ver se tenho alguma chance de dizer não e minha primeira reação é olhar para Marcio, que me faz sinal de negativo com o dedo e me diz, só com os lábios, para Marcão não o escutar:

— Não aceita.

Seu pedido afônico é uma ordem. Eu sigo tranquilo meu trabalho, cruzando Illinois. Antes de o sol se pôr, estaremos em Indiana, já no mesmo fuso horário de Annapolis. Dali para frente, teremos mais quatro estados (Ohio, West Virginia, Pennsylvania e Maryland), todos com trechos bem mais curtos do que os superados nos estados do oeste. Pensando de forma otimista, talvez nos reste só mais 48 horas de prova. E 48 horas, para quem já está na estrada a 120, é quase nada.

Capítulo 12

Contra o tempo

No dia 23 de junho, deixamos o hotel em Annapolis, onde passamos o último dia e meio, e vamos para Washington devolver ao depósito os equipamentos que usamos durante a prova. O trabalho de reconstituição das vans, retirada das camas, recolocação dos bancos etc., é tão ou mais difícil que o trabalho de alteração delas para participar da prova, o que fizemos 17 dias antes, no atribulado 6 de junho. A devolução dos equipamentos ao boxe do depósito que Marcio mantém precisa ser benfeita, até porque a ideia é ter todo o material armazenado nas melhores condições possíveis para ser usado pela equipe em 2015.

Depois de fazer esse trabalho, a proposta é seguir para um centro de compras ou coisa que o valha, onde cada um fará o que preferir. Mais tarde, iremos ao hotel, onde pousaremos até o dia seguinte, 24 de junho, quando embarcaremos de volta ao Brasil.

Estamos em duas vans. A outra está com Marcio, que na companhia de Marcão e Lígia, foi levar Guto ao aeroporto. Entre as pessoas que seguem para o centro comercial, há um grupo que quer ir às compras, outro que quer assistir à partida entre Brasil e Camarões, a última da primeira fase da Copa. Eu, Dadinho, Machado e Gayotto somos do time dos que querem ver a partida. Mas Dadinho e Machado, ao verem a beleza da M Street, em Georgetown, enquanto passamos por ela, decidem que assistirão ao jogo ali mesmo; procurarão um bar e depois, com o endereço do hotel, vão nos encontrar. Assim, eles pedem para parar a van e descem.

Eu e Gayotto vamos com o grupo até o centro comercial mais próximo do hotel e ali encontramos uma pizzaria, onde comemos e vemos o segundo tempo do jogo — no caminho, as vans se perderam e demoramos para encontrar o tal centro comercial; quando vimos que não conseguiríamos assistir ao primeiro tempo, eu e Gayotto nos arrependemos de não ter descido com Dadinho e Machado em Georgetown.

Depois do jogo, ainda nos sobra um bom tempo para passear pelo centro comercial e seus arredores. Ficamos por volta de três horas andando por ali e eu aproveito para saber de Gayotto quais são suas impressões da RAAM. Sempre escolhendo as melhores palavras e demonstrando muita consideração a Marcio, Gayotto, embora tenha ido à RAAM sabendo da natureza "exigente" do dono da equipe, estava um pouco decepcionado com a maneira pela qual havia sido conduzido e liderado. Ele me diz ter imaginado que o tratamento devesse ser diferente, com menos cobranças, menos ordens, mais orientação, diálogo e paciência, até pelo caráter voluntário do estafe.

— Minha ideia de liderança é diferente, entende?

Nossa conversa segue bastante amistosa e eu procuro saber dele como vê a presença da imprensa na prova. Não pergunto se ele sugeriu a Marcio a extinção da van da imprensa, durante a prova, mas trago à tona o comentário que Marcio havia me feito antes de embarcarmos para a RAAM...

— Wagner, o Gayotto me fez uma pergunta e eu não soube responder: o que esse livro terá de diferente de tudo o que já foi feito até agora sobre a RAAM?

Na época, eu expliquei a Marcio que pretendia fazer um livro-reportagem que não se limitaria à "pele" da RAAM; ou seja, aos ciclistas e às dificuldades que naturalmente os acompanham especificamente no pedal. Isso seria parte da obra, mas minha ideia era ir além; era trazer, também, o que estava por trás (os bastidores) e o que estava por dentro (as vísceras). Faria isso usando técnicas literárias, na esperança de conferir outro sabor ao texto. Não me lembro de ter lido nada escrito de forma semelhante sobre a RAAM. Na maioria das vezes, encontrei livros de foto-legenda.

Gayotto me confirma que, quando Marcio lhe falou sobre o livro, não tinha visto sentido e achou que se gastaria dinheiro à toa com essa história. Mas a mesma explicação dada a Marcio, ainda no Brasil, eu dou a Gayotto agora. Ele parece gostar.

...

Passamos a tarde cruzando Illinois sem grandes contratempos e chegamos a Indiana por volta das 20h, já horário de Washington. À tarde, ainda em Illinois, em busca de mais informações sobre o desentendimento entre Ernandes e Dadinho, fui ao MH2. Conversei rapidamente com Péricles. Era o momento de folga dele na escala do *motorhome*, mas ele estava com dificuldade em pegar no sono. Então, deu-me atenção.

Péricles não queria falar sobre o que havia acontecido pela manhã entre seus colegas de veículo. Sobre isso, limitou-se a dizer que, como em qualquer outro carro da equipe, ali também havia desentendimentos, mas, ainda assim, tudo funcionava bem: os estafes dos demais carros conseguiam descansar com relativa tranquilidade e os ciclistas ainda usufruíam das massagens de Ernandes, que, segundo ele, também era um ótimo navegador.

— Joaquim é o que menos vem aqui receber massagens. Ele tem o Bruno, que já faz massagem nele. Mas os demais ciclistas vêm com frequência pra cá. Esse *motorhome* é um ganho tremendo pr'a equipe. A gente 'tá ajudando muito.

Enquanto conversava com Péricles, Dadinho dirigia e Ernandes navegava. Péricles acompanhava o trabalho dos dois também. Num dado momento, quando Dadinho ultrapassava Leone, que está pedalando, Péricles o advertiu para dar mais distância do ciclista nesse tipo de ultrapassagem. Dadinho contestou, afirmou que a distância era boa.

Não acho que Dadinho passou tão perto de Leone, mas entendo a preocupação de Péricles. Além do risco de atropelamento, o deslocamento de ar que a passagem do carro gera pode atrapalhar bem e até derrubar o ciclista. Eu mesmo, dirigindo no Kansas, passei rápido demais por um ciclista de outra equipe e talvez devesse guardar um pouco mais de distância, porque notei, pelo retrovisor, que o deslocamento de ar da van o desestabilizou um pouquinho, felizmente, sem piores consequências.

Depois desse episódio, fiquei observando o caminho por um instante e Péricles decidiu se acomodar no sofazinho estreito que fica perto do fogão do *motorhome*. Daria uma relaxada, pelo menos. Achei que já estava na hora de retornar à van 3. Liguei para Lígia e marcamos um ponto. Quando estava saindo do MH2, constatei que Péricles estava dormindo.

...

Pouco antes das 20h, a van da imprensa recebe novas incumbências extrajornalísticas. Estamos em Dugger, cidade ao sul e a oeste do estado de Indiana. Temos de passar pelo MH1 e pegar as marmitas dos tripulantes da van 1 e 2. Só as refeições destinadas aos ciclistas e seus estafes ficaram prontas. Parece ter havido erro de cálculo na provisão de alimentos e o MH1 precisa comprar mais comida para completar a janta de toda a equipe. Não tenho certeza, mas acho que foi isso.

Na imprensa, estamos todos com fome; ter de fazer esse trabalho antes de comer, com certeza, não nos enche de alegria. Dizemos a Laurindo que não se preocupe conosco, comeremos no *fast-food* mais à mão que encontrarmos depois de entregarmos as marmitas.

Saímos à captura das vans dos ciclistas. No momento, a dupla 1 se encaminha para o fim do seu pedal, com a van 2 ainda no *following*. Eu estou ao volante da imprensa e, assim que avisto a van 2 e Kim, no pedal, logo adiante, tenho a infeliz ideia de ultrapassá-los, parar um pouco à frente deles e pedir para Machado descer e entregar as marmitas com a van 2 em movimento. Faço isso sem a devida combinação prévia, nem com Machado, nem com a van 2. Jogo o carro num acostamento estreito e com uma valeta igualmente estreita: não é como as que tínhamos no Kansas.

Não me recordo quem está ajudando Machado na missão de entregar as marmitas ao pessoal da van 2, talvez seja Lígia. A ação não funciona; Gayotto e Wagner são pegos de surpresa e não compreendem muito bem o que estamos fazendo. A manobra até funcionaria se tivéssemos ligado antes para avisá-los. Quando entenderam o que queríamos fazer, a van 2 já escapa às mãos e às marmitas que carregamos. Eles apenas sinalizam para fazermos a entrega depois. Os "entregadores" voltam para o carro, eu dou a partida, engato a primeira, acelero e a roda gira em falso.

Indiana é, certamente, um lugar bem mais úmido do que o Kansas. Nas canaletas entre propriedades e estradas passa mais água do que passa no Kansas. Isso fica evidente quando saio da van e vejo que a bendita roda dianteira direita chafurdou, quase pela metade, no barro molhado. Não adianta tentar usar do mesmo expediente que Adilson usou no Kansas, vai ser ainda pior, afundaremos mais. Quanto mais para dentro da canaleta formos, mais molhada será a terra. Mas esse raciocínio perde para a esperança estúpida de que usar o mesmo expediente do Kansas funcionará... Afundamos mais.

Eu estou que não sei onde colocar minha cara. Desconto a minha raiva no acelerador e os demais integrantes da van dizem para eu parar, senão faremos uma RAAM subterrânea, com a linha de chegada em Pequim. O MH1, ainda sem as provisões dentro da despensa, está passando na estrada. Ao nos ver, Laurindo para. Boa parte do pessoal que está no MH1 desce. Eu explico a eles o que ocorreu para o carro atolar.

Confesso que espero uma ajuda, mas não há o que possam fazer. O MH1 não tem força para nos tirar dali e, da maneira como a van está emborcada, no braço — no empurrão —, só uma multidão dá conta de nos arrancar da valeta. A única alternativa talvez seja devolver a incumbência da entrega das marmitas dos ciclistas ao MH1, mas eu não me lembro de fazer esse pedido. Como eles têm pressa para ir às compras de reposição, não ficam nem cinco minutos conosco; logo partem.

Nós continuamos numa saia justíssima, porque os ciclistas não podem ficar sem comer. Quase sem esperança, alguém do nosso grupo solta um "fodeu", daqueles que trazem, como subtexto, um pedido à Providência. É então que surge uma caminhonete branca. Um jovem de calças jeans claras, sujas e camiseta amarela desce, a princípio, sem nos dar muita atenção, concentrado em avaliar a cagada que eu fiz. Ele olha o estrago e nós o olhamos, esperando para saber qual será o desfecho do diagnóstico.

O sujeito vai até a caçamba da picape e pega uma corda. Ele está dizendo algo, mas não consigo entender bulhufas. Seu sotaque é aquele caricato, com o "erre" mais torto que o dito em Piracicaba. O tom de voz é bem nasalado. Pela corda, ele amarra a frente da nossa van à traseira de sua picape. Pede para alguém assumir o volante e dar a partida. Eu me proponho. Ele entra em sua caminhonete e ambos

RACE ACROSS AMERICA
1429
VIRGINIA
WRS-1046

No dia 19, a equipe cruza o estado de Illinois até chegar a Indiana. O humor dos atletas e do estafe fica cada vez mais oscilante, o cansaço pesa sobre as costas de todos e os erros passam a ser mais frequentes. A van da imprensa, por exemplo, atola, perigosamente, graças à minha imperícia ao volante

aceleramos os carros na mesma direção. Mas nada feito: o buraco em que estamos, o peso e a roda direita da van sem aderência vencem nossos esforços. A corda estoura. O rapaz desce, olha, faz cara de admirado e parece ter diante de si uma questão de honra. Pega outra corda, essa visivelmente mais resistente, amarra os carros e me dá instruções sobre a posição precisa da roda para que a manobra funcione... Bingo! Estamos desatolados.

O rapaz desce de seu carro para recolher a corda. Nós estamos exultantes e gratos; agradecemos muitas vezes e ele apenas ri de satisfação por ter feito o trabalho a que se propôs. Machado organiza o grupo para uma foto com o herói: o solidário americano.

— Qual é o seu nome? — Pergunta Machado.

— Lucas Sipes — responde o gringo.

Eu pego o e-mail dele e ficamos de lhe mandar a foto que Machado acabou de fazer. Lígia, discretamente, diz-me que vale darmos algum dinheiro a ele pela ajuda.

— É o mínimo — completa.

Ela pega US$ 20 e me entrega. Diz para eu entregar ao rapaz. Esse valor, ela retira da verba que a equipe destina às vans para emergências. Laurindo, como chefe de equipe, fica responsável por administrá-la e, quando a verba acaba numa van, ele a repõe, entregando os valores ao líder do veículo. Eu pego o dinheiro de Lígia, coloco no bolso e vou até o rapaz. Digo a ele que estamos muito agradecidos e que queríamos lhe dar uma gratificação. Mas quando mostro o dinheiro a Sipes, ele me responde em inglês:

— Não, cara! Eu aceito uma cerveja, mas isso, não.

Porém estamos sem trocado e não temos tempo para ir a um bar. Nesse caso, então, ele diz não querer nada. Depois de cumprimentar um a um, Sipes vai embora.

...

Perdemos uma meia hora tentando sair da valeta em Dugger e, quando entregamos as marmitas nas duas vans, a dupla 2 já estava no pedal. Tomados por uma fome insana, nós, da imprensa, decidimos que devemos comer antes de começar a acompanhar Marcio e Guto. Passamos à frente dos ciclistas e abrimos boa distância. A ideia é encontrar algum lugar para comer com tranquilidade e voltar à estrada quando a dupla de ciclistas estiver próxima. Passamos por um centrinho comercial onde há restaurantes, mas não paramos porque ainda não abrimos distância confortável para a dupla de ciclistas da van 2.

O problema é que, agora, estamos entrando em Bloomfield, uma região repleta de chácaras e pequenas montanhas. Parece-me que é um dos trechos mais arborizados da prova até agora. Essa impressão ganha força em razão da escuridão: a noite desceu densa sobre Indiana. A estrada, a SR 157, de mão dupla, mas bastante estreita, mesmo na escuridão, é bucólica e charmosa. Eu continuo ao volante e vou me enfronhando pelas suas curvas, até entrar à esquerda e cair em outra entrada, a SR 43.

Tenho a sensação de que iremos a algum retiro, o que, a essa altura do campeonato, exausto como estou, não seria má ideia. No entanto, é importante que haja comida nesse retiro. Estamos andando, andando e nada de encontrarmos um lugar para comer. Porém, já são quase 22h e não posso ficar tão longe da dupla 2. Não posso perder todo o pedal de Marcio. Decidimos, não sem certa divergência, que esperaremos Marcio e, depois, pediremos ao MH1 algo para matar nossa fome.

Já em Solsberry e ainda no meio do mato, paramos à entrada de uma estrada de terra que termina numa propriedade, como é possível ver pelas luzes distantes e tênues entre as árvores, a uns 500 metros adiante. Minha ideia é desligar os faróis do carro, dar uma cochilada e substituir a janta por um bocadinho de descanso. Imagino que quando Marcio ou Guto despontarem pela estrada, vindos da nossa esquerda — a van da imprensa está virada de frente para a estrada — nós despertaremos.

Porém, quando apago os faróis da van, sou colocado diante de um cenário fantástico, de Terra do Nunca. Há um lago de vaga-lumes à frente e aos nossos pés e estamos cercados por árvores folheadas deles. No céu, as estrelas da noite de Indiana completam o cenário que me dá a sensação de estar boiando nas estrelas.

Aviso aos demais, que estão tentando cochilar no banco de trás, que temos uma vista incrível na tépida escuridão de Solsberry. Adilson fica maravilhado ao ver, Machado desperta, Lígia dá uma rápida olhada, mas não se anima tanto quanto os demais. Machado vai tentar registrar em foto aquele espetáculo imprevisto, mas é complicado. É necessário um longo tempo de exposição da imagem com a ajuda de luz artificial, o que Adilson, a pedido de Machado, tenta fazer com um isqueiro. Eu também uso os faróis da van que, no entanto, deixam as luzes dos pirilampos vagas demais. Machado pede para eu desligá-las.

Dedicamo-nos a essa operação até a chegada de Marcio, o ciclista da vez. Assim que passa por nós, voltamos à van 3, deixamos os vaga-lumes e seguimos a fazer o trabalho que estamos fazendo há mais de cinco dias. Eu continuo ao volante por mais alguns minutos. Na próxima troca de ciclista, irei à van 2 conversar com Marcio.

Antes, porém, ainda no trecho de Solsberry e logo depois dos pirilampos, levo um susto daqueles ao ver, num flash de filme de terror, dois cervos cruzarem a estrada na frente da van, a menos de um metro de distância e a uma velocidade fulgurante — se fosse diferente, eu os teria acertado em cheio e no meio, porque, juro, eu os vi, por um instante, entrar pelo vidro dianteiro da van. Adilson, que está ao meu lado, depois de expressões incontinentes de susto, olha-me com aquela cara de "nossa, mãe!". Minha cara deve trazer alguma expressão da mesma família.

...

Em Indiana, na região de Bloomfield, em uma das paradas da van da imprensa, somos surpreendidos por espetáculo brilhante realizado por vaga-lumes. A cena nos fez pensar que flutuávamos no espaço, em meio a estrelas. Machado tentou registrar o evento

Chegamos a Ohio pela cidade de Oxford, já no TS41, por volta das 7h da manhã. Marcio e Guto pedalam há uma hora. A altimetria da região, como foi em Indiana durante toda a noite e madrugada, não é fácil. Contudo, o clima é bem mais ameno e úmido agora. Uma neblina espessa orvalha a grama e molha os estábulos de madeira, muitos pintados de vermelho e branco. O bucolismo do cenário me conforta; gosto da combinação de céu cinza, "casas" coloridas, grama verde esmeralda, árvores cor de brócolis e estrada que mais parece rua, cheia de curvas e encruzilhadas.

Oxford, nesse trecho rural, parece com a imagem que faço dos interiores da Inglaterra, aonde nunca fui. O lugar e o sono da madrugada regeneraram o gume da minha capacidade de registrar os acontecimentos. Digo isso porque os fatos que se seguiram ao encontro com os vaga-lumes e com os cervos em Indiana, em sua maioria, esvaneceram-se da minha memória. Atribuo o esquecimento, ou a lembrança em flashes fragmentados e nada confiáveis, à fome. Não me lembro nem se paramos para jantar ou se, já na madrugada, o MH1 nos trouxe algo para comermos. Esse desmemoriar me preocupa.

Para não dizer que tudo — depois dos vaga-lumes e dos cervos — se derreteu na fome, no cansaço e no sono, eu me fio em algumas anotações fragmentárias que fiz do rápido instante que passei pela van de Marcio e Guto nesse período. Na ocasião, contei a Marcio sobre o atolamento, Sipes, os pirilampos e os veados. Marcio me parecia exausto e desanimado. Naquele trecho, além do sobe-desce sem fim e apesar da noite, um calor abafado, quase tão asfixiante quanto a altitude do Colorado, já seriam suficientes para justificar qualquer exaustão e desânimo.

Já em Oxford, às 7h da manhã e de volta ao pedal, Marcio é outro. Ligadíssimo e com uma empolgação similar à demonstrada por jogadores de defesa de futebol americano quando correm atrás de seus adversários, ele pedala a uma média de 30 km/h, aproveitando o embalo das descidas das escarpas para ganhar desempenho e poupar energias nas subidas. Guto vai no mesmo ritmo dele. Mas essas informações sobre o pedal da dupla, eu conseguirei só depois.

Nesta manhã, em Oxford, com a navegação difícil e a necessidade de Machado e Lígia descansarem mais um pouco, em virtude dos contratempos da noite e da madrugada em Indiana, principalmente o tempo que ficamos sem comer, mal consigo descer para falar com Marcio. Passamos a maior parte da manhãzinha do dia 20 de junho ajudando a van 2 a navegar pelas quebradas de Oxford.

Por um bom tempo, sequer conseguimos uma parada rápida e um cafezinho para despertar. Isso só é possível quando alcançamos o ponto mais urbano de Oxford. Ali paramos num *fast-food* e tomamos nosso café da manhã. Quase toda a nossa equipe, exceção à van 2, está ali conosco. Encontro Leone, que me mostra um vídeo da "farra" que o pessoal da van 1 fez na madrugada em Indiana, durante o pedal da dupla.

Bruno, Kika e Leone botavam o som alto dentro da van, dançavam a música com os braços e usavam os celulares para conseguir uma iluminação de discoteca. Enquanto isso, Kim pedalava com o *following* da van 2.

A minha conversa com Leone é interrompida por sons de sineta e gritos de moradores de Oxford, que também atuam como voluntários da prova. Eles se concentram na avenida pela qual passam os ciclistas, em frente à lanchonete. Além de fazerem festa a cada atleta que passa, eles cuidam de uma barraca de souvenirs. Eu e Leone acompanhamos o movimento desses voluntários quando aparece Wagner dos Santos pedindo para a van da imprensa levá-lo até a van 2, recolher Gayotto e levá-lo ao MH2 para que descanse. Despedimo-nos de Leone e voltamos à estrada.

...

Assim que encontro Marcio, ainda nos arredores de Oxford, num lugar chamado Collinsville, ele está encerrando um pedal, enquanto Guto inicia outro. Devem ser umas 8h da manhã. Chove como em nenhum outro momento da prova, mesmo assim, eu acompanho Wagner até a van 2 para falar com Marcio. Gayotto, assim que nos vê, deixa a van dos ciclistas e segue para a imprensa.

Com o pé cheio de barro pelo aguaceiro do acostamento, eu paro na porta da van de Marcio e digo a ele que, por causa das incumbências extras, não sei quando conseguirei acompanhá-lo neste pedal. Ele não parece se importar muito com a minha ausência em sua van. Em vez de dar corda ao assunto que eu trouxe à pauta, ignora-o solenemente. Tenho a impressão de que Marcio está imerso na prova como em nenhum outro momento e não quer saber de mais nada que não seja seu pedal. Desconfio que essa postura seja resultado da nossa aproximação da linha de chegada. Despeço-me de Marcio, fecho a porta da van 2 e volto para a van da imprensa, onde descubro que o MH2 está atrás da gente e a uma boa distância. Não entregaremos Gayotto tão cedo.

Sem pressa, paramos na *general store* de um posto de combustível. Mas nossa parada dura, se tanto, meia hora. Antes de o MH2 chegar, Marcão nos liga pedindo para irmos até a van 2. Ponderamos que ainda não entregamos Gayotto, mas ele diz que é urgente. Então partimos e os encontramos, pouco depois das 8h30 da manhã, no centro urbano de um município chamado Trenton. Ali, num trecho de navegação nada simples, Marcio acabou de voltar à pista e Guto foi recolhido.

Desço da van de imprensa e, ao chegar à porta da van 2, Marcão me pede, cheio de dedos e agradecimentos prévios, que levemos as roupas dos ciclistas a uma lavanderia para serem lavadas, secadas e devolvidas o quanto antes a eles.

— 'Tão acabando as roupas, Wagnão, e nenhuma foi lavada desde que a prova começou. Quebra essa? — Marcão me pede.

Ainda em Trenton, dentro da van 3, parados e pensando qual é a melhor estra-

RACE ACROSS AMERICA

Depois de descobrir, no almoço, que a equipe tem chance de fazer a prova em menos de sete dias, o que, se realizado, será o melhor desempenho da Vencendo Desafios, nós da imprensa seguimos viagem acompanhando e retratando os ciclistas da van 1

tégia para encontrar uma lavanderia, Gayotto sugere que procuremos pela internet. Ele logo liga para Dadinho e pede para o amigo encontrar, pelo *tablet*, alguma *laundry* nas proximidades. Dadinho passa o endereço de uma em Oxford, onde o MH2 ainda está. A alternativa não me agrada porque nos vai tirar do itinerário, o que complicaria ainda mais a navegação. Sugiro, e os demais integrantes da van concordam, que devemos tentar encontrar uma lavanderia no caminho, seguindo em frente.

Observando pelas janelas do veículo, não encontramos nada. Decidimos parar em um posto e pedir informação ao funcionário de uma *general store*. Dentro da pequena loja cheia de produtos quase até o teto, encontramos um indiano com um inglês carregado do sotaque de sua língua-mãe e com um olhar desconfiado. Ele nos diz que há uma lavanderia ao lado. Saímos da loja e lá está ela, há menos de dez metros da gente.

Gayotto toma a dianteira e vai se informar com o funcionário da lavanderia sobre o funcionamento dela. Não demora muito, as roupas estão sendo lavadas. Enquanto isso, ele avisa Dadinho sobre a nossa localização. O MH2 está vindo em nossa direção buscá-lo. Uns 20 minutos depois, o motorhome chega. Dele descem apenas Dadinho e Ernandes. É aí, na entrada da lavanderia, enquanto esperamos as roupas serem levadas, que converso, ora com Dadinho, ora com Ernandes, sobre o episódio da manhã do dia anterior, em Illinois. Ambos me dizem que já se entenderam e que aquele quiproquó foi resultado de um estresse natural que não deve ser privilégio do MH2, e, de fato, não é.

— Dadinho é um cara legal. Fez até comida pra gente no MH2 — Ernandes diz isso rindo. — O problema é que ele é orgulhoso e todo mundo aqui 'tá no limite. Por isso, às vezes, dá confusão. Mas não é nada demais.

— Aqui só tem cacique. Eu também sou cacique. Passei da idade de esconder o que penso, de obedecer calado, Wagnão. Você sabe do que 'tô falando. 'Cê também não quer ser índio — Dadinho me diz.

...

Nas proximidades de Greenfield, já bem depois de Blanchester (TS42), nós reencontramos a van 2. Gayotto foi entregue ao MH2 ainda em Trenton, na lavanderia. Já passam das 12h. As roupas, lavadas e sequinhas, agora estão com os ciclistas. Kim e Leone assumiram o pedal há mais de uma hora e seguem em direção a Chillicothe (TS43). A altimetria, para eles, não será das piores. É bastante provável que cheguem ao TS43 ainda na metade das cinco horas de pedal que terão pela frente.

A área de escape onde paramos é um descampado cheio de capim verdinho e traz um paiol de madeira pintando de branco, já carente de umas novas demãos, ao fundo. A neblina gelada da manhãzinha em Oxford, seguida da chuva em Collinsville, deu lugar a um sol aconchegante em Greenfield. Na área de escape, estão a van 2 e o MH1. Guto está sentado no banquinho, do lado de fora da van, pegando sol. Marcio está de pé e também aproveita o sol de Ohio. Ao me ver, mostra bom-humor. Diz que Marcão quer falar comigo. O líder da van 2 está dentro do MH1. Vou até lá.

— Hoje de manhã, a gente fez uma reunião com o estafe da van 1 e decidimos mudar algumas coisas pra conseguir fazer a prova em menos de sete dias. — A meta ambiciosa, a princípio, resistiu ao deserto da Califórnia, do Arizona, de Utah, às montanhas do Colorado e à planície do Kansas. Em meio às escarpas do leste, ela segue viva, embora debilitada. — Não vai ser fácil, mas 'tá todo mundo empolgadaço! — Continua Marcão, ele mesmo bastante empolgado. — A principal ação pra conseguir essa meta é reduzir o tempo de pedal entre os ciclistas das duas vans pra meia hora. A dupla 2 já 'tava fazendo isso, agora a 1 também 'tá. A gente quer aumentar o ritmo nessa reta fina. Vamo' pra cima!

Neste momento, a previsão de conclusão da prova para a Vencendo Desafios, segundo estimativas dos mais experientes, continua na casa dos sete dias e duas horas, um pouco abaixo do melhor tempo da equipe em seus dez anos de história — sete dias, duas horas e 30 minutos, alcançado em 2004. Temos perto de cinco dias e 19 horas de prova percorridos. Restam-nos pouco mais de 550 milhas até a linha de chegada, em Annapolis, mas, depois de Chillicothe, a altimetria volta a ficar complicada. Não subiremos a grandes altitudes, mas pegaremos os trechos mais íngremes da prova. O fato é que nossos atletas terão de percorrer essas 550 desconfortáveis milhas — algo em torno de 885 quilômetros — em 29 horas, ou menos, para alcançar a meta.

Depois dessa estimulante conversa com Marcão, vou falar com Marcio, saber quais são as impressões dele. Claro que, pelo seu semblante e pela maneira como se mostrou imerso no pedal pela manhã, ele está bem, como poucas vezes esteve ao longo da prova. A perspectiva real de bater, pelo menos, o recorde da própria equipe em sua décima e comemorativa participação, revigorou-o imensamente para essas milhas derradeiras.

— Esse trecho entre Indiana e Ohio não é fácil. A gente pedalou bem. Eu me senti bem demais essa manhã. Acho que nunca cheguei a esse trecho da prova com tanto gás e com desempenho tão bom.

Mesmo num trecho bastante acidentado, o quarteto andou de Greenville, primeira cidade de Illinois, até Blanchester (OH) — por onde passamos há pouco — a uma média de 27,32 km/h. A distância percorrida foi de 567 quilômetros. O tempo para percorrer essa distância foi de, aproximadamente, 25 horas. Se quisermos fazer a prova em menos de sete dias, os ciclistas terão de pedalar a uma média ainda maior: 31,5 km/h. No trecho que Marcio disse se sentir bem, de Bloomington (IN) até Blanchester, realmente houve um incremento na velocidade média do quarteto, que passou a pedalar a 27,4 km/h. Na prova, a velocidade média da equipe tem sido de 28,4 km/h.

A missão não é simples, mas ainda assim eles acreditam. Ânimo e motivação não faltam. O clima é excelente, eu estou particularmente entusiasmado com a perspectiva de a equipe conseguir realizar algo grande para comemorar os 10 anos de Vencendo Desafios e de Mr. Milan na RAAM.

...

Com a tarde fotogênica em Ohio e a necessidade de fazer mais imagens de Leone, que, dos quatro ciclistas, é o que tem menos fotos tiradas até o momento, nós saímos atrás da van 1. Seguimos pela estrada sinuosa e de asfalto impecável em direção ao TS43, na cidade de Chillicothe. Antes de deixarmos a aprazível área de escape em Greenfield, Marcio nos pediu para passar por uma farmácia e comprar alguns remédios.

— Façam assim que der. É pra hoje, mas não é pra agora. — disse e entregou uma lista a Lígia.

Agora seguimos pelas curvas da SR 28, parando em alguns trechos para fotografar Leone, que, nesta perna, pedala com uma camisa do Corinthians. Já perto de Chillicothe, nós entramos à esquerda na US 50 E. Logo adiante, pegamos o trecho urbano da cidade. São quase 14h e a dupla ainda tem mais duas horas de pedal. Olhamos o *route book* e notamos que passaremos por muitas cidades. Decidimos que, um pouco antes da troca de van, pararemos em algum lugar para comprar os remédios de Marcio. Pelo denso povoamento e a quantidade de cidades na região, não teremos dificuldades para encontrar uma farmácia.

Eu estou ao volante e Machado navega e fotografa. Lígia e Adilson descansam, mas não dormem. Estamos todos batendo papo. Depois de deixar Chillicothe, passamos por Londonderry, Ratcliffburg, Allensville e McArthur.

É depois de McArthur, não sei como, nem a razão, que a conversa na van mergulha numa profunda discussão sobre o perfil dos gênios do universo artístico. Machado defende que gênios da arte são invariavelmente porra-loucas, é gente com talento inato e fervilhante que brota em profusão e quase fora de controle, um verdadeiro fenômeno da natureza. Eu contesto, acho que a maioria trabalhou duro para chegar ao nível a que chegou e que muitos, talvez os melhores, não se enquadrem no perfil porra-louca, são artesões, ourives de sua arte. Seu brilho é muito mais fruto do reflexo do sol ou das estrelas em seu suor do que algo espontâneo e mágico.

Lígia tenta dar sua opinião, mas tem dificuldade em encontrar espaço entre os floretes verbais que eu e Machado empunhamos. Antes que Lígia consiga dizer o

Na paisagem rural do território norte-americano, os rolos de feno são comumente encontrados

que pensa dessa questão, o celular da van toca. Machado se faz de irritado, muito bem-humorado, por causa do "inoportuno" telefonema.

— Onde já se viu — diz, de brincadeira —, isso é hora de incomodar, em meio a uma discussão tão séria.

Ele olha na bina, vê que é alguém do MH2 e atende à ligação, sem perder o bom-humor.

— Aqui é Luiz Machado Pereira Filho. Quem incomoda?

Não demora muito para a expressão facial cômica de Machado se desfazer, dando lugar a um gole seco e uma cara de preocupação.

— 'Tá... 'Tá... Calma, Dadinho. Eu já entendi. Me fala onde vocês 'tão... Não consegui entender onde 'cês 'tão... Fala devagar... Vou passar pra Lígia, fala pra ela.

Enquanto Lígia fala com Dadinho, Machado nos explica, de forma objetiva e clara, o que está acontecendo.

— O MH2 sofreu um acidente. Ele disse que o Marcão 'tá machucado. Machucou a perna. Com o resto do pessoal, 'tá tudo bem. Só o Marcão que acha que quebrou a perna. Ele disse que foi uma batida.

— Em outro carro? — pergunto.

— Não sei — Machado responde.

Enquanto faço outras perguntas a Machado e percebo que ele não teve tempo de descobrir tudo o que minha ansiedade deseja saber, Lígia finaliza a ligação:

— Ele 'tá muito tenso. Não sabe o que fazer, precisa de alguém lá.

O endereço que Dadinho nos informou fica à frente de onde estamos, mas Lígia desconfia da precisão da informação, por causa do estado de nervos dele. Ainda assim, vamos para onde ele nos pediu para ir e em alta velocidade. Andamos muito, quase chegamos ao TS 44, na cidade de Athens. O MH2 acidentado não aparece nunca. Ligamos de novo e descobrimos que estávamos indo para o lugar errado. O acidente foi entre Allensville e McArthur, por onde já passamos há um bom tempo. Damos meia volta. Acelero o máximo que posso, mas, ainda assim, levamos quase uma hora para chegar ao ponto do acidente.

...

Conforme nos aproximamos do local do acidente, o trânsito fica mais denso até virar congestionamento. Tenho a impressão de que se estende por mais de um quilômetro. De onde estamos, na estrada, não consigo ver sinal do acidente ainda, porém não posso ignorar que o dia, até pouco tempo atrás pintado de azul e luminoso de sol, fechou-se. O cinza toma conta do céu, que, em alguns pontos, pinta-se de chumbo. A chuva é questão de tempo e será uma pancada d'água vigorosa, com raios e trovões.

Não demora muito para surgir à nossa frente, a uma distância razoável, a razão do congestionamento. O carro de bombeiros está com as luzes intermitentes ligadas e os policiais orientam o trânsito. Conforme nos aproximamos, vemos a van 2 parada e Marcio, do acostamento, olhando o estrago. Os galhos de árvores e pedaços de cerca estão espalhados pelo acostamento, pela estrada e pelo quintal da casa que, se não fosse pela cerca e pela árvore, tenho a impressão de que seria engolida pelo MH2.

Já podemos ver com mais clareza o MH2. A cabine está intacta, mas o home, principalmente o compartimento superior, do lado do passageiro, está bem judiado. Na hora da batida, em que o veículo devia estar a, aproximadamente, 80 km/h, o para-choque sofreu o impacto da cerca, e o compartimento superior do motorhome, o da árvore. O fato de estar num ligeiro aclive deve ter suavizado, mesmo que só um pouco, a pancada.

O acidente aconteceu porque Péricles, ao volante, pegou no sono. Ele jamais negou isso, assumiu toda a responsabilidade, desde o primeiro momento. Na hora do choque, Dadinho navegava, Ernandes estava sentado no sofá lateral, perto do fogão e atrás do motorista, e Marcão dormia na cama grande, uma espécie de quarto dos fundos do MH2. Quando o veículo acertou a cerca e, na sequência, a árvore, Marcão foi lançado para frente e bateu num tipo de biombo que separa o quarto de dormir da porta de saída do *motorhome.*

Agora, quando estamos chegando ao local do acontecimento, são quase 15h30. O acidente ocorreu por volta das 14h30. Dadinho nos ligou poucos minutos depois da batida, embora, mais tarde, ele dissesse não se lembrar de nos ter ligado. Em seguida, contatou o 911, número telefônico "do socorro" nos EUA:

— Os caras ouviram o meu relato e me disseram que chegariam em poucos minutos.

A polícia e os bombeiros, que, segundo Dadinho, rastrearam sua localização pelo número do celular, chegaram sete minutos depois da ligação.

Como que por obra da Providência e de Nossa Senhora Aparecida, o acidente aconteceu num dos raros momentos em que não havia ninguém no compartimento superior do veículo. Quinze minutos antes da batida, Ricardo, irmão de Adilson e chefe da van 1, deveria ter ido para o MH2. Seu turno de descanso coincide com o de Marcão. Durante toda a jornada, até ali, Ricardo havia dormido no compartimento superior e Marcão, no dos fundos. Mas, pela primeira vez, em toda a prova, Ricardo não foi dormir no MH2.

— O *motorhome* demorou pra nos alcançar, porque 'tava pegando o Marcão. Aí, eu liguei pr'o Péricles dizendo que não iria mais pr'a lá, que não precisava mais vir me buscar; dormiria na van 1, mesmo — Ricardo me contaria.

O fato é que, de forma excepcional, não havia ninguém do estafe da van 1 no *motorhome*. Estavam todos juntos, Kika, Ricardo e Bruno, e o substituto de Ricardo, no turno, já estava a postos. O líder da van 1 ainda me contaria que viu o MH2

Entre Allensville e McArthur, em Ohio, o segundo *motorhome* da equipe se chocou contra uma árvore. O acidente abala todos os integrantes da Vencendo Desafios e muda bastante as aspirações da equipe na prova

T429

passar por eles, na estrada, num momento em que estavam todos parados no acostamento, em meio ao *leapfrog* de Kim, o ciclista da vez. Além dos tripulantes do próprio MH2, Kim foi o primeiro da equipe a ver o veículo batido. Na sequência, foi a vez dos tripulantes da van 1 se depararem com o acidente, antes mesmo da chegada do socorro.

— Quando Kika viu o trânsito e o movimento, pouco antes de chegarmos ao local exato da batida, ficou aflita. Achava que tinha sido alguma coisa com o pai dela — Ricardo completaria seu relato.

Num primeiro momento, como era de esperar, nem ciclista, nem van conseguiram seguir em frente. Pararam para ver o que havia. Marcão estava lá e sentia muitas dores, ao ponto de chorar. A suspeita inicial de Ernandes, o massagista, era de fratura no fêmur. Mas, embora não houvesse clima para pedalar, o estafe da van 1 e Kim eram os que menos podiam fazer alguma coisa naquela situação. Como já havia gente da equipe prestando assistência e o socorro estava a caminho, eles decidiram seguir em frente. Apesar do desânimo natural, a RAAM, ao menos a princípio, não tinha acabado.

De qualquer forma, o acidente se comprovará uma pá de cal nas aspirações da equipe de fazer a prova em menos de sete dias. O abalo que o acidente gera sobre o pedal da Vencendo Desafios pode ser sentido justamente no trecho entre Chillicothe e Athens, pelo qual estamos passando. Ao concluí-lo, teremos feito uma péssima média de velocidade: 22,5 km/h. No trecho que envolveu a subida de Wolf Creek Pass, a velocidade média da equipe foi de 23,3 km/h. Contra os ventos entre La Veta e Trinidad, a Vencendo Desafios pedalou a uma média de 22,8 km/h.

...

Quando descemos da van da imprensa para acessar as ruínas do MH2, Marcio se aproxima de nós. Ele já nos havia ligado pedindo para chegarmos o mais rápido que pudéssemos ao local do acidente. Sabíamos o que ele ia dizer e porque tinha pressa da nossa chegada. Não dava para perder mais tempo do que já tínhamos perdido. Eram quase 16h e ele precisava avançar com Guto e o estafe da van 2 para substituir a dupla 1. Mas para isso, tinha de estar com o estafe de sua van completo. Marcão estava fora de combate e Gayotto, que tinha acabado de retornar à van 2, foi designado por Marcio, pelo seu inglês fluente, a ficar no local do acidente para ajudar nas questões burocráticas envolvendo as autoridades norte-americanas. Não me surpreendo quando, ao avistar Lígia, Marcio diz:

— Pega suas coisas, 'cê vai pra minha van.

Depois ele se vira para mim e diz:

— Vocês vão precisar ficar aí, à disposição do MH1. Assim que der, vão atrás da gente.

— Estamos na reta final, Marcio, é importante eu acompanhar você...

— Wagner, eu sei, mas agora a gente tem de cuidar do professor Marcos e seguir em frente na prova. Depois você alcança a gente, tá? — Marcio me diz, olhando-me firmemente.

— Onde 'tá o Marcão, Marcio? — Pergunto.

— A ambulância já levou pr'o hospital. Dadinho foi com ele.

— E como é que ele 'tá? Foi feia mesma a lesão?

— Isso só o médico vai poder dizer. Acho que foi mais o susto. Ser acordado com uma batida dessas e com a perna lesionada... Imagina, cara! Mas eu acho que não foi algo tão sério. Ele 'tá sensível, com medo de ter quebrado, mas acho que não quebrou.

Lígia já está com sua mochila nas costas, passa por mim e me entrega a lista de remédios que precisamos comprar para Marcio. A van 2 parte. Eu, Adilson e Machado vamos até o MH2. Ajudamos a tirar do bagageiro do *motorhome* batido, as malas dos integrantes da equipe e a tirar, da lataria, os adesivos de identificação da Vencendo Desafios. Conosco, neste trabalho, estão Gayotto e todos os integrantes do MH1. Péricles e Ernandes, que não se machucaram, felizmente, também nos ajudam. Tenho a clara sensação de que Péricles não quer falar sobre o acidente. Eu procuro sondá-lo tacitamente e ele parece me evitar.

O carro de bombeiro terminou de recolher os pedaços do *motorhome* batido, da cerca e dos galhos de árvore que estavam na estrada e vai embora. O guincho acabou de chegar e vai levar o MH1 dali. Há ainda um policial tomando depoimentos do dono da casa. O proprietário é um senhor pesado, meio ruivo e de bigode. Ele me passa a sensação de alguém ainda em choque, recém-despertado de um pesadelo. Pouco antes de falar com esse senhor assustado, o policial estava conversando com Gayotto. Disseram-me que o policial já conversou com Péricles e outros membros da nossa equipe.

Enquanto retiramos e jogamos fora os adesivos e recolhemos as malas e as colocamos no MH1, ninguém na equipe se dispõe a falar sobre os próximos passos, sobre como será a nova disposição dos carros e quais serão suas funções a partir de agora. Tenho receio de que percamos, por completo, o controle da van 3 e ela, deixe de vez, de ser imprensa. No momento, o mais importante é mantê-la sob nosso controle, nem que o trabalho de apoio passe a ser prioridade. A essa altura do campeonato, fazer o trabalho de apoio aos ciclistas é a única maneira que temos de continuar a ser, também, um veículo de imprensa.

Mas antes que esse tema seja levantado e discutido, e no instante em que o MH2 guinchado é levado embora, a chuva prometida desaba impiedosa sobre nossas cabeças. Mal nos dá tempo de pensar. Eu, Machado e Adilson corremos para a van da imprensa. Todos os demais vão para o MH1.

Capítulo 13

A verdadeira vitória

— Agora já era. Pode esquecer. Não vamos mais conseguir trabalhar — diz Machado.

Dentro da van 3, que nos abriga da tempestade em Ohio, nosso temor é o de que o carro da imprensa seja designado para ficar à disposição de Marcão. Ainda não sabemos qual é a gravidade da lesão dele. As alternativas que nos vêm à cabeça são a fratura do fêmur e algo menos grave, uma luxação.

No primeiro caso, ele ficará internado no hospital por alguns dias, teremos de deixar um carro à disposição dele e, por consequência, fora do resto da prova. Já no segundo caso, Marcão será liberado ainda hoje e seguirá viagem com o carro à sua espera, que voltará a integrar a equipe tão logo alcance os ciclistas. É evidente que, se o carro escolhido para ficar à disposição de Marcão for o da imprensa, eu e Machado seguiremos viagem com o MH1 e faremos o que for possível para realizar nosso trabalho sob essa condição. Todos na equipe, é claro, torcem pela segunda opção. No meu caso, acrescento a torcida para que a van da imprensa não seja escolhida para ficar de suporte a Marcão. Isso porque, se a lesão de Marcão for séria, perdemos um bom instrumento de apoio à cobertura jornalística.

O ceticismo de Machado em grande medida se dá porque, quando conversamos com Marcio, ele deixou essa questão em aberto, dizendo que caberia ao líder da equipe e a nós decidirmos. Considerando a importância do MH1, o natural é que a nossa van seja designada para esperar Marcão. É daí que vem o pessimismo de Machado.

Porém, eu acredito que haja argumentos para defender a van 3 cumprindo outra função que não a de suporte a Marcão. É um veículo mais ágil que o MH1 para servir aos ciclistas. Pode comprar alimentos e ser dormitório para o estafe de uma das vans, se necessário, até porque há um banco sobrando. Além disso, tenho a impressão de que o MH1 reúne mais condições de assegurar os cuidados médicos de que Marcão vai precisar, mesmo tendo, agora, de abrigar também os "descarrados" do MH2.

A verdade é que, se tivéssemos mais dias de prova pela frente — três ou quatro, que sejam —, a van 3, como suporte aos ciclistas, não seria a melhor opção. Mas estamos a pouco mais de 24 horas da linha de chegada, estimo. Nesse caso, a van 3 como *minimotorhome* me parece, de fato, uma ótima saída ao problema que temos. Com isso em mente, eu contexto o pessimismo de Machado.

— 'Cê já falou isso tudo pr'o Laurindo? — Machado me pergunta.

— Não.

— Então vamo' logo pr'o MH1, cacete!

Debaixo de chuva, agora mais amena, eu, Adilson e Machado descemos da van 3 e corremos para o MH1.

Ainda na van, antes de decidirmos ir para o *motorhome*, eu pensei que, para realizar esse trabalho que acabo de imaginar, precisamos de mais uma pessoa. Perdemos Lígia e, sem o MH2, não faltarão candidatos a substituí-la. Mas eu acho que a melhor opção é alguém do próprio MH1. O nome de Cortez é o primeiro que me vem à cabeça. É um cara tranquilo e com fama de bom navegador. Eu penso nisso, mas não digo nada a ninguém. Antes, precisamos convencer Laurindo e Cia. de que a van 3 como *minimotorhome*, no suporte aos ciclistas, é o melhor para a equipe.

Para minha surpresa, contudo, ao chegarmos ao MH1, não precisamos dizer nada. Laurindo e Cambará são os que mais falam e noto que as conclusões a que chegam são parecidas com as nossas. Eles só não falam do substituto para Lígia, mas, naturalmente, parecem concluir que a van 3 terá de fazer o papel de *minimotorhome* até que o MH1 possa voltar, ou não.

...

A chuva cessa e, ainda em meio às reuniões para definir o que cada um fará dali em diante, Cambará diz para sairmos do quintal da casa que quase foi atingida pelo acidente do MH2. Não há mais ninguém por ali além dos seus donos, que estão dentro dela. O policial já colheu os depoimentos e foi embora assim que a chuva chegou. Agora é nossa vez. Cambará diz que há uma imensa área de escape mais à frente.

Lá as conversas continuam. Nós da van 3 preferimos não nos meter. O mais importante nós já conseguimos e sem nos indispormos com ninguém. É melhor deixar as decisões para Laurindo e Cambará. Péricles e Gayotto também participam da conversa. Eu vou para a van 3, onde há bastante gente. Lá falamos do acidente. Cortez está conosco; ele se aproxima de mim e puxa assunto:

— Perdestes Lígia, né?

— É, 'tá substituindo o Marcão agora.

— E como é que farão? Quem fica no lugar dela?

— A gente ainda não sabe, vamo' ver o que pessoal decide... Por quê? 'Cê quer ir com a gente na van?

— Acho que eu posso ajudar bastante. Se não for problema...

— Nenhum. Acho que é uma boa ideia. Vamo' falar com o Laurindo.

Era o que eu precisava. Não seria um pedido meu, mas do próprio Cortez. Perguntei a Cortez se podia dizer a Laurindo que ele mesmo havia se oferecido para ajudar a imprensa e ele disse que sim. Quando sugeri a Laurindo, ele não viu problema nenhum, pareceu até ter gostado da ideia. Já Cambará não gostou nada e começou a colocar uma série de obstáculos na ida de Cortez para o carro da imprensa.

— 'Cê sabe que ele é diabético, que precisa de cuidados, alimentação correta, aplicação de insulina... 'Cê vai cuidar dele?

Eu olhei para Cortez, um marmanjo que tinha muito mais condições de fazer isso por ele mesmo que eu, e o português me pareceu estranhar as ponderações de Cambará. Na verdade, Cambará gostava muito do trabalho de navegação de Cortez e não queria abrir mão dos préstimos do português. Eu mesmo, quando pensei em Cortez no lugar de Lígia, foi por causa das boas referências dadas por Cambará, antes mesmo de começar a prova.

— Pode deixar que a gente cuida dele, né, Cortez? — eu digo.

— Está tudo sob controle: alimentação, medicação... Não teremos problemas — diz Cortez.

Agora estava definido, o carro de imprensa-apoio teria Adilson, Machado, eu e Cortez. Laurindo queria nos ver na estrada o quanto antes. A janta dos ciclistas estava pronta. Mesmo com o acidente, Chiquinho não parou de trabalhar. Nós levaríamos as marmitas para os atletas e seus estafes, passaríamos na farmácia para comprar os remédios de Marcio, compraríamos também os isotônicos e chás que estavam em falta na van 2 e levaríamos Gayotto conosco. Ele precisava estar perto porque, a qualquer momento, teria de substituir Lígia ou Wagner... Tudo pronto, partimos.

...

Paramos em Athens, uma das últimas cidades de Ohio no trajeto da RAAM e onde fica o TS 44. Compramos, numa megafarmácia, os remédios e todos os mantimentos que nos haviam sido solicitados. Achamos tudo o que precisávamos lá mesmo.

O próximo TS fica em West Union, já no estado de West Virginia. É para lá que estamos indo agora. No meio desse trajeto, por volta das 19h, encontramos Guto pedalando, a van 1 fazendo o *following* e a 2 o *leapfrog*. Desço para entregar as encomendas e falo rapidamente com Marcio, que me parece um pouco triste. Ainda não

Depois do acidente no dia 20, a equipe teve uma madrugada, já no dia 21, agitada, com inúmeros imprevistos: mais um pneu de Leone furado (foto), o terceiro, o atropelamento de um cervo que foi lançando na direção de Guto, ao pedal, e que não atingiu sua cabeça por centímetros e, para completar, pela manhã, a equipe se perdeu por causa de uma mudança de itinerário realizada pela organização da prova, já depois da nossa largada tivemos notícias sobre o estado de saúde de Marcão. Na van 3, mantemos contato permanente para saber das novidades.

Questiono Marcio sobre seu desempenho nesta perna de pedal que não pude acompanhar.

— Chega uma hora que não adianta forçar mais, as pernas não aguentam. Não adianta — ele me diz.

Depois de uma manhã animada e com a perspectiva de superação da própria marca da equipe em participações na RAAM, seguramente Marcio não imaginava que um imprevisto como o acidente fosse cair sobre nós e atingir, fisicamente, logo um dos maiores entusiastas do alcance da meta, um incontestável líder da Vencendo Desafios. A lesão na perna do "professor Marcos" abala o ânimo de Marcio e, consequentemente, afeta a força de suas pernas.

Eu lhe explico como foi feita a divisão da equipe logo depois do acidente. Ele parece satisfeito com a decisão tomada, agradece pelo esforço e pela ajuda que nós da imprensa estamos dando.

No momento, na van 3, eu estou navegando e Cortez dirige. Mas logo Machado e Adilson assumirão, das 20h à 1h. Eles não terão pouco trabalho de apoio à navegação para realizar. Quanto mais a leste vamos, maior é a densidade demográfica. Os trechos urbanos são comuns e dificultam bastante a navegação. Nosso trabalho de auxílio, nesse sentido, é cada vez mais necessário. Mesmo nessa perna da dupla 2, não me sobra tempo para acompanhar Marcio em sua van. Converso com ele rapidamente, durante as paradas do *leapfrog*.

Mas é num momento de auxílio à navegação, e com Marcio no pedal, que, na van 3, recebemos um telefonema. É Kika, da van 1, informando-nos de que Marcão foi liberado do hospital e que o MH1 foi buscá-lo. Em breve, eles se juntarão a nós. Laurindo ligou para avisá-los. A lesão, felizmente, foi bem menos grave do que parecia ser a princípio. Marcio estava certo, felizmente. Ainda não sei o que aconteceu com precisão, mas é certo que não houve fratura nenhuma.

Depois de saber da boa-nova, na primeira oportunidade que tenho, pouco antes de Guto encerrar o pedal da dupla 2, eu passo rapidamente pela van dos ciclistas em ação para falar com Marcio a respeito da notícia. Naturalmente, ele já foi informado. Provavelmente, a notícia chegou antes a Marcio do que a mim. Ao vê-lo, logo noto que sua expressão é de alívio, embora, o que é natural, não tenha recobrado o ânimo de antes do acidente. Ainda assim, a descoberta de que o contratempo com Marcão foi mais um susto que uma tragédia parece arrancar-lhe dos ombros um imenso peso.

...

Das 20h à 1h, eu tento descansar. Deito no primeiro dos bancos traseiros e a luz do painel da cabine da van me incomoda. Mas me incomoda ainda mais não ter o apoio para as costas do recosto do banco do que ver as luzes. Além disso, o primeiro dos bancos me parece mais estreito que o último; mais curto é, com certeza — boa parte das minhas pernas sobra. No banco-dormitório intermediário da nossa van, que também não é dos melhores, está Cortez. No último está Wagner, que chegou à imprensa para descansar por volta das 23h. Os estafes da van 2, em seu período de folga, dormem na imprensa. Os da van 1 dormem na própria van dos ciclistas.

Porém, apesar de fisicamente incomodado, estou convencido de que a verdadeira causa da minha insônia é a tensão pelos acontecimentos em Ohio, entre Allensville e McArthur. A adrenalina resultante do acidente, da preocupação com o estado de saúde de Marcão e com o destino do meu trabalho nos quilômetros finais da RAAM, deixa-me mentalmente alerta, embora eu sinta que, do ponto de vista físico, estou em frangalhos.

Vendo as luzes do painel da van, eu fico imaginando o susto de Marcão ao ser despertado pelo arremesso que o tranco da batida contra o biombo do motorhome lhe impôs. Também penso que tínhamos um propósito difícil, mas verossímil, a ser alcançado algumas horas antes do acidente e que se despedaçou assim que MH2 acertou a árvore. Pessoalmente, esse aspecto me importa. Objetivos e metas são combustíveis e os nossos estão acabando.

Ganhar a RAAM em nossa categoria é impossível há muito tempo. Enquanto estávamos em Athens, Ohio, comprando remédios e mantimentos para a van 2, o quarteto alemão Der Feller cruzava a linha de chegada em Annapolis, às 18h21, na primeira posição da categoria e com o incrível tempo de seis dias, três horas e três minutos. Fazer a prova em menos de sete dias, depois do acidente, tornou-se impossível para nós. O impacto do contratempo sobre o pedal dos ciclistas nos tirou mais de uma hora. Terminar a RAAM bem física e emocionalmente — missão que, na medida do possível, estávamos alcançando — também está fora das nossas possibilidades.

Deitado e insone, eu fico pensando, então, qual seria a vitória possível para nós, a essa altura da competição. O sexto lugar? A última informação que tive sobre a posição da equipe foi ainda antes de enfrentarmos as hostis montanhas do Colorado. Estávamos, então, em sexto. Até ali, não estivemos, em nenhum momento, muito à frente dos dinamarqueses da Team Easy On. A diferença sempre foi mínima. Os norte-americanos da Team 4 Gone também não tinham aberto muito em relação a nós.

Mas, analisando posteriormente pelo site da RAAM, descobri que entre Alamosa e La Veta, no Colorado, na madrugada em que Marcio sofreu duas quedas, fomos ultrapassados pelos dinamarqueses. Descobri também que eles ultrapassaram os norte-americanos no fim do Kansas e início do Missouri. Daí em diante, os dinamarqueses abriram distância de nós e dos norte-americanos. Porém, nós, que estávamos seis horas atrás dos norte-americanos no fim do Colorado, tirávamos a diferença nas escarpas do meio leste dos EUA. Em Chillicothe, estávamos três horas e meia atrás deles.

Não digo que os alcançaríamos até o fim da prova, mas tínhamos chances. Acontece que no trecho entre Chillicothe e Athens, onde houve o acidente, eles se distanciaram de nós. A diferença foi de três horas e meia para quatro horas e quarenta minutos.

Enfim, competitivamente, faltam-nos perspectivas. Mas, de repente, vêm-me à cabeça a figura de Guto e suas palavras, ditas a mim, reiteradas vezes, antes e ao longo da prova:

— Na RAAM, a maior vitória é chegar. Até terminar, 'cê não tem ideia do que é essa prova. É por isso que, no fim, as pessoas se aproximam de você e te cumprimentam sem falar mais nada. Só te dão parabéns. Ninguém pergunta em que lugar 'cê chegou, nem em quanto tempo você fez a prova.

Tenho a impressão de que Guto me disse isso várias vezes porque, possivelmente, não percebeu em mim a compreensão do que era a verdadeira vitória na RAAM. Minha preocupação com a colocação da equipe, com o tempo, as conversas com Marcio sobre os títulos conquistados no quarteto misto nos dois anos anteriores, tudo isso devia levar Guto a pensar, desde o princípio, que eu ainda não tinha entendido o espírito da RAAM. Espírito que Marcio entende como ninguém, senão não teria colocado acima de todas as outras metas o item, simples, mas essencial: "terminar a RAAM". Assim mesmo, sem complementos, sem nada. Única e tão somente, "terminar a RAAM".

É depois do acidente e durante esta noite insone que eu percebo, na carne e na alma, o sentido preciso das palavras de Guto e de Marcio sobre o que realmente importa na RAAM.

...

À 1h da madrugada do dia 21 de junho, eu e Cortez assumimos o comando para Adilson e Machado descansarem. Nesta passagem de turno, fico sabendo que Leone teve o seu terceiro pneu furado na prova. Machado flagrou o instante com muita sensibilidade. Ele faz questão de me mostrar a foto em que, em meio à escuridão, ele se vale da contraluz dos faróis da van 2 para retratar, artisticamente, o empenho dos ciclistas para resolver o problema e recolocar Leone na prova o mais rápido possível. Marcio faz parte da equipe de apoio a Leone. Esse seria um trabalho de Palito, mas ele está no MH1, que ainda não nos alcançou.

Além de ser informado sobre mais esse contratempo com Leone, eu e Cortez já temos uma missão no turno recém-assumido: levar Wagner para a van 2 para assumir o lugar de Lígia. Essa primeira incumbência me surpreende.

— Eu vi você entrar aqui tem pouco tempo, Wagner. Nem descansou direito.

— É que a gente decidiu alternar de duas em duas horas.

Minha reação é espontânea e espantada.

— Mas com o sono picado desse jeito 'cês vão quebrar. Ninguém aguenta um negócio desses.

A impressão que tenho é a de que Wagner, Lígia e Gayotto foram tomados por uma miragem, que pode ser traduzida na seguinte frase: só quatro horas de trabalho. Depois de mais de seis dias de prova, eles querem trabalhar menos horas seguidas e acham que isso vai descansá-los. Mas não importa quantas horas se trabalhem, importa quantas horas se dormem. Com duas horas de sono, eles dormirão, na melhor das hipóteses, uma hora. Até a cabeça desligar das atribuições, é preciso um tempo. Quem tem filhos pequenos sabe do que estou falando. Sou pai de três e, atualmente, tenho duas pequenas. Mais do que eu, minha mulher pode dizer: sono picado é técnica de tortura.

Nós da van da imprensa seguimos em frente com a tarefa de auxiliar a van dos ciclistas na navegação. Neste primeiro momento, eu dirijo e Cortez navega. Estamos no trecho entre o TS 45 e 46, West Union e Grafton, em West Virginia. A distância entre as cidades é de pouco mais de 74 quilômetros e a quantidade de áreas urbanas e de trocas de vias tornam o trecho cheio de desafios à navegação. Passamos, inclusive, por Bridgeport, cidade onde, no primeiro trecho da viagem, quando fomos de Washington para Oceanside, nós acessamos a *highway* 79, depois de andarmos centenas de quilômetros na vicinal US-50 E. É nela que estamos agora, só que no sentido contrário.

A partir de West Virginia, até o fim da prova, será comum os ciclistas pegarem ladeiras com percentuais[49] severos de inclinação. Ainda neste trecho, a dupla 2 pedalará uma subida com 5% de inclinação, outra com 6% e uma terceira com 8%, cujo nome, curiosamente, também é Wolf Creeek Pass. Para se ter ideia, na subida de Wolf Creek Pass do Colorado, o trecho de maior inclinação foi de 7%. Em La Veta e Cucharas, as maiores inclinações eram menos duras: 4% e 6% respectivamente.

Chegamos a Grafton às 3h18, depois de encarar a primeira ladeira, Fork Creek, que veio acompanhada de uma descida menos extensa e que tampouco nos devolveria à altura que tínhamos antes de iniciar sua ascensão. Porém, a descida seria mais íngreme que a subida, com 9% de inclinação. Nesse sobe-desce iniciado no Missouri, mas que, conforme nos aproximamos do Atlântico, fica cada vez mais inclemente,

---

[49] Esses percentuais são obtidos por meio de cálculo específico, mas podemos dizer, em síntese, que são a expressão percentual da tangente do ângulo da subida. Por exemplo, uma subida de 45° tem inclinação de 100%. Um trecho plano, que não forma ângulo, tem 0% de inclinação.

Joaquim
Fabio
T429

Estafes de todas as vans da equipe tentam entender o novo trajeto, alterado pela organização durante a prova. A pressa e a aflição são grandes, porque a equipe está perdendo tempo

os ciclistas avançam. Superam muitas áreas urbanas, mas, entre uma cidade e outra, é comum passarmos por trechos bucólicos, que, no escuro, parecem ainda mais densos de floresta do que devem ser de dia.

...

— O veado passou por cima da minha cabeça, foi por centímetros — Os olhos de Guto, ao me dizer isso, estão esbugalhados.

É quase meio-dia de 21 de junho de 2014. Estamos no subúrbio de Cumberland, cidade do Estado de Maryland e já no TS 48. O MH1 nos alcançou, mas eu ainda não consegui ir até lá para falar com Marcão. Na realidade, durante toda a madrugada, da 1h às 6h, eu mal consegui descer da van para conversar com Marcio e Guto. Se fiz isso uma vez, foi muito. A falta de sono durante a noite me cobrou um altíssimo preço na madrugada, quando, depois de guiar por um tempo, eu pedi a Cortez que levasse a van porque eu estava fechando os olhos. Naveguei para ele a muito custo. Quando deram 6h e fomos rendidos por Machado e Adilson, aproveitei a troca do estafe da van 2 e corri para o último banco da van da imprensa. Deitei lá e consegui dormir.

Acordei pouco antes das 11h, em uma cidadezinha encantadora, já em Maryland, chamada Frostburg, onde tomamos café numa lanchonete tipicamente americana e comemos ovos com bacon, ou "toicinho metido a besta", como dizem os mais antigos. Vale esclarecer que a RAAM, depois de West Virginia, passa por um trecho no extremo noroeste de Maryland — onde estamos — para depois ingressar no sul do Estado da Pennsylvania e voltar para Maryland, pela região nordeste, já perto de Annapolis.

Foi depois das 11h da manhã, em Frostburg e, depois, Cumberland — a partir daí já dentro da van 2 —, que comecei a saber das novidades ocorridas durante praticamente toda a madrugada e manhã de 21 de junho. Uma delas, e a que mais corroborava a tese de que concluir a RAAM é a vitória mais importante que se pode alcançar nessa jornada, foi a experiência de Guto, inédita até para ele, um veterano.

— Quem me salvou foi a Andreia [Kika]. — disse-me.

Nos trechos florestais de West Virginia, depois de uma íngreme descida, no meio do pedal da madrugada da dupla 2, Guto pegou uma rara reta. Aproveitando o embalo da descida, ele curtia a reta em alta velocidade, na escuridão arborizada do trecho, até que Kika gritou:

— Guto!!!

No reflexo, Guto acelerou, viu e sentiu — possivelmente ao mesmo tempo — uma massa volumosa de pelos girando na matéria escura da noite e passando centímetros acima do seu capacete.

— Cara, se aquela porra pega na minha cabeça...

De acordo com Guto, Kika, que estava na navegação da van que lhe fazia o *following*, viu, por um brevíssimo instante, a silhueta do cervo em contraluz ao farol de um veículo que vinha na mão contrária da estrada. Ela percebeu que o carro iria acertar o animal, podendo lançá-lo na direção de Guto, ou que o próprio ciclista poderia atropelar o veado, caso ele escapasse ao carro. Não sabia o que podia ser feito para evitar o acidente, imagino, mas institivamente berrou ao microfone, como se, ao avisar o ciclista, pudesse evitar o pior. Guto me disse que, se estivesse um pouco mais lento, teria sido acertado em cheio na cabeça. A velocidade a que foi lançado o cervo, combinada ao seu volume corpóreo, transformaria o capacete de Guto num mero adereço fúnebre.

— O cara acertou a bunda do veado que veio girando pra cima de mim. Eu vi aquele bicho me acertar.

Com certo distanciamento, a história pode ter graça, mas não para Guto. O episódio ocorreu de madrugada, estamos nos aproximando da tarde do dia seguinte e ele me conta como se tudo tivesse ocorrido há segundos, sem dar sequer uma risada.

...

Desde que o MH1 voltou à prova, o carro da imprensa passou a ser mais imprensa de novo. Nessa primeira perna da dupla 2 sob o sol do dia 21 de junho, eu também converso bastante com Marcio, que parece animado com a proximidade da linha de chegada. Porém, não demoro a notar que sua empolgação é menos fruto da proximidade de Annapolis que do retorno do MH1 com o "professor Marcos" à equipe.

— O professor 'tá aí, 'cê já falou com ele?

— Ainda não, mas já sei que tipo de lesão ele teve. Ainda bem que é algo que não leva tanto tempo assim para recuperar.

Enquanto eu estava dormindo, de manhã, Adilson foi até o MH1 e conversou com Marcão. No café da manhã, em Frostburg, ele me reportou tudo o que havia apurado: Marcão havia rompido, na coxa, a camada de fibras que recobre o músculo, também conhecida como perimísio. A previsão de recuperação total é de, pelo menos, 30 dias. Claro que, para um profissional da educação física, a lesão era um empecilho, mesmo não sendo das piores, mas se fosse uma fratura, seriam necessários alguns meses de molho e ainda haveria o risco de sequelas.

Quando encontrei Marcão, percebi seu evidente abatimento. Deu-me a impressão de não ver a hora de retornar ao Brasil. Ele só conseguia andar com o suporte de alguém ou de muletas. Porém, ainda antes do embarque para o Brasil, ele não ia mais precisar de muleta, nem de ombros. De qualquer forma, estava bastante irritado com Péricles, que, em sua opinião, devia ter se autoanalisado e percebido que não dava para dirigir em razão do sono que sentia.

Mesmo sabendo que na situação de Marcão é complicado aceitar o acontecimento sem nomear culpados, sinceramente não considerava que havia um culpado naquela história. Duvido que tenha havido alguém, durante toda a prova, que, em dado momento, não sentiu as pálpebras pesarem e, a muito custo, manteve-as abertas; isso quando não chegou a cochilar por poucos segundos. Essa é uma prova em que se está o tempo todo no limite e os riscos são reais.

Porém, se por um lado estava bravo com Péricles, por outro, Marcão estava positivamente surpreendido com Dadinho. Aqui temos mais uma prova de que, na RAAM, o "vilão" de hoje pode ser o "herói" de amanhã. Se até o acidente estava descontente, decepcionado e irado com a conduta de Dadinho, durante o breve período de convívio envolvendo a rápida internação e as idas e vindas de ambulância e MH1, Marcão descobriu, no colega, muitas qualidades.

— Cara, ele foi demais. Me deu todo o suporte, tudo o que eu precisava, ele aju-

Machado clica Leone pedalando pelo belo e bucólico estado da Pennsylvania e também flagra o instante em que Ricardo ajusta a pescoceira do ciclista alemão que compete na categoria solo. Cortez e eu assistimos à cena de perto

dou a conseguir. Falou com os caras lá. Esteve o tempo inteiro à minha disposição. Me deixou uma ótima impressão, bem diferente da que eu tinha.

Marcão também ficou impressionado com o atendimento prestado. Disse que o estado de Ohio disponibilizou uma intérprete que o acompanhou durante todo o processo.

— Era uma brasileira. Eu perguntei a ela quando ela iria embora e ela me disse que só depois de eu ter alta. Estava tenso quando entrei na ambulância, mas fui reconfortado pelo atendimento que me prestaram e pela ajuda do Dadinho. Eu vi que a coisa é muito benfeita quando me disseram que, se eu realmente tivesse fraturado o fêmur, seria levado de helicóptero para Columbus [a capital do Estado de Ohio].

...

O terceiro grande acontecimento da madrugada-manhã é o menos animador de todos e se deu durante o pedal da dupla 1. Por conta de obras no itinerário original, a organização da RAAM, durante a prova, alterou rotas nos arredores de Brookside (WV[50]), cidade que fica no meio do trecho que liga o TS 46, Grafton, ao TS 47, McHenry (MD[51]).

A mudança no itinerário original foi comunicada pela organização no site da prova, alguns dias antes, mas nossa equipe, que devia estar atenta a isso, não observou e, quando chegou ao trecho, ficou batendo cabeça por um longo tempo. Os veículos se perderam e demoraram a reencontrar o itinerário correto. O resultado foi a pior média de velocidade da equipe em toda a prova: 17,6 km/h.

— Foi desalentador esse erro. Esse trecho já é chato normalmente — Lígia me diria.

Marcio me falou que, em 2013, a vitória foi conquistada justamente nesse trecho, que é tradicionalmente difícil de navegar.

— Estávamos em segundo e a equipe adversária que vinha em primeiro se perdeu aqui.

Neste caso, especificamente, não havia posições a perder, mas perdia-se tempo e, mesmo já sem grandes expectativas na competição, é importante preservar um pouco de orgulho. Lígia estima que foram desperdiçadas, pelo menos, duas horas. Marcio acha que foram três horas de prejuízo. Mas ainda assim, depois de Cumberland e indo para Hancock, onde alcançaríamos o TS 49, ele acalenta a esperança de fazer a segunda melhor marca da história da Vencendo Desafios, abaixo de sete dias, oito horas e vinte minutos. Estou na van 2 quando ele diz:

— Se a gente apertar, a gente consegue.

---

[50] West Virginia
[51] Maryland

É curioso como sua natureza parece sempre buscar ir além e conseguir algo a mais. Nem sempre é possível, mas nunca falta vontade. Guto não se cansa de elogiar Marcio. Fez isso inúmeras vezes ao longo da prova e, assim que volta à van e eu comento com ele sobre essa faceta de Marcio de sempre querer mais e de não querer, de forma nenhuma, ficar na zona de conforto, Guto me diz:

— Eu respeito muito esse cara. Ele pode estar fodido, mas não arrega de jeito nenhum. É debaixo de chuva, montanha acima. O que esse cara fez aqui, eu não vi ninguém fazer.

...

A entrada da Vencendo Desafios na Pennsylvania se dá por volta das 15h30 e, embora o tempo de pedal pelo estado seja curto, os ciclistas não terão vida fácil. De cara, têm de enfrentar uma subida nada amigável de oito quilômetros de distância e 211 metros de altitude. Em alguns trechos, é tão severa que não me espantaria se os ciclistas descessem da bike e a levassem na mão. Isso não aconteceu com Guto, que pegou a maior e mais difícil parte desse trecho de subida.

— Aqui meu potenciômetro foi a 470 watts[52]. Muita inclinação!

Potenciômetro é o nome dado ao equipamento que mede o esforço feito pelas pernas dos ciclistas. Para ter ideia do esforço de Guto, diz-se que os vencedores do Tour de France, uma prova extremamente montanhosa, pedalam-na com um esforço médio de 370 watts. Lembrando que o Tour de France — também uma prova de ciclismo de estrada, com 3.200 quilômetros, que passa pelos Pirineus[53] e pelos Alpes[54] — é disputado entre profissionais, enquanto a RAAM, não necessariamente.

Guto está impressionado com o próprio desempenho. Submeter-se a esse esforço depois de sete dias de prova — às 15h40 a equipe chegou a sete dias de pedal — de fato não é brincadeira. Analisando posteriormente o gráfico de exigência dos trechos da prova, descubro que este, de Cumberland a Hancock, é o mais difícil de pedalar na RAAM.

Ao fim do pedal de Guto, Leone, seguindo a ordem de entrada de ciclistas estabelecida na van 1 desde a largada, inicia a perna da dupla, ainda pegando um pequeno trecho encarniçado de dura e desgastante ladeira. Aliás, a dupla 1 pegou bem mais de uma ladeira com inclinação de 8% nesse trecho leste da prova, principalmente em West Virginia. As subidas não pouparam ninguém na reta final da RAAM.

Na Pennsylvania[55], chama a atenção o predomínio de construções góticas, em

---

[52] "No Sistema Internacional, unidade de medida de potência igual à potência duma fonte capaz de fornecer, contínua e uniformemente, um joule por segundo" (Fonte: Dicionário Aurélio)

[53] Cadeia montanhosa ao sul da França, divisa com a Espanha.

[54] Cadeia montanhosa a nordeste da França, mas que se estende por muitos outros países.

[55] "Floresta de Penn". Penn vem de Willian Penn, a quem as terras, hoje compreendidas pelo estado, foram dadas pelo rei inglês Carlos II, em 1681.

madeira, e nomes de ruas alemães. O sul do estado, por onde estamos passando, é turístico e famoso pelas origens alemãs. Por isso, a região é conhecida como Pennsylvania Dutch[56]. As edificações góticas dão um ar sombrio ao lugar. Ricardo, o líder da van 1, diz que passar à noite pela região é assustador. Muitas casas nesta localidade têm discretas varandas com cadeiras de balanço. Geralmente as cadeiras estão vazias, o que aumenta seu aspecto tenebroso.

— Cara, eu gelei agora há pouco — Leone me diria um pouco mais adiante. — Eu vinha no pedal quando olhei pr'a varanda de uma casa e vi um tiozão de barba grande com uma espingarda. O cabo da bicha 'tava apoiado no chão e a ponta do cano dela passava da cabeça do velho. Puta duma espingarda! Ele 'tava segurando no meio dela. Pensei: "Que porra é essa!?". Dei uma risadinha e um tchauzinho pra ele. Quis ser simpático. Dá d'ele surtar e mandar chumbo em mim! Já pensou? Vai saber!

É comum também ver nos amplos jardins das casas de paragens rurais berços com bandeiras norte-americanas. Essa composição simbólica tem relação com a importância histórica da Pennsylvania na formação dos EUA. No dia 4 de julho[57] de 1776, na Filadélfia — maior cidade da Pennsylvania —, importantes líderes norte-americanos se reuniram e votaram pela independência das Treze Colônias[58] em relação à Inglaterra. Ali, a Declaração de Independência e a famosa e concisa constituição norte-americana foram escritas.

Por esse cenário rico em história, nós passamos acompanhando Kim e Leone. Na metade dessa perna de pedal da dupla 1, mais precisamente às 18h26, eles alcançam o TS 50, na cidade de Rouzerville. Ainda sob a luz do dia, que nesta reta final foi generoso com nossos ciclistas, já que não os castigou com sol inclemente, nem com tempestade — garoava e fazia um agradável friozinho —, Leone encarou mais uma ladeira, a do monte Blue Ridge, daquelas de deixar qualquer um resfolegante. Na sequência, ele desceu para o Carrol Valley, subiu mais uma curta montanha e, em Fairfield, passou a bola para Kim, que seguiu adiante para o último pedal da dupla na Pennsylvania.

Em Fairfield, um lugar idílico, similar àqueles comumente usados em filmes para ilustrar a ideia de Paraíso — um vasto campo de capim alto e flores pequenas e delicadas nas cores brancas e lilases —, Machado faz algumas fotos e eu converso com Leone. Ele está comemorando: acaba de completar, ao fim desse pedal, 1280 quilômetros pedalados. Está nitidamente orgulhoso, mas bem menos entusiasmado

---

[56] Dutch como corruptela de deutsch ("alemão" na língua germânica)

[57] Dia em que se comemora a Independência dos EUA.

[58] New Hampshire, Massachusetts, Rhode Island, Connecticut, Nova York, Pennsylvania, Delaware, Maryland, Virginia, Carolina do Norte, Carolina do Sul e Georgia. Esses estados compreendiam o território norte-americano antes da travessia e das conquistas territoriais até o Pacífico.

do que já esteve em outros momentos da prova. Ele reitera que a RAAM é, com sobra, o mais difícil desafio esportivo do qual já participou.

— Tudo oscila demais e o tempo inteiro, principalmente o humor — Leone me explica. — Uma hora você está desanimado, noutra, cheio de vida e expectativa. E essa previsão de chegada que só aumenta. Isso destrói a gente, cara!

Enquanto conversamos, surge um ciclista alemão, pedalando com bastante dificuldade. A exaustão está expressa em sua postura física. Ao aproximar-se de nós, ele para. Conosco está a van 1. A van 2, a essa hora, já faz o *following* de Kim. Ricardo se aproxima do ciclista alemão para saber o que ele deseja. O atleta é um dos muitos que disputam a prova na categoria solo. Vai para mais de 11 dias de pedal quase ininterruptos. O estafe do alemão está logo atrás. No banco de passageiro há uma mulher jovem que parece surpresa com a parada de seu atleta. Ela desce do carro para ajudar, mas Ricardo já entendeu o que quer o ciclista e o está ajudando. Ele precisa que a pescoceira que usa seja ajustada, porque, da forma como estava, já não era capaz de mantê-lo com o pescoço ereto. Ricardo a ajusta, ele nos agradece, a moça também, e ele volta a pedalar.

A cena vista, de perto, impressiona. É comum, durante a viagem, encontrarmos ciclistas da categoria solo usando pescoceiras. Chega um momento da prova em que a estafa do atleta é tamanha que ele não consegue mais manter o pescoço ereto apenas com a força de seus próprios músculos. É preciso o auxílio de pescoceira.

...

De volta à estrada e à captura de Kim, nós entramos no Gettysburg National Military Historic Park, uma área de monumentos bélicos como trincheiras feitas de troncos de árvores, canhões, estátuas de heróis de guerra e túmulos de soldados mortos em combate. Esse "museu" a céu a aberto, muito bem cuidado, é uma referência à batalha mais sangrenta da guerra civil norte-americana, a cantada e decantada, em filmes hollywoodianos, Guerra de Secessão[59], que opôs as colônias do Sul às do Norte, por divergirem quanto ao modelo de país e desenvolvimento econômico que queriam para os EUA.

O Sul, escravagista e latifundiário, defendia um modelo agrícola baseado na produção de matéria-prima, enquanto o Norte, em franca industrialização, defendia o fim da escravatura e uma economia calcada na produção industrial e no comércio. Era a disputa pelo poder das duas principais aristocracias do país. O presidente à época, Abraham Lincoln, ficou do lado do Norte, a "União". Os estados do sul, liderados por Jefferson Davis, viraram Estados Confederados da América, os "Confederados". No fim, o "norte" prevaleceu, muito em virtude de seu maior desenvolvimento tecnológico.

---

[59] Que ocorreu de 1861 a 1865.

Em Maryland e na Pennsylvania, os ciclistas enfrentam trechos bem acidentados, com algumas das subidas mais difíceis da RAAM, em virtude do alto grau de inclinação que têm

RACE ACROSS AMERICA

Porém, a Batalha de Gettysburg, ocorrida nos três primeiros dias de julho de 1863, é possivelmente a mais famosa e apontada por muitos historiadores como ponto crucial da vitória da União, embora haja controvérsias. Na ocasião, o Norte impôs o segundo fracasso à tentativa de invasão da capital, Washington, por parte dos Confederados, cuja cavalaria estava sob o comando do famoso general Robert E. Lee. Foi também a Batalha de Gettysburg fonte de inspiração para o mais conhecido discurso[60] de Abraham Lincoln, proferido na cerimônia de dedicação do local do conflito, por onde passamos agora, a cemitério nacional[61].

Mas nossa guerra ainda não acabou. Estamos nos aproximando da batalha derradeira. Robert E. Lee não tomou Washington, o que me parece ter sido bom para os norte-americanos, mas nós vamos "tomar" Annapolis, não importa em qual posição. O importante é que nenhum cervo voador, nenhuma árvore, nenhum desentendimento, nem fadiga sepultem nosso objetivo essencial e o primeiro da lista de Marcio.

Ao fim desse pedal de Kim, a dupla 2 volta à pista. A expectativa é de que, a partir da entrada de Guto e Marcio, às 20h, tenhamos apenas mais cinco horas de pedal até a linha de chegada. Assim, chegaríamos a Annapolis por volta da 1h da madrugada, com Marcio pedalando. Na realidade, a chegada para fotos, formal, digamos assim, acontece em Susan G. Campbell Park, City Dock, um belíssimo cais em Annapolis, o TS 55. Mas a chegada que conta para o relógio se dá alguns quilômetros antes, num trecho sem o menor glamour, segundo Marcio, no TS 54.

De qualquer maneira, eu quero que a passagem de Marcio pelo TS 54 seja registrada e, desde já, importuno Machado para que não deixe passar esse acontecimento. Assim que Kim sair da pista e Guto iniciar o pedal, às 20h, eu vou para a van 2 e por lá pretendo ficar até a passagem pela linha de chegada. Machado orientará a van da imprensa. Eu digo a ele que é importante não se distanciar muito da van 2: precisamos de mais fotos de Marcio à noite, eu posso precisar da imprensa por alguma razão e, ainda, não podemos correr o risco de perder a chegada ao TS 54, onde o cronômetro é parado e a prova acaba oficialmente.

...

Enquanto Guto pedala, Marcio se arruma e me mostra o macacão vermelho de mangas compridas, com detalhes prateados, que usará no pedal desta noite.

— Esse é legal de fotografar na noite. — Os detalhes prateados ficam reluzentes por causa do *flash*.

Marcio está de bom-humor. A hora d'ele pedalar se aproxima. Neste momento, estamos nos aproximando de Hanover, ainda na Pennsylvania, e do TS 51. Dali nós

---

[60] Gettysburg Address.

[61] Cemitério Nacional de Gettysburg.

seguiremos para Mont Airy, no TS 52, já em Maryland, onde seremos informados sobre possíveis penalidades sofridas a partir do TS 15, em Durango.

Marcio assume o pedal e não se poupa, pedala com intensidade. Guto parece entender a razão da intensidade de Marcio.

— Annapolis não chega nunca, cara — ele me diz, angustiado.

Ele não esconde a ansiedade, que parece já ter se transformado em irritação e insatisfação. Diz que Kim e Leone tinham de ter "apertado mais o pedal" no turno deles.

— Tudo bem que o resultado não é o mais importante, mas temos de dar o máximo até o final.

Mas não faltou empenho. Mesmo quando pedalaram em trechos de altimetria desfavorável, os ciclistas da van 1 contribuíram com boas médias. No acidentado trecho de Hancock a Rouzerville, contribuíram para a Vencendo Desafios alcançar 24 km/h de média. De Rouzerville a Hanover — trecho que ainda não cumprimos por inteiro —, a média da equipe fechará em 24,5 km/h.

A cobrança de Guto é fruto de sua ansiedade. Como todos os integrantes do time, não vê a hora de finalizar a RAAM. Se estivesse de pé numa sala, tenho a impressão de que ficaria andando de um lado para o outro. Mas está comigo na van que, quanto mais o tempo passa, mais parece apertada. Sua cabeça deve estar girando a mil e ele procura dar vazão aos pensamentos. Fala como não falou em nenhum momento da prova e eu aproveito para tomar nota. A conversa que entabulamos passa pela relação mundo corporativo-RAAM novamente e cai na importância do engajamento e da vontade de servir.

— Ninguém é mais importante que ninguém na RAAM — diz Guto. — Os ciclistas não são mais importantes. Os mais importantes são aqueles que chegam aqui e dão tudo de si, não importa o tipo de trabalho que fazem.

A hora de Guto retornar à estrada se aproxima. Paramos o carro numa área de escape onde está o MH1. As refeições dos tripulantes da van 2 são entregues. Chiquinho diz que a minha foi entregue na van da imprensa. O MH1 volta à estrada. Guto já está do lado de fora do veículo, em cima de sua *bike*. O clima nas cercanias de Hanover é friozinho. Guto vai pegar o trecho urbano da cidade e seguirá para Maryland, onde enfrentará mais uma das encrespadas ladeiras dessa região. A noite toma por completo o céu da Pennsylvania. Antes de Marcio chegar, Guto me diz:

— Vou acelerar. Quero chegar logo em Annapolis. Quero fechar a prova no pedal da nossa dupla.

Guto vai começar essa perna pegando logo uma ladeira difícil, mas vai cumprir a promessa de acelerar, mesmo assim. O desempenho dele na próxima meia hora de pedal terá grande importância na média de velocidade que a equipe alcançará de Hanover a Mont Airy: 25,6 km/h. Na van, Marcio ficará impressionado com a disposição do colega neste trecho.

...

Marcio entra na van assim que encerra seu primeiro pedal.

— Chegou nosso jantar? 'Tô com uma fome do caralho.

Ele pega o prato e divide a comida em três partes. Diz que comerá uma parte agora, outra quando voltar do segundo pedal e outra depois do terceiro.

— Se eu como tudo de uma só vez, me prejudico, porque aí o organismo privilegia o estômago e não as pernas.

Uma vez um médico japonês me disse que nosso organismo tem três formas básicas de consumo de energia: exercício (físico e mental), convalescença (quando estamos nos recuperando de alguma doença) e digestão. De acordo com ele, isso explica porque não se recomenda praticar exercícios logo depois das refeições e, ainda menos, praticá-los quando se está em recuperação de uma gripe forte. Na verdade, quando se está de barriga cheia ou doente, não se tem disposição para fazer qualquer tipo de exercício e esse estado de ânimo é, provavelmente, uma forma d'o organismo se defender.

Experiente, Marcio sabe o caminho das pedras. Não pode ficar sem comer porque seu corpo pede, mas não pode se alimentar pautado pelo ímpeto da sua fome neste momento, senão o pedal se tornará impraticável.

Eu também estou morrendo de fome e ligo para a van da imprensa, que até bem pouco tempo estava nos acompanhando de perto. Vi Machado fotografar Marcio inúmeras vezes na escuridão urbana da região enquanto pedalava. Converso com o pessoal da van 3, dizendo que preciso do meu jantar. Não lembro quem me atendeu, se Adilson ou o próprio Machado, mas a resposta que recebo é a de que estão a caminho. Porém, o pedal de Guto avança e nada da van 3 aparecer. Wagner dos Santos me oferece o jantar dele. Diz que não vai comer porque não sente fome. Eu reluto, mas acho melhor aceitar.

Enquanto a van da imprensa não chega, sigo a conversa com Marcio, que agora me fala, mais que em qualquer outro momento, como vivenciou o instante da descoberta do acidente do MH2 em Ohio. Ele me conta que não tinha sido avisado por ninguém, simplesmente vinha pela estrada, com a van 2 e os demais tripulantes, quando avistou o *motorhome* batido.

— Fiquei em choque, cara. Não acreditei.

Pergunto a ele se o acidente, por si, podia ser justificativa para uma penalidade à equipe e ele me explica que não.

— Seríamos penalizados se não informássemos à organização da prova sobre o acidente. Minha primeira providência foi comunicar à organização. Tanto é que, no mesmo dia, o site da RAAM já informava que um dos *motorhomes* da nossa equipe havia se acidentado.

Marcio leva muito a sério o compromisso com as regras da prova:

— Nas minhas nove participações anteriores, a Vencendo Desafios recebeu penalidades em apenas quatro oportunidades.

Nossa equipe já está em Maryland neste momento. Aproxima-se num bom ritmo do TS 52, em Mont Airy. Em breve saberemos se, pela sexta vez em dez participações, a Vencendo Desafios completou a RAAM sem penalidades.

— Lá no TS 52 tem uma bicicletaria sensacional. Sempre que calha d'eu 'tá fora do pedal, eu dou um passeio e compro alguma coisa. Vale a pena fotografar, viu?

O problema é que a van 3 não aparece. Quando falei com eles, era pouco mais de 21h. Está quase na hora de Marcio voltar ao pedal e nada da imprensa chegar.

...

Marcio entra na pista e pedala forte, motivado pelo desempenho do companheiro. Guto volta à pista e faz o mesmo. Depois é, de novo, a vez de Marcio... E a de Guto. São pouco mais de 11h20 da noite e estamos perto do TS 52. É nesse momento que alguém da van 1, que faz o *following* de Guto, liga para nós. Eles acabam de passar por lá e foram notificados de que a Vencendo Desafios não recebeu penalizações na RAAM 2014. É claro que a equipe ainda pode ser punida nas poucas milhas que restam, mas a chance é ínfima. Marcio parece satisfeito com a notícia, mas não se deslumbra.

— A gente podia ter sido ainda melhor. Corremos muitos riscos de ser penalizados — diz.

Agora é nossa vez de passar pelo TS 52. Quando nos aproximamos, vejo a van da imprensa no estacionamento ao lado da bicicletaria. Eu peço para Wagner parar. Ele e Lígia estão no estafe da van 2 no momento. Wagner me deixa no acostamento, do lado oposto ao da bicicletaria, e segue em frente para fazer a troca de ciclista. Antes de descer do carro, digo a Marcio que o encontrarei em breve. Minha ideia é devolver a van 3 ao trabalho de acompanhamento de Marcio e, obviamente, saber o que aconteceu.

Além da van 3, o MH1 também está no TS 52. Encontro Palito, Marcão e toda a turma. Machado está na bicicletaria. Eu digo a ele que vale a pena fotografá-la porque Marcio havia feito referência a ela. Machado pega a máquina e faz as fotos. Depois de uns cliques, eu me aproximo dele e pergunto o que houve, por que sumiram. Ele me diz que tentaram pegar um atalho para chegar antes ao TS 52, mas que se perderam e levaram mais tempo do que esperavam para chegar ali.

— Mas eu não pedi a janta pra vocês? Se vocês pegaram um atalho e eu estou com os ciclistas no percurso normal, tanto que só cheguei aqui agora, o atalho não ia resolver o problema da minha fome. Se não fosse o Wagner me dar a comida dele, eu ia jantar quase três horas depois d'a janta ter sido entregue na imprensa pra vocês.

Pôr do sol na Pennsylvania, logo depois de termos passado por Gettysburg National Military Historic Park, local onde ocorreu a Batalha de Gettysburg, conhecida como a mais sangrenta da Guerra Civil Americana, que opôs os estadunidenses do Sul aos do Norte

PASS
WITH
CARE

Imagino que Machado fez as fotos noturnas de Marcio que precisávamos e calculou um reencontro conosco, a partir do TS 52, para garantir as imagens do desfecho cronométrico da prova no TS 54. Embora o combinado fosse a van 3 acompanhar a van 2 por toda a derradeira perna, para efeito prático de trabalho para o livro, sua estratégia tinha tudo para funcionar, a não ser que acontecesse algo excepcional com Marcio ou Guto. Além disso, pelo atalho, Machado teria um respiro de três horinhas, o que, depois de sete dias de pauleira, eram mais do que desejáveis. O "porém" disso tudo sou eu.

— Puta falta de consideração comigo, Machado. Só não passei mal de fome nessa noite por causa do Wagner. Se dependesse da minha janta, 'tava fodido.

O fotógrafo me parece resignado. Não diz nada. Depois que eu termino de falar, ele olha para mim, pede desculpas e não estende mais a conversa.

...

Ao deixarmos o TS 52 e iniciarmos os trechos derradeiros da prova, temos a companhia de Marcão, Palito e Gayotto. Marcão e Palito vieram ver como funciona a imprensa. Gosto da ideia de tê-los conosco; principalmente porque posso saber mais de Marcão sobre o que aconteceu em Ohio. Enquanto conversamos, ele se lembra do nome da intérprete brasileira que ficou à sua disposição no hospital: Olinda.

Eu e Cortez estamos no primeiro dos bancos traseiros da van. Marcão e Palito, no segundo e Gayotto no último. Machado, navegando, e Adilson, ao volante, vão nos bancos dianteiros. De modo geral, o clima é bom, mas há senões. Empolgado e num clima de "já chegamos" — imagino que seja isso —, Palito fala alto, exagera nos palavrões sem propósito e quer tirar onda com a cara de todo mundo.

Aproximamo-nos da 1h30 da madrugada. Em tese, a essa hora, a dupla de ciclistas na estrada já teria sido trocada. Mas, pelo que entendi e pelo que demonstraram Guto e Marcio, há pouco no pedal, eles mesmos levarão até o fim, prolongando o tempo pedalado.

De onde estamos até o ansiado TS 54, já em Annapolis e onde a prova se encerra cronométrica e competitivamente, são aproximadamente 50 quilômetros. A linha de chegada "oficial", onde a festa é feita e as fotos são tiradas, fica mais 10 quilômetros adiante. Por mais que tenham pedalado forte um trecho duro e difícil, acho que Marcio e Guto não teriam problema em pedalar mais uma hora e meia; é esse o tempo que devem levar para percorrer 50 quilômetros.

Porém, essa certeza acaba quando o telefone da imprensa toca: é da van 2. Chega-nos a informação de que Wagner e Lígia "quebraram" e não conseguem mais guiar, nem navegar. O sono picado cobrou seu preço. Marcão conversa com Lígia ao telefone e anota as coordenadas do posto de combustível onde estão nos esperando.

Fica nos arredores do distrito de Etchison, ainda antes da metade do trecho entre Mount Airy e Odenton (TS 53), para trás de onde estamos. Foi dali que Kim e Leone assumiram o pedal há pouco.

Confesso que estou decepcionado por saber que Marcio não fechará a prova. Para a proposta desta narrativa, o peso de ter Marcio concluindo sua décima aventura na RAAM seria maior. Mas isso não importa agora porque nossa prioridade é socorrer a van 2. Adilson está dirigindo até o ponto indicado, onde dois de nós substituirão os exaustos Wagner e Lígia. Naturalmente, Gayotto será um dos substitutos. Palito deve ser o outro.

Mas há algo de errado nas coordenadas passadas por Lígia. Não encontramos o posto e já passamos do ponto onde, em tese, ele deveria estar. Sem nos dar muito tempo para entender o que há de errado, Marcão e Palito pedem o *route book*, deixando claro que não encontramos o lugar porque não sabemos navegar. Palito começa a tripudiar de nossa navegação. O clima muda na van. Cortez, irritado, rebate as críticas e eu digo a Palito, num forçado tom de brincadeira, que o negócio dele é consertar bicicletas, não navegar. No fim das contas, na tentativa de nos corrigir, Marcão e Palito também não encontram a van 2.

Ligamos de novo para Lígia e ela insiste nas coordenadas dadas anteriormente. Tentamos mais uma vez, sem sucesso. A partir daí, decidimos que é melhor seguir o curso natural da prova. Vamos em frente. Confusa pela estafa, Lígia deve estar nos passando informação errada e não consegue perceber onde erra. Imaginamos que a van 2 possa estar um pouco mais adiante do que ela nos informou. Seguir em frente nos parece a melhor opção.

A gente avança bastante, ultrapassa os ciclistas da equipe, abre boa distância e para num posto já em Odenton, quase no TS 53. Alguns tripulantes vão à *general store*, outros tentam falar com a van 2 e outros, ainda, vão para a beira da estrada torcer pelo aparecimento do veículo. Eu fico à beira da estrada e vejo Kim e Leone passar por nós. Mesmo não sendo Marcio a concluir a prova, faço questão de ver a equipe cruzar o ponto onde o cronômetro para. Até porque, a presença de Kim, depois de Marcio, o ciclista mais rodado da equipe na prova, e Leone, um calouro, traduzem bem o que é a Vencendo Desafios; um time com lastro e tradição, mas que se renova a cada ano unindo experiência e juventude por meio de um imprescindível componente: a paixão pelo desafio... Projeto a cena no livro, dos dois fechando a RAAM, com ilustração fotográfica.

Porém, minha cabeça não está boa. No último dia de prova, as escalas da van da imprensa se perderam por completo. Desde a manhã do dia 21 de junho, não descansei nada e estou meio perdido no espaço e no tempo. Não paro para pensar que a distância entre o TS 53 e o TS 54 é de apenas 15 quilômetros e que, se quero registrar a passagem da equipe pelo *time-station* final, é preciso acelerar o passo da van da imprensa.

Mas, antes disso, é fundamental saber onde está e o que aconteceu com a van 2. E é então, não muito tempo depois da passagem de Kim e Leone, que a van 2 surge na estrada e passa ao lado do posto onde estamos. Lígia está no banco do carona, à frente e, pelo que vejo, com a cabeça apoiada no recosto do banco, como se descansasse. Ao volante vai Marcio. Se o estafe da van 2 "quebrou", Marcio está inteiro.

...

Assim que voltamos à estrada, Marcão diz que é fácil chegar ao destino e que ele pode nos levar sem a ajuda do *route book*. Isso me parece uma ótima notícia e não vejo problema em deixar que nos conduza. Estamos num trecho bastante urbano de Odenton, cheio de centros comerciais. Está tudo fechado e as ruas vazias na cidade. É possível ver poças d'água no estacionamento dos *shoppings*.

Cai uma chuva fina na cidade e Marcão nos guia, trocando risos suspeitos com Palito. É por causa deles e da atenção de Adilson ao trajeto que descobrimos: Marcão e Palito estão aplicando um trote em nós; valendo-se do conhecimento que têm, eles nos fazem andar em círculos pelo desconhecido trecho urbano. O problema é que ainda estamos trabalhando. Se eles estão em clima de festa, nós não. Estamos perdendo tempo. Eu digo a Marcão que temos de ir para o TS 54, que não é hora de brincadeira porque estamos trabalhando.

— Fazer o que no TS 54? Não tem nada lá. — Marcão me diz.

Eu insisto que a presença da imprensa no TS 54 faz parte do combinado com Marcio. Mas Marcão não dá a mínima e continua a fazer troça da nossa preocupação. Junto com Cortez, eu tento reencontrar o rumo pelo *route book*. Mas a referência do hodômetro foi para o espaço e o livro de rotas, desse jeito, perde muita eficiência. Estamos cansados e irritados. Nesse contexto, o GPS parece estar em grego.

— Chega, chega de brincadeira. Desculpa aí. Foi mal. Vou levar a gente, vai — diz Marcão.

Entre as alternativas que temos, essa, em tese, ainda é a melhor. Resolvemos dar mais um voto de confiança a Marcão. Mas, para a alegria de Palito, que se escancara em risos, ele, de novo, orienta-nos pelo caminho errado de propósito. Adilson se irrita e para o carro, diz que é para fazer outro de trouxa, que não vai mais a lugar nenhum, que, se é para andar em círculos, não precisa de navegador, ele mesmo faz isso. Então volta a andar com o carro, mas apenas dá voltas no quarteirão. Cortez discute com Palito e eu volto a pedir a Marcão:

— Leva a gente pr'o TS 54. A gente não teve problema de navegação na prova inteira, bicho. Bastou 'cês entrarem aqui pr'a dar merda.

É então que Marcão, bastante sério desta vez, diz algo que me soa como uma bomba:

— Essa hora eles já passaram pelo TS 54. Não adianta ir pra lá, não sei por que 'cê 'tá insistindo nisso.

— Como que é? — Pergunto.

— Já passaram por lá, devem estar indo pro 55, é pra onde a gente tem que ir. É lá que importa — completa Palito, agora também sério.

Eu demoro um tempo para acreditar, mas, assim que me lembro que esse trecho entre os *time-stations* é curtinho mesmo, caio na real e constato que perdemos a passagem pelo TS 54. Porém, não tenho tempo nem de me manifestar. Sem dar nome aos bois, mas tampouco é preciso — sei que o alvo sou eu —, Machado dispara:

— Vai tomar no cu! Depois vem me encher o saco porque quer essa ou aquela foto! Não vou fazer porra nenhuma! Cheio de querer mandar na van. Aí os caras chegam aqui e avacalham. O cara não se impõe. Vai se foder!

Eu o escuto quieto, até porque não encontro palavras inteiras para usar neste momento. Entendo Machado; ele queria que eu tivesse com os visitantes a mesma energia e postura que tive com ele durante a prova. Mas, em primeiro lugar, não me lembrei que o TS 53 e o 54 eram tão próximos. Estava meio que no modo automático de raciocínio da prova, achando que teríamos mais do que 15 quilômetros para percorrer. Na RAAM, a maior parte dos trechos entre *time-stations* tinha mais de 50 quilômetros. Além disso, não queria ser antipático, nem grosseiro com "os convidados". Achei que conseguiríamos resolver tudo sem desentendimentos sérios.

Enquanto tento me estabilizar depois das pauladas que levei, Palito fala:

— 'Cês não têm nada o que fazer no TS 54. Ficam aí inventando...

Não lhe dou tempo de terminar a frase:

— Não é você que vai dizer o que eu tenho ou não de fazer no meu trabalho, se devo ou não ir ao TS dos Quintos dos Infernos — digo, em voz alta. — Eu não me meti, nem atrapalhei o seu trabalho, nem o do Marcão, mas vocês estão fazendo isso aqui.

Um silêncio toma conta da van. Palito e Marcão me parecem sem graça, mas Marcão ainda olha para mim, com uma expressão de: "é pra tudo isso?". Depois de alguns segundos, ele retoma a navegação. Sem risada, nem brincadeiras, coloca a gente no caminho que nos levará ao TS 55.

...

Antes de chegarmos ao tão ansiado cais de Annapolis, onde fica o TS 55, paramos num posto de combustível, um ponto intermediário onde as equipes esperam "a linha de chegada" ser preparada com todos os aparatos necessários para a festa: palco, sistema de som etc. Ainda nem descemos do carro, Adilson manobra a van para estacioná-la nas vagas em frente à general store do posto, mas já é possível perceber o clima de festa e alegria da nossa equipe no pequeno estacionamento. Lígia, Wagner, Bruno, Ricardo, Kika e os ciclistas, todos estão com um grande sorriso no rosto.

Os ciclistas trajam uniformes limpos e as *bikes* estão prontas para serem pedaladas até a linha de chegada.

Antes de cumprimentar os ciclistas, quero falar com Machado rapidamente, desculpar-me, explicar que não fui mais enérgico com Marcão e Palito antes porque pensei que desse tempo de resolver o problema sem estresse. Também quero acalmá-lo, dizer que estamos cada vez mais perto de encerrar esse trabalho dificílimo com ótimo desempenho, afora esses pequenos contratempos. De modo geral, tudo correu bem. Não podemos deixar que, no fim, fique uma sensação ruim, uma má impressão.

Por isso, assim que o carro para, eu desço rapidamente. Vou esperar Machado descer e chamá-lo de canto para uma rápida conversa sobre todas essas questões. Mas, ao descer e me notar à sua espera, Machado finge que não estou ali e tenta passar ao meu lado. Eu coloco a mão esquerda em seu ombro e digo:

— Preciso falar com você.

De forma ríspida, ele responde:

A poucas horas da linha de chegada, passamos por um trecho urbano de Hanover, na Pennsylvania, já perto de Maryland. Guto e Marcio pedalam forte nesta perna, que será a última da dupla na prova

— Não tenho nada pra falar com você — e tira minha mão de seu ombro para seguir seu caminho.

Já quente por tudo o que havia ocorrido, meu sangue ferve com a resposta dele. Não lembro se pela alça da máquina a tiracolo ou se pela alça da mochila que leva às costas, eu o puxo, colocando-o de frente para mim.

— Tem, sim. 'Cê não vai falar o que quer sem escutar uma resposta — eu digo a ele, em tom baixo, mas nervoso.

— Meu, dá licença — diz Machado, com uma expressão de incredulidade, tentando se restabelecer do susto e do tranco.

Ele tenta passar por mim novamente, eu o empurro para trás...

— 'Cê vai me deixar explicar o meu lado dessa história — eu digo.

— 'Cê 'tá louco, bicho! — Diz, indignado com o fato de eu o estar segurando.

Ele tenta sair de novo e eu o empurro mais uma vez. Neste momento, Marcão está descendo do carro, com a ajuda de Adilson e Gayotto. Eles presenciam o desentendimento e, provavelmente, escutam a reação indignada de Machado...

— Bicho, 'cê passou de todos os limites. Perdi toda a consideração que tinha por você.

— Escuta, caralho! Vai dar escândalo no fim da prova!?

Machado me deixa falando sozinho e vai fazer as fotos. Adilson se aproxima de mim e diz para eu deixá-lo. Eu estou sem graça por causa da cena proporcionada. Volto para o interior da van e fico um tempo fingindo que estou procurando algo na minha maleta, quando, na verdade, recomponho-me da dolorida sensação de fracasso em minha missão pessoal. Devia tê-lo deixado ir quando disse que não tinha nada para falar comigo.

Vou ao encontro dos demais no centro do estacionamento. As pessoas se aproximam de mim e me cumprimentam. Eu as cumprimento também. Lígia vem até mim. Ela tenta descobrir se houve algo, mas eu me esquivo. De repente, vejo Marcio conversando com Marcão e vou até lá. Quando chego, escuto Marcão dizer a Marcio que achava que Machado estava querendo ir para cima dele na saída da van, mas que eu teria impedido, segurando-o.

— Não foi isso? — Marcão me pergunta.

— Não — respondo. — Foi uma discussão entre mim e ele. Machado não queria bater em ninguém.

Marcio está confuso, claramente não entende o que está acontecendo, mas conecta essa confusão toda à nossa ausência na "primeira" linha de chegada da RAAM.

— Mas por que vocês não foram pr'o TS 54? — ele me pergunta.

Eu explico, sem poupar detalhe. Ligo todos os fatos que viriam a culminar no meu desentendimento com Machado no estacionamento da *general store* de letreiro luminoso vermelho em que se lê: “Market Place”. Marcio não parece irritado. Sua expressão é de “puta que pariu, mais uma”. Ao fim do meu relato, olha para mim e Marcão e diz...

— Vamo’ esquecer isso aí.

...

São perto de 3h da madrugada e há um bom número de pessoas acompanhando a chegada dos ciclistas da Vencendo Desafio. Como em Oceanside, há sinetas soando. Nossos ciclistas vêm por uma ruazinha de tijolos cercada com uma lona onde se estampam anúncios da prova e de uma cerveja Califórniana que patrocina o evento. Kim traz uma bandeira de Portugal. O pessoal do *motorhome* se junta a nós e todos se cumprimentam de novo. Se ainda há chateação, a chegada e a sensação de dever cumprido a mitigam um pouco.

Aqui, mais do que nunca, vale seguir o conselho dado por Marcio no dia 9 de junho, em nosso primeiro almoço em Oceanside: se a experiência não agregou nada, se não trouxe conhecimento, joga fora. Tem razão quem diz que é difícil relevar, descartar, “que não funciona assim”, mas o que se ganha guardando o que não nos faz bem, nem nos faz pessoas melhores? Nesse caso, então, melhor encontrarmos forma de tirar bom proveito da experiência negativa. Não vejo outras saídas.

A verdade é que, se não estamos na plenitude emocional e física, estamos todos ali, em condições de confraternizar. Finalmente chegamos; foram sete dias, onze horas e três minutos. De acordo com a organização da prova, nós largarmos às 15h40 do dia 14 de junho, horário de Washington, e chegamos às 2h43 do dia 22 de junho. Não era o que queríamos, mas ainda assim, fizemos o terceiro melhor tempo da história da equipe na RAAM. Esse dado, sem dúvida, revela que a equipe, não fossem os contratempos — talvez os mais sérios contratempos de sua história —, tinha chance de fazer em 2014 sua melhor participação em termos de cronômetro.

— Essa é minha décima RAAM... — disse, em inglês, Marcio, já no palco, ao microfone do famoso porta-voz da prova, George Thomas, e ao lado dos demais ciclistas da equipe, que esperavam sua vez de falar. — É um privilégio estar aqui pela décima vez. Só tenho a agradecer, primeiramente a Deus, depois à minha família e, é óbvio, ao meu time.

Na sequência, foi a vez dos demais ciclistas. Os discursos seguiram a linha do de Marcio, em termos de agradecimentos, mas reparei que cada um usou um adjetivo para classificar a RAAM. Leone a chamou de “louca corrida”, Guto, de “fantástica”, e Kim, “linda”. Depois, o diretor-executivo da prova, Rick Boethlin, o mesmo que gritou para tirarmos a van da imprensa da linha de largada em Oceanside, “condecorou” cada um dos ciclistas com uma linda medalha.

Finalmente, às 2h43 da madrugada de 22 de junho de 2014, chegamos ao destino.
A alegria por ter cumprido a missão e a comemoração mitigam boa parte das "feridas" que uma prova dessas, inevitavelmente, deixa

RACE ACROSS AMERICA
RACE ACROSS AMERICA RAAM
OCEANSIDE, CA TO ANNAPOLIS, MD · 3000 MILES
RACE ACROSS AMERICA RAAM
FINISH
FINISH

Capítulo 14

Arrumando as malas

Marcio me disse, ainda no aeroporto em Guarulhos, durante o embarque para Washington, no dia 5 de junho, que a RAAM não acaba na linha de chegada. Ele fazia referência ao fato de ainda termos muito trabalho a fazer, ou "desfazer", depois de chegarmos a Annapolis.

— As pessoas relaxam, mas temos um voo de volta e um cronograma bem apertado pra cumprir depois que a RAAM acaba. Não dá pra relaxar demais, achar que acabou.

Por isso, no que nos resta desta madrugada do dia 22 de junho, não devemos esperar um sono reparador, que possa estender-se ainda por boas horas depois da aurora na confortável cama do hotel. Temos de estar, às 8h da manhã, no estacionamento, limpar e tirar o que sobrou das nossas coisas das vans e do motorhome. Temos de desfazer, parcialmente, os aparatos da caravana, desforrar os carros, enfim, fazer o que chamo de trabalho de rescaldo, deixando os veículos quase prontos para serem devolvidos às locadoras.

Mas ainda sequer estamos dormindo. Agora já são mais de 4h da madrugada e acabamos de chegar ao hotel depois da festa na linha de chegada. Estou ao lado de Marcio, no balcão da recepção do hotel. Ele está distribuindo os cartões-chave dos quartos e eu espero a vez de receber o meu. Ao me ver, ele se aproxima de mim e pede para eu desculpar o erro do "professor Marcos". Eu digo que já está tudo certo entre nós. Enquanto eu pegava minha mala no motorhome, Marcão se aproximou de mim e disse:

— Cara, me desculpa mesmo. Não sabia que era tão importante assim pr'o trabalho de vocês aquela foto. Também não queria que você se desentendesse com o Machado. Foi mal mesmo.

Minha relação com Marcão, durante toda a prova, foi muito boa. Não tive dificuldade nenhuma em desculpá-lo pelo episódio na chegada. Além disso, mais tarde, Machado me diria que Marcão também o procurou para se desculpar. Estava tudo resolvido com Marcão. Com Palito também. O bike-mecânico, se não pediu desculpas, desde o primeiro momento, parecia arrependido do episódio na van.

A situação com Machado também melhorou, acredito que, em grande medida, por causa da minha chatice. Em meio à festa na linha de chegada e, depois, no estacionamento do hotel, sempre que tinha uma chance, ia atrás dele e procurava entabular uma conversa de esclarecimento e reconciliação. Pedi-lhe, não apenas uma, mas algumas vezes, desculpas pela minha truculência.

— Wagner, 'cê precisa entender quando alguém não quer falar — Machado me diria numa rápida conversa ainda no cais em Annapolis. — Me deixasse quieto que tudo ia se acertar.

Interpreto a fala como um sinal de paz, mas não ao ponto de dividirmos a mesma cama de casal no quarto do hotel...

Explico: Marcio acaba de me chamar junto dele no balcão da recepção do hotel para me dizer que ficaremos eu, Machado, Gayotto e Dadinho no mesmo quarto, onde há só duas camas de casal queen size. A ideia de dividir a cama com outro homem não me agrada, mas também não acho que me faça menos homem. Acredito que uma trincheira de travesseiros é mais que suficiente para não deixar dúvidas sobre minha orientação sexual. Porém, depois do quebra-pau ao fim da prova, Machado não vai querer ter, entre nós, apenas uma trincheira de travesseiros.

É principalmente por isso que não recebo o comunicado de Marcio com entusiasmo. Acho que ele percebe, pela minha cara, que não estou feliz, mas também não tem nada a ver com isso. Precisa alocar as pessoas e essa é a saída que encontrou.

No quarto, Gayotto e Dadinho também não estão dispostos a dividir a cama. Na realidade, essa situação incomoda principalmente a Gayotto. Machado não diz nada, vai logo esticando um colchão no chão acarpetado e macio do quarto e se deita para dormir e aproveitar ao máximo as duas horinhas de sono que terá. São 5h da madrugada e levantaremos às 7h. Dadinho também não fica com muita frescura. Arruma sua cama no chão e vai dormir. Assim, sobram as camas para mim e Gayotto.

...

Como zumbi, às 7h da madrugada do dia 22, levanto, tomo um banho rápido, desço para o café e, na sequência, vou para o estacionamento, onde os trabalhos de limpeza, retirada de adesivos, de forros de assoalhos e de pequenos pertences dos tripulantes estão a pleno vapor. Marcio já está lá, trabalhando em sua van. Há também um grupo atualizando todos os *route books* da equipe e revendo os dados reportados à organização a cada *time-station*.

Não podemos demorar nesse trabalho porque, no fim da tarde, haverá o evento

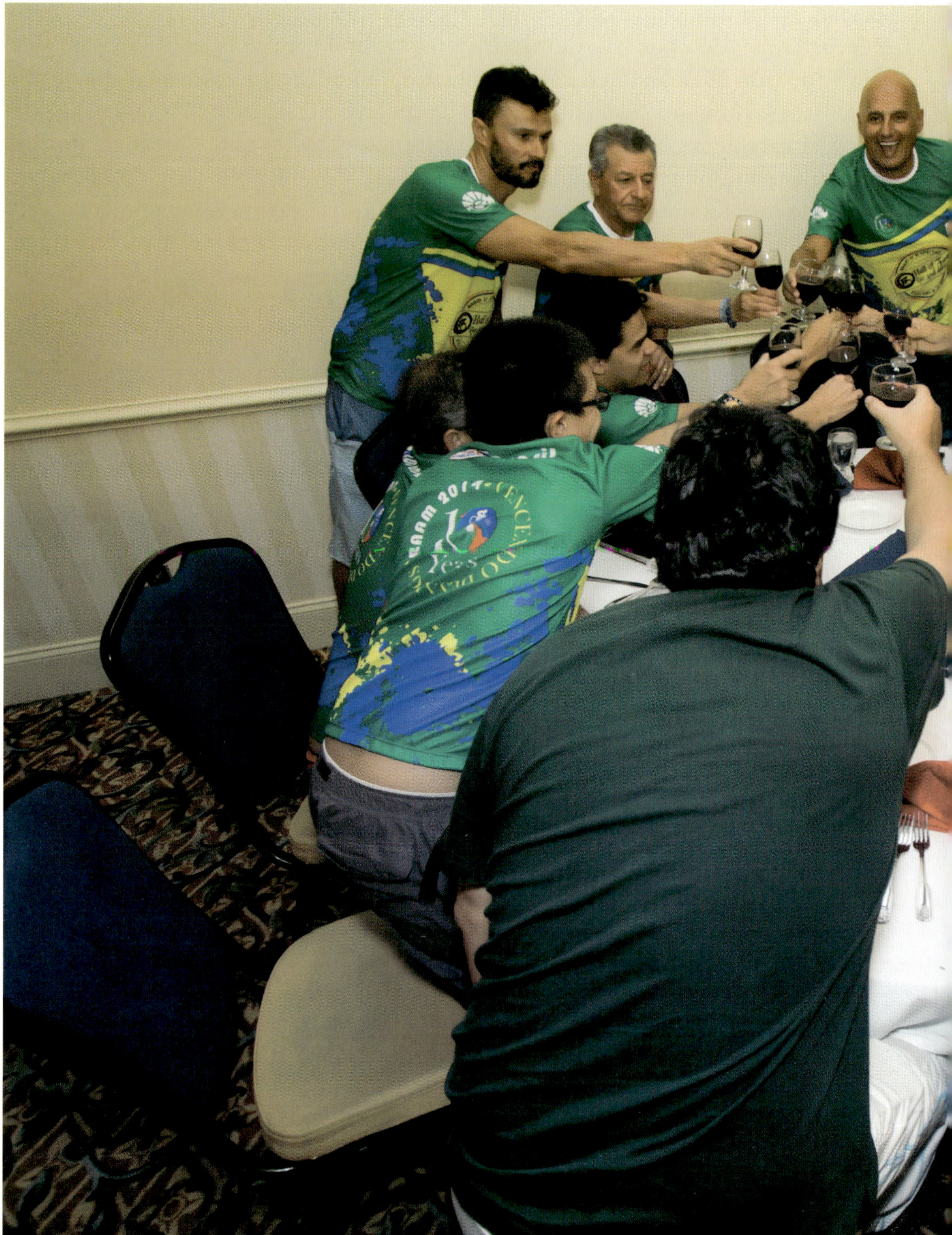
RAAM
CENDO
Yess

Maior equipe da prova, com 22 integrantes, a Vencendo Desafios, no jantar de encerramento da RAAM, realizado no dia 22, no hotel, em Annapolis, preencheu duas mesas. Na ocasião, Mr. Milan, com a ajuda de Duda, filha de Leone, entregou, aos organizadores da RAAM, o Fuleco, mascote da Copa do Mundo do Brasil. Assim como os outros ciclistas, ele ainda recebeu um certificado, em placa metálica, que credencia o atleta a participar da prova de solo da RAAM nos dois anos seguintes e viu o porta-voz oficial do evento, George Thomas, vestir a camiseta da Vencendo Desafios. Motivos não faltaram para brindar

de encerramento da RAAM, um jantar em que a organização da prova distribuirá uma placa aos ciclistas que concluíram a jornada, uma espécie de diploma metálico provando que eles venceram os 4.859 quilômetros de prova e cruzaram os Estados Unidos de sudoeste a nordeste. A placa também confere aos ciclistas o direito a participar da prova de solo da RAAM nos dois anos seguintes se desejarem.

— Para participar do solo da RAAM, o ciclista precisa ter um histórico de provas respeitável. Não é simplesmente chegar e se inscrever. Se o cara não estiver "credenciado" pra uma prova dessas, a organização não deixa participar — Marcio me explica.

Essa condecoração tem grande valor para Marcio, que também acha importante todos participarem do jantar de encerramento. Porém, Kim e os demais portugueses irão embora antes disso. Leone participará com toda a família, uma vez que Duda entregará o Fuleco de presente aos organizadores. A família de Leone chegou a Annapolis alguns dias antes. Depois que a equipe largou em Oceanside, eles ficaram alguns dias na Califórnia e, antes da nossa chegada, embarcaram de avião para a Costa Leste. Quando cruzamos a linha de chegada, estavam lá. Não me lembro de ter visto Vicenzo — devia estar dormindo, pela hora —, mas Duda, com muito sono, saiu nas fotos, ao lado do pai, em cima do palco.

Em meio aos trabalhos de "rescaldo" da manhã, chama-me a atenção a presença de um norte-americano. É o mesmo que, de madrugada, também ainda no cais da linha de chegada, tinha me procurado com um cartão de memórias de fotos para saber se era nosso. Eu perguntei a Machado se era dele, mas ele negou que fosse.

Sem encontrar o dono, o norte-americano, que se chama Kris Van Gieson e é estafe do quarteto misto do Team BTF, volta a nos procurar pela manhã. BTF é a abreviação de Ben Towne Foundation, uma instituição de pesquisa de combate ao câncer infantil. A insistente generosidade e preocupação de Kris chama minha atenção. Como, na madrugada, Machado estava nervoso, acho que ele pode não ter atinado para a possibilidade de ter perdido fotos durante a viagem. Além disso, minha cabeça estava a mil e não consegui dar a Kris a merecida atenção. Agora pela manhã, ele me diz novamente que, ao abrir o cartão, encontrou fotos de uma equipe brasileira. Não sabe se somos nós, mas tem certeza de que a equipe é brasileira. Kris acrescenta que foi uma das ciclistas do quarteto BTF quem encontrou o cartão no acostamento da estrada.

— Foi num trecho da prova no Missouri. Ela estava pedalando, viu o cartão no chão e apontou pra gente que vinha atrás, de carro — diz.

O fato de ter sido a ciclista do quarteto quem viu o cartão em pleno pedal confere à história aspecto ainda mais extraordinário. Seja lá de quem for esse cartão, parece-me que as energias cósmicas fazem questão de que as fotos sejam devolvidas ao seu dono. Eu pergunto a Kris se ele pode e quer deixar o cartão comigo porque, mesmo que não seja nosso, se for de uma equipe brasileira, com certeza é mais fácil para nós acharmos o dono do que para ele. Kris é um sujeito bem magro, alto e ruivo, com jeito de missionário de igreja protestante. Ele fica sinceramente agradecido quando me proponho a ajudá-lo na busca pelo dono do cartão. Mais uma vez, eu procuro Machado, que, de novo, nega ser dele, mas se dispõe a ver, em seu computador, de que equipe brasileira é o cartão.

Depois de entregar o cartão a Machado, também no estacionamento do hotel onde a maioria dos participantes da RAAM está hospedada, eu encontro Evandro Queiroz, fotógrafo e videorrepórter que fez parte do estafe da dupla Spirit of Brazil, do ciclista brasileiro Carlos Galvão e do argentino Oscar Galindez. Aproximo-me dele e pergunto:

— Meu caro, 'cê perdeu um cartão de fotos?

Ao ouvir minha pergunta, seus olhos se enchem de surpresa e vida.

— Perdi, por quê?

— O rapaz de uma equipe americana nos procurou com um cartão que eles encontraram no Missouri. Ele disse que é de uma equipe brasileira. O Machado, nosso fotógrafo, 'tá dando uma olhada pra ver de quem é...

— É meu, cara! Eu tinha certeza que esse cartão voltaria pra mim! Eu perdi esse cartão no meio da prova. Eu pensei, mesmo, que tivesse sido no Missouri. Tem um monte de coisa lá. Tem entrevistas importantes. Eu sabia que ia reencontrar esse cartão.

Eu dou a ele o número do quarto onde Machado está vendo as fotos. Evandro me agradece várias vezes e parece tomado por uma emoção numinosa. Sem dúvida, esse cartão voltar às suas mãos da forma que voltou é coisa de Deus.

— 'Cê precisa agradecer à ciclista que achou o cartão no meio da estrada e ao cara da equipe que não desistiu de te encontrar — digo a Evandro.

À noite, durante a solenidade de encerramento da RAAM, no salão do hotel, Evandro teve a oportunidade de agradecer a Kris. Eu o levei até o norte-americano, que nos apresentou Meghan Camp, a ciclista que encontrou o cartão. Ela tem 35 anos de idade e é a mais experiente dos ciclistas da BTF. Além dela, a equipe tem dois rapazes de 17 anos e uma moça de 20. O jovem quarteto chegou à linha de chegada pouco mais de uma hora depois de nós, com o tempo de sete dias, doze horas e cinco minutos.

...

Na festa de encerramento da RAAM, nossa equipe ocupa duas mesas. Eu estou sentando ao lado de Marcio. Ele não para quieto, conversa com algumas pessoas, cumprimenta inúmeras. Às vezes, some da mesa, do salão, depois reaparece. É de-

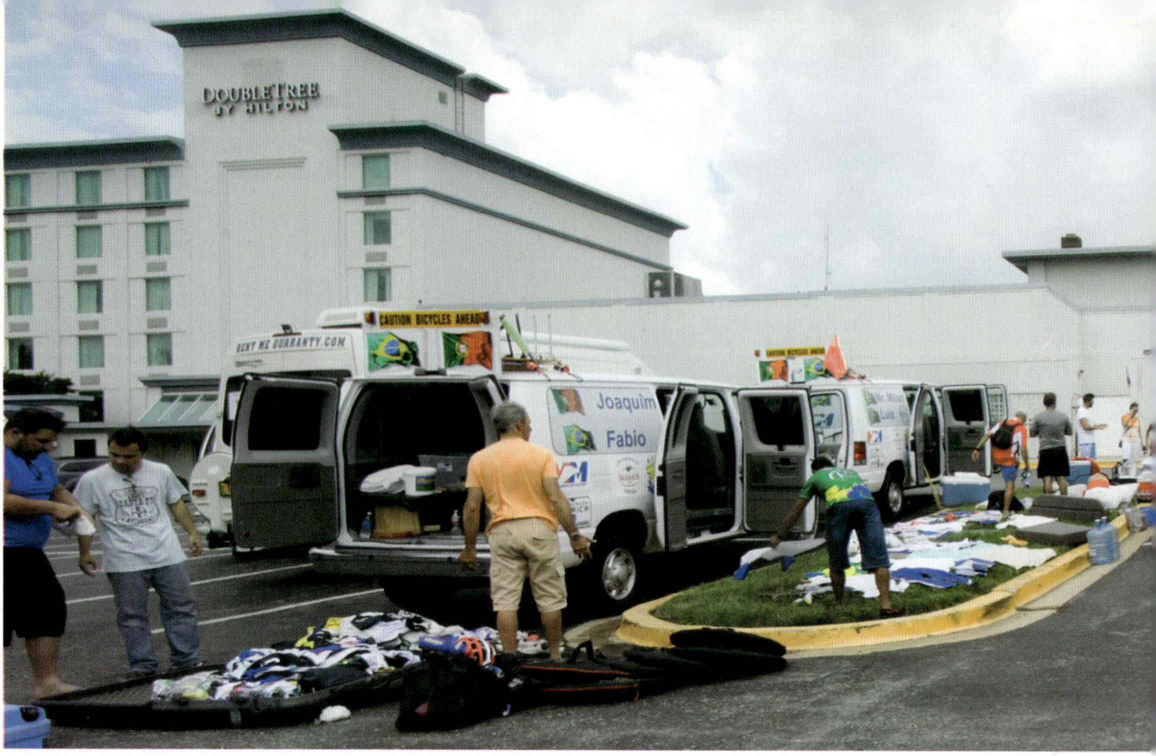
DOUBLETREE
BY HILTON
CAUTION BICYCLES AHEAD
Joaquim
Fabio

No estacionamento do hotel, ainda em Annapolis, no dia 22, pela manhã, a equipe arruma as malas e prepara os veículos para devolvê-los às locadoras. No dia seguinte, estaremos no depósito que Marcio mantém, em Washington, para guardar os equipamentos usados na prova...

pois de um desses sumiços que ele regressa, perto das 21h da noite, com uma notícia espetacular: Benny Furrer, o suíço de 58 anos da dupla Father/Daughter — que não tem um braço e precisou pedalar mais da metade da prova sozinho, já que sua filha, Corinne Furrer, acidentou-se e deixou a corrida —, cruzou a linha de chegada às 20h10, tendo feito a prova em oito dias, cinco horas e seis minutos.

— Eu estava na entrada do hotel agora há pouco e vi ele chegar. Cara, fiquei contente... É, a festa 'tá acontecendo, mas tem gente pedalando ainda. A RAAM 'tá rolando — diz Marcio.

A cerimônia de encerramento pode parecer mero protocolo num primeiro momento, sobretudo considerando todas as dificuldades vividas para completar a prova, mas é exatamente o contrário. É pelas dificuldades da RAAM que essa cerimônia tem valor. Os organizadores parecem entender que, depois de vencer um desafio dessa magnitude, por mais que a satisfação pessoal seja insubstituível e incomparável, o reconhecimento público, compartilhado por companheiros de prova e amantes do ciclismo, é quase tão catártico quanto a vitória íntima.

É possível ver isso nos olhos de Guto, Marcio e Leone, enquanto ciclistas de outras equipes ou do solo são chamados para receber a simbólica e valiosa placa. Na vez dos nossos ciclistas receberem a placa, mais uma vez, o alarido é impressionante. Ao anunciarem a Vencendo Desafios, Marcio, Guto e Leone seguem para receber suas honrarias na companhia de Duda, que leva o Fuleco de presente aos organizadores. Eles passam entre as várias mesas redondas, em cada uma delas, há umas dez pessoas. São aplaudidos por todos até chegarem ao ponto do salão de onde a cerimônia é conduzida por George Thomas. Marcio entrega a ele a camiseta da equipe e Duda, o Fuleco. Eles voltam à mesa como que inebriados pelos aplausos.

— Olha, Marcio, quem faz a RAAM tem de participar desse evento. É muito legal — diz Leone, e Marcio lhe responde fazendo que sim com a cabeça e olhando para o salão.

Antes do fim da solenidade, para imensa satisfação de Mr. Milan, George Thomas coloca a camiseta da Vencendo Desafios e vai até onde estamos. Ao microfone, o porta-voz oficial da RAAM faz questão que todos no salão o vejam com a camiseta da equipe e diz algo que não consigo entender. Mas só de ter vestido a camiseta já se configura um fato suficientemente significativo. Aquele gesto dá uma dimensão do valor da equipe brasileira para a RAAM e Marcio está visivelmente orgulhoso por isso.

...

Assim que acaba a festa, eu me recolho. Machado, Gayotto e Dadinho querem dar uma volta por Annapolis. Amanhã cedinho, iremos para Washington, onde passaremos a manhã e o início da tarde terminando o trabalho de desmonatagem das vans. Tiraremos as camas, devolveremos os bancos e guardaremos todos os equipamentos reutilizáveis no depósito. Eu adoraria ir com eles aos bares à beira-mar de Annapolis, mas não tenho a menor condição física para isso. Estou cansado, com o nariz congestionado e febril. Acho que uma boa noite de sono vai me ajudar bastante.

Na manhã do dia 23 de junho de 2014, antes de seguir nosso cronograma, despedimo-nos de Leone e de sua família, que ficarão nos EUA mais alguns dias. Péricles e Ernandes também têm outra programação e não nos acompanharão até Washington. Os demais membros da Vencendo Desafios continuam conosco. Marcio divide a equipe em dois grupos: um devolverá o *motorhome* e outro ficará no depósito. Eu e Machado ficamos no segundo e Marcio, no primeiro.

Para devolver o *motorhome*, Marcio leva a van da imprensa. Com ele está Guto, Marcão e Laurindo. Os demais integrantes da equipe, pela minha lembrança, ficam no depósito. Eu, Gayotto e Chiquinho ficamos no andar de cima, onde está o boxe de armazenagem. Pegamos os equipamentos que são trazidos por outros membros da equipe pelo elevador e os dispomos no depósito. Além de nós e dos responsáveis por trazer os equipamentos para o boxe, há o grupo dos que trabalham nas vans, tirando as camas e recolocando os bancos. Cambará é um dos integrantes desse grupo, mas assim que finaliza o trabalho nas vans, ele sobe para nos ajudar no estoque.

É impressionante a capacidade de Cambará fazer aquele mundaréu de coisas caber num boxe que tem, se muito, um metro de profundidade, um e meio de largura e dois de altura. Antes d'ele chegar, estávamos apanhando para colocar os produtos no espaço. Mas a prática e o olho clínico para a questão o farão encontrar os espaços sem muito esforço e, ao fim, conseguiremos guardar quase uma RAAM inteira naquele boxe.

Enquanto trabalhamos, Cambará levanta a tese de que essa foi, para Marcio, a RAAM mais estressante e desanimadora nos dez anos de história da Vencendo Desafios. Ele diz isso por causa do acidente em Ohio. Segundo o próprio Cambará, a RAAM 2014 pode ter sido a última com a participação da Vencendo Desafios.

— Sinceramente, acho que o Marcio não vai mais querer vir pra RAAM.

Eu estranho as palavras de Cambará. Mesmo com todos os contratempos, essa possibilidade sempre me pareceu impossível. Mas em razão da longa parceria entre os dois, não posso desacreditar do que me diz Cambará. A verdade é que o próprio Marcio me revelará, mais tarde, que a RAAM 2014 foi a mais atribulada e frustrante. Ele elencará uma série de fatores, nenhum deles, porém, terá jamais a relevância que teve o acidente. Ainda assim, parece-me impossível que esse problema, ou qualquer outro, possa justificar o fim do relacionamento entre Marcio e a RAAM.

Se o que diz Cambará for verdade, a história que acabo de narrar nessas páginas perde todo o sentido. Será como desclassificar esse livro há dez metros do TS 54, quando o cronômetro da narrativa para. Essa obra trata da paixão de um homem

Os equipamentos usados pela equipe na prova precisam ser bem guardados, com zelo, até porque, no ano seguinte, se depender da paixão de Mr. Milan...

por uma prova de ciclismo e nem o episódio em Ohio me parece justificar que ele abandone a RAAM desse jeito. É o seu estilo de vida; está escrito nas vans: "[...] é mais que uma corrida...".

Por isso, a pergunta brota espontaneamente da minha garganta, assim que escuto a previsão "[...] acho que o Marcio não vai mais querer vir pra RAAM", dita por Cambará no corredor do depósito:

— Será?

— Tenho quase certeza — responde, com ar grave, Cambará.

Alguns minutos depois, enquanto seguimos o trabalho mágico de fazer uma RAAM caber naquela "cartola", Marcio aparece no corredor do depósito acompanhado de Guto. Ele acabou de deixar o MH1 na locadora e, daqui a pouco, levará ao aeroporto Guto, que embarca hoje para o Brasil.

— Vim mostrar pr'o Guto onde a gente guarda as coisas da prova — diz.

Guto analisa o lugar e também se impressiona com a quantidade de coisas colocadas dentro do boxe. Faz um comentário do tipo "puta merda, como pode". Marcio, por sua vez, analisa em silêncio o boxe, os equipamentos já guardados e os que ainda serão guardados. Depois se afasta meio metro da porta, o máximo que o corredor lhe permite, olha do lado e vê um boxe com o dobro do tamanho do dele. Pensa um pouco e diz:

— Vamo' ter que pegar um boxe maior pr'o ano que vem, Cambará. Esse aqui já não dá mais conta.

IMPRESSÃO E ACABAMENTO
YANGRAF
GRÁFICA E EDITORA LTDA.
WWW.YANGRAF.COM.BR
(11) 2095-7722